KB216046

도란도란 교리문답 가정예배

도란도란 교리문답 가정예배

1쇄찍은날 2021년 1월 21일
지 은 이 오세진
일러스트 배지은
펴 낸 이 장상태
펴 낸 곳 디다스코
　　　　　서울시 서초구 서초동 1355-3 서초월드오피스텔 1605호
전　　화 02-6415-6800
팩　　스 02-523-0640
이 메 일 is6800@naver.com

등　　록 2007년 4월 19일
신고번호 제2007-000076호
유　　통 기독교출판유통 031-906-9191

Copyright@디다스코

ISBN 979-11-89397-07-4 93230

값은 표지에 있습니다.

도란도란
교리문답 가정예배

자녀(초등, 중고등)와 함께 하는 하이델베르크 교리문답 가정예배

오세진 지음

디다스코

저자 서문

16세기 독일의 팔츠 지방에서 종교개혁이 진행되면서 당시 팔츠를 다스리던 프리드리히 3세는 청소년들을 가르치고 또 목사들과 교사들의 안내 역할을 할 수 있는 교리문답서를 준비하도록, 하이델베르크 대학교의 신학 교수였던 우르시누스와 프레드리히 궁정 목사인 올레비아누스를 임명해 새로운 교리문답서를 작성하게 했습니다. 그렇게 작성된 교리문답서는 1563년 팔츠의 수도였던 하이델베르크에서 열린 총회에서 채택되었으며, 도르트 총회(1618-1619)에서 네덜란드 신앙고백(1561), 도르트 신조와 더불어 하나 되는 세 고백서로 받아들여졌습니다. 종교개혁 당시에 작성된 교리문답들이 많이 있지만 하이델베르크 교리문답은 17세기에 작성된 웨스트민스터 소요리문답과 더불어 가장 뛰어난 교리문답으로 인정되고 있습니다.

하이델베르크 교리문답은 총 129개의 문답으로 이루어져 있는데, 이들은 52소절로 나뉘어 매주 한 절씩 공부할 경우 일 년에 전체를 읽을 수 있게 되어 있습니다. 그래서 필자는 교회를 개척한 이후 계속해서 매주 하이델베르크 교리문답을 한 절씩 주보에 넣어 1년 동안 성도들이 하이델베르크 교리문답 전체를 읽을 수 있도록 하였는데, 단지 읽고 잠시 설명하는 것만으로는 부족하고 아쉽다는 생각이 들었습니다.

그러던 찰나에 디다스코 출판사 장상태 목사님으로부터 하이델베르크 교리문답을 기반으로 한 가정예배 책 집필을 요청받게 되었습니다. 하이델베르크 교리문답 내용의 탁월함을 개혁교회의 전통인 가정예배에 접목시킬 때 교회가 누릴 수 있는 영적 유익을 생각하니 가슴이 설레었습니다. 이에 장상태 목사님의 집필 요청을 흔쾌히 받아들여 책 집필을 시작했습니다. 기존에 사용하던 한국어로 번역된 하이델베르크 교리문답을 독일어 원문과 비교하면서 하이델베르크 원문의 의미를 정확하게 이해하고, 각 문답의 핵심을 자녀들과 함께 예배드릴 수 있는 글로 써 내려간다는 것은 결코 쉽지 않은 과정이었습니다. 하지만 이 책을 통해 이 땅의 교회들이, 가정들이, 특별히 우리의 자녀들이 건강하게 세워질 것을 기대하고 기도하며 집필을 이어간 끝에, 드디어 이 책을 출판하게 되었습니다.

이 책이 기획되고 완성되기까지 경험한 하나님의 은혜와 섭리에 감사드리며, 이 책이 하나님을 기쁘시게 하는 귀한 도구가 되길 소망합니다. 책 집필에 집중할 수 있도록 배려해주고 응원해준 사랑하는 아내 정현과 사랑하는 자녀 오영원, 오영화에게 감사의 마음을 전합니다. 집필 과정 내내 기도해준 소리교회 성도들에게도 감사의 마음을 전합니다. 그리고 아들이 목사가 되기까지 사랑으로 길러주신 부모님께 감사드리며, 어린 제자가 목사가 되도록 이끌어주신 현미숙 선생님께도 감사드립니다. 아울러 목사 안수를 받고 교회를 개척하기까지 부교역자로 사역하는 동안 사랑으로 이끌어주신 예수사랑교회 유춘원 목사님과 어릴 때부터 지금까지 필자를 아들로 여기며 늘 눈물로 기도해주시는 예문교회 최관욱 목사님께도 감사의 마음을 전합니다. 또한 탁월한 독일어 실력으로 하이델베르크 독일어 원문을 직역해준 박상훈 형제에게도 감사의 마음을 전합니다. 마지막으로 이 책을 기획하고 출판하게 해주신 디다스코 출판사 장상태 목사님께 감사의 마음을 전합니다. 매일 완성된 원고를 검토하며 보내주신 아낌없는 응원과 격려에 더 힘을 낼 수 있었고, 함께 고민하며 더 나은 집필 방향을 조언해주셨기에 이 책이 더 좋은 책으로 출판될 수 있었습니다. 좋은 편집인을 만나 집필할 수 있어서 너무나 감사하고 행복했습니다.

이 책을 사용하는 교회와 가정에, 특별히 우리의 귀한 자녀들에게 하나님의 풍성한 은혜가 넘쳐나길 소망합니다.

오세진 목사

차례 ∿∿∿∿∿∿∿∿∿∿∿∿∿∿∿∿∿∿∿∿∿

가정예배 참여도를 높이기 위한 네 가지 방법

첫째. 미리 광고해주세요.

자녀들이 가정예배에 잘 참여할 수 있도록 가정예배의 필요성과 중요성을 이야기하며 가정예배를 드리는 날짜나 요일을 미리 공지해주세요. 냉장고 등에 부착할 수 있는 게시판이나 문자, 카톡 등을 활용하시면 좋습니다.

둘째, 시간과 장소를 정해주세요.

가정예배를 드리는 정확한 시간과 장소를 정해 놓는 것이 중요합니다. 안방이든, 거실이든, 부엌 식탁이든, 고정된 장소를 정해 놓고 가정예배를 드리십시오. 또한 가정예배는 꼭 정해진 시간에 시작해주십시오. 이는 교회에서 예배를 드리는 자세와 습관과도 직결되기에 아주 중요합니다.

셋째, 가정예배 당일 1시간 전부터 가정예배 시작을 광고해주세요.

가정예배 시작 1시간 전, 30분 전에 가정예배를 시작한다고 자녀들에게 알려주십시오. 그리고 음악이나 다과 등으로 가정예배를 준비해주십시오. 부모는 책의 내용을 미리 읽으며 충분히 숙지해주시길 바랍니다(이 책의 내용과 더불어 하이델베르크 교리문답은 예배를 인도하는 부모에게도 매우 유익합니다). 그러면 자녀들은 자신을 위해 미리 준비되는 예배를 가볍게 여기지 않을 뿐더러 더 나아가 예배를 준비해서 드려야 한다는 것도 배우게 됩니다.

넷째, 가정예배 중 훈육을 섞지 말아 주세요.

가정예배를 드리며 자녀들에게 훈육을 하는 것은 효과적이지 않고, 자녀들이 가정예배를 부정적으로 인식하고 피하게 만듭니다. 가정예배 시간은 부모님께 잔소리를 듣는 시간이 아니라 하나님께 예배를 드리는 시간임을 꼭 기억해주십시오.

이 책을 사용하는 방법

1. 찬송

책에 나와 있는 찬송가로 가정예배를 시작하십시오. 각 과의 찬송가는 각 과의 내용을 가사로 담고 있는 찬송가로 선별되어 있습니다. 책에 나와 있는 찬송가를 잘 모른다면 부모가 먼저 유튜브에서 찬송가를 검색해서 미리 익히는 것이 좋고, 예배 시간에 유튜브 찬송가 반주를 활용하는 것도 좋습니다. 또한 가정예배를 미리 준비할 때, 예배 시간에 부를 찬송가를 반복해서 틀어 놓는 것도 좋습니다.

2. 암송 구절

찬송을 부른 다음에 암송 구절을 외우십시오. 자녀들에게 암송 구절의 암기를 강요하지 마시고, 먼저 다 함께 읽은 다음에 부모가 먼저 읽고 자녀들이 따라 읽게 하십시오. 또한 가능하다면 자녀들에게 미리 가정예배 암송 구절을 외우게 해서 작은 선물을 주는 것도 좋습니다.

3. 설교

이 책의 내용은 자녀들에게 설교할 수 있도록 구어체로 작성되었기에 그대로 자녀들에게 읽어주시면 됩니다. '아빠(엄마)'로 표기된 부분은 예배를 인도하는 부모가 누구냐에 따라 선택해서 사용하시면 되고, 아빠와 엄마가 함께 예배를 드리는 경우에는 '아빠랑 엄마', 또는 '아빠(엄마)' 등으로 바꾸어 사용하시면 됩니다. 또한 'OO'로 표기된 부분에는 자녀의 이름을 넣어 '영원이', '영화' 또는 '영원이와 영화' 등으로 바꾸어 사용하시면 됩니다.

4. 하이델베르크 교리문답

설교 후에 부모가 '문'을 읽고, 자녀들에게 '답'을 읽게 합니다. 자녀가 여러 명일 경우에는 모두 한 번씩 '답'을 읽게 하면서 하이델베르크 교리문답 읽기를 반복하는 것도 좋습니다.

5. 기도

마지막에는 본문의 내용을 담고 있는 짧은 기도문이 있습니다. 이 기도문은 부모와 자녀들이 순번을 정해 놓고 돌아가면서 읽어도 좋습니다. 또한 가족이나 교회의 기도제목이 있다면 이 기도가 끝난 후에 다 같이 합심기도를 하거나 부모가 대표기도를 한 번 더 하며 예배를 마치셔도 좋습니다.

6. 각주

각주는 예배를 인도하는 부모를 위해 달아놓았습니다. 단어 이해나 추가 설명을 위한 부분이므로 책의 내용을 이해하고 가정예배를 준비하는 데 도움이 될 겁니다.

7. 사도신경과 주기도문

예배의 시작을 사도신경으로, 예배의 마침을 주기도문으로 하셔도 좋습니다. 하이델베르크 교리문답에서 사도신경을 다루기 시작할 때 사도신경을 넣고, 주기도문을 다루기 시작할 때 주기도문을 추가로 넣는 것도 좋은 방법입니다.

자, 이제 이 책을 통해 129번의 가정예배를 힘차게 시작해 봅시다. 하이델베르크 교리문답 가정예배를 드리는 각 가정에 하나님의 은혜가 넘쳐나길 소망합니다.

※ 이 책에 사용된 하이델베르크 교리문답의 한글 번역은 독립개신교회 교육위원회 번역본(성약출판사)을 기반으로 독일어 원문을 참고해 수정된 번역입니다.

※ 이 책에 사용된 성경 구절은 개역한글판을 기본으로 했으며, 간혹 자녀들이 읽고 이해하기 어려울 것 같은 성경 구절은 쉬운성경, 우리말성경 번역을 사용했습니다.

chapter 001

왜 위로가 필요할까요?

○ 찬송　96장(예수님은 누구신가)
○ 암송 구절　로마서 14장 8절
우리가 살아도 주를 위하여 살고 죽어도 주를 위하여 죽나니 그러므로 사나 죽으나 우리가 주의
것이로라

여기에 예쁜 동생이 한 명 있다고 생각해 보자. 그런데 그 동생이 슬퍼서 울고 있어.
그러면 OO는 어떻게 할래? 아빠(엄마) 생각에는 OO가 그 동생에게 울지 말라고 하
면서 잘 달래줄 것 같아. 이렇게 슬프고 속상할 때 말이나 행동으로 달래주는 것을 위
로라고 해.

만약 우리 OO에게 슬프고 속상한 일이 생기면 아빠(엄마)가 OO를 위로해줄 거야.
OO는 아빠(엄마)가 너무나 사랑하는 딸이기 때문이지. 그런데 아빠(엄마)가 OO를
너무나 사랑해도 OO가 아빠(엄마)의 것은 아니야. 그렇다면 OO는 누구의 것일까?

OO는 OO 자신의 것일까? 아니야. OO는 사나 죽으나 오직 예수님의 것이야. 오늘
의 암송 구절인 신약성경 로마서 14장 8절 말씀을 함께 읽어 보자.

**"우리가 살아도 주를 위하여 살고 죽어도 주를 위하여 죽나니 그러므로 사나 죽으나
우리가 주의 것이로라."**

예수님께서는 자신의 피 값으로 우리를 사셨어. 이건 예수님께서 우리의 죄를 대신
해서 죽으셨다는 말이야. 예수님께서 자신의 피 값으로 우리를 사셨기 때문에 우리는

예수님의 것이야. 우리는 원래 죄 때문에 천국에 갈 수 없어. 예수님께서는 그런 우리를 사서 천국으로 인도해주셔. 그리고 천국에 가는 그날까지 우리와 항상 함께하시며 우리를 보호해주셔. 너무나 감사하지? 우리는 이 사실에 너무너무 감사해서 예수님을 위해 사는 거야.

이것이 바로 우리가 꼭 기억해야 할 유일한 위로야. 유일하다는 것은 하나뿐이라는 뜻이야. 이 땅에서 아무리 오래 살고 돈이 많아도 그것이 진짜 위로가 될 수는 없어. 우리가 예수님의 것이라는 사실과 예수님을 위해 사는 것만이 오직 하나뿐인, 유일한, 진짜 위로라는 것을 꼭 기억하자.

○ **제1문: 살아서나 죽어서나 당신의 유일한 위로는 무엇인가요?**

○ **답:** 나는 나 자신의 것이 아니라, 사나 죽으나 몸과 영혼이 오직 나의 신실하신 구주 예수 그리스도의 것이에요. 그리스도께서는 그의 보혈로 나의 모든 죗값을 완전히 치르고 나를 마귀의 모든 권세에서 자유하게 하셨어요. 또한 하늘에 계신 나의 아버지의 뜻이 아니면 머리털 하나도 땅에 떨어지지 않도록 나를 보호하시며 참으로 모든 것이 협력하여 나의 구원을 이루도록 해주세요. 내가 주님의 것이기에 주께서는 성령으로 말미암아 영원한 생명을 보증하시고 나의 온 마음을 다하여 기꺼이 주를 위하여 살게 해주세요. 이것이 나의 유일한 위로랍니다.

● **기도하기**

하나님 아버지, 오늘 하이델베르크 요리문답 가정예배를 시작하면서 우리가 예수님의 것이라는 것과 예수님을 위해 살아야 한다는 것을 알게 되었어요. 이것이 우리의 유일한 위로라는 것을 잊지 않고 꼭 기억하게 해주세요. 예수님의 이름으로 기도드립니다. 아멘.

002

복된 인생이란 무엇일까요?

○ **찬송**　31장(찬양하라 복되신 구세주 예수)

○ **암송 구절**　마태복음 11장 28절

수고하고 무거운 짐 진 자들아 다 내게로 오라 내가 너희를 쉬게 하리라

설날이 되면 어른들께 세배를 하잖아. OO는 세배할 때 "새해 복 많이 받으세요"라고 인사했던 것 기억하지? 그 말은 "새롭게 시작되는 한 해에도 건강하시고 행복하세요"라는 의미야. 아빠(엄마)는 OO가 이 땅에서 복을 많이 받았으면 좋겠어. 아프지 않고 건강하고 행복하게 살았으면 좋겠어.

　그런데 OO야, OO가 꼭 받아야 할 더 중요한 복이 있어. 오늘은 아빠(엄마)가 그게 뭔지 알려줄게. 먼저 신약성경 에베소서 1장 3절 말씀을 함께 읽어 보자.

> **"찬송하리로다 하나님 곧 우리 주 예수 그리스도의 아버지께서 그리스도 안에서 하늘에 속한 모든 신령한 복으로 우리에게 복 주시되."**

　이 구절에 나오는 "신령한 복"은 '영적인 복'이라는 뜻이야. 영적인 복은 분명히 있지만 눈에 보이지 않아. 그렇지만 하나님께서 우리에게 주신 성경을 보면 그 영적인 복이 무엇인지 알 수 있어. 아빠(엄마)는 OO가 성경을 통해서 그 복을 누리며 복된 인생을 살았으면 해. 그래서 OO를 위해 하이델베르크 요리문답 가정예배를 시작한 거야. 하이델베르크 요리문답은 성경에 있는 내용을 잘 정리해 놓아서 우리가 복된 인생을 살아가는 데 큰 도움이 돼.

아빠(엄마)가 하이델베르크 요리문답에 대해 조금 더 알려줄게. 하이델베르크 요리문답은 1563년 독일의 하이델베르크라는 도시에서 만들어졌어. 그 당시에 지금 나이로 중고등학교에 다니던 학생들이 성경에 대해서 더 분명히 알고 더 잘 믿을 수 있도록 129개의 질문과 대답으로 만들어진 게 바로 하이델베르크 요리문답이야.

앞으로 OO는 하이델베르크 요리문답 가정예배를 통해서 죄가 무엇인지 알게 될 거야. 그리고 구원에 대해 배우면서 교회에서 예배드릴 때 고백하는 사도신경도 자세히 살펴볼 거야. 또 감사를 드리는 삶에 대해 배우면서 주기도문과 십계명도 하나씩 배우게 될 거야.

지난 가정예배 시간에 알려준 대로 OO는 예수님의 것이라는 것과 OO가 예수님을 위해 사는 것이 유일한 위로야. 예수님께서는 OO가 이러한 위로 가운데 복된 인생을 살도록 OO를 부르고 계셔. 그러니 우리 함께 하이델베르크 요리문답 가정예배로 예수님께 나아가자. 마지막 129번째 하이델베르크 요리문답 가정예배를 향해 힘차게 출발해 보자.

○ **제2문: 이러한 위로 가운데 복된 인생으로 살고 죽기 위해 당신은 무엇을 알아야 하나요?**
○ **답:** 다음의 세 가지를 알아야 해요. 첫째, 나의 죄와 불행이 얼마나 큰가, 둘째, 나의 모든 죄와 불행으로부터 어떻게 구원을 받는가, 셋째, 그러한 구원을 주신 하나님께 어떻게 감사를 드려야 하는가를 알아야 해요.

● **기도하기**
하나님 아버지, 이제 127번의 하이델베르크 요리문답 가정예배가 남았어요. 그 예배들을 통해 우리가 참으로 복된 인생을 살아가게 해주세요. 예수님의 이름으로 기도드립니다. 아멘.

왜 율법을 알아야 하나요?

○ 찬송   486장(이 세상에 근심된 일이 많고)

○ 암송 구절   로마서 3장 20절

그러므로 율법의 행위로 그의 앞에 의롭다 하심을 얻을 육체가 없나니 율법으로는 죄를 깨달음이
니라

행복의 반대말이 뭔지 아니? 행복의 반대말은 불행이야. 불행하다는 것은 너무나 슬
프고 끔찍하다는 뜻이야. OO 곁에 OO를 너무나 사랑해주는 아빠(엄마)가 있고, 친
한 친구들도 있고, 재미있는 장난감이 있으면 OO는 불행해질 일이 없겠다. 그렇지?

그런데 정말 그럴까? 성경은 우리 모두가 불행한 사람이라고 말해주고 있어. 신약성
경 로마서 7장 24절 말씀의 앞부분을 아빠(엄마)가 읽어줄게. 잘 들어 봐.

"오호라 나는 곤고한 사람이로다."

이 말씀은 "나는 정말로 불행한 사람입니다"라는 뜻이야. 이 고백이 우리의 고백이
되어야 해. 그런데 이상하지? OO는 불행하지 않은데 왜 불행한 사람이라고 하는 걸
까? 하이델베르크 요리문답 가정예배를 시작하면서 제일 먼저 배워야 할 게 바로 이
거야. OO도, 아빠(엄마)도 다 불행한 사람이란다.

그 이유는 우리 모두가 죄를 지은 죄인이기 때문이야. 자신의 죄를 깨닫고 자신이
죄인이라는 것을 알아야 자신이 정말로 불행한 사람이라는 것을 알 수 있어. 하나님
께서는 너무나 불행한 우리를 구원해주셨어. 그러기 위해 이 땅에 예수님을 보내주셨

어. 이 부분에 대해서는 나중에 더 자세히 알아볼 거야. 그러니 오늘은 우리가 참으로 불행한 사람이라는 것에 대해서 더 생각해 보자.

사람들은 나쁜 행동을 하면 마음이 뜨끔해지는 것을 느껴. 그것을 양심에 찔린다고 하는 거야. 그렇게 사람들은 양심을 통해서 죄라는 것을 깨달아. 하지만 양심만으로는 부족해. 양심으로는 자신이 참으로 불행한 죄인이라는 것을 알 수 없어.

자신이 참으로 불행한 죄인이라는 것을 깨닫기 위해선 '율법'이라는 것이 필요해. 구약성경에는 율법이라는 게 나와. 율법은 하나님께서 정하신 규칙과 같은 말씀이야. 하나님께서는 어떻게 하는 게 하나님의 뜻인지, 어떻게 하지 않는 게 하나님의 뜻인지 분명하게 알려주셨어. 우리는 이 율법을 잘 지켜서 하나님께 의롭다고 인정받으려고 해서는 안 돼. 그것은 율법을 잘못 사용하는 거야. 율법을 바르게 사용하려면 율법을 통해 자신이 불행한 죄인이라는 것을 깨달아야 해. 아빠(엄마)는 OO가 율법을 잘 알고 바르게 사용하도록 앞으로 율법에 대해 자세히 설명해줄 거야. 그러니까 율법에 대해 잘 배워 보도록 하자.

○ 제3문: 당신이 불행하다는 것을 어디에서 알 수 있나요?
○ 답: 하나님의 율법을 통해서 알 수 있어요.

● 기도하기

하나님 아버지, 우리가 참으로 불행한 사람이라는 것을 알기 위해서는 율법을 알아야 해요. 앞으로 가정예배를 통해 율법을 잘 알게 해주세요. 예수님의 이름으로 기도드립니다. 아멘.

chapter 004

율법의 내용은 무엇인가요?

○ 찬송   218장(네 맘과 정성을 다하여서)
○ 암송 구절   신명기 6장 5절
너는 마음을 다하고 성품을 다하고 힘을 다하여 네 하나님 여호와를 사랑하라

OO가 맛있는 간식을 먹고 있는데 옆에 배고픈 친구가 있으면 어떻게 할 거야? 혼자 다 먹고 싶어도 나눠줘야겠지? 아빠(엄마)는 OO가 다른 사람들에게 많이 나눠주는 사람이 되기를 바라. 혼자 놀고 있는 친구가 있으면 함께 놀아주고, 어려움에 처한 친구가 있으면 꼭 도와줬으면 좋겠어. 왜냐하면 하나님께서 우리에게 이웃을 사랑하라고 말씀하셨기 때문이야. 구약성경 레위기 19장 18절 말씀을 함께 읽어 보자.

> "원수를 갚지 말며 동포를 원망하지 말며 이웃 사랑하기를 네 몸과 같이 하라 나는 여호와니라."

이 말씀은 하나님께서 주신 율법 중 하나야. 나에게 피해를 준 사람에게 똑같은 피해를 주는 걸 원수 갚는다고 하는데, 하나님께서는 원수를 갚지 말래. 나에게 피해를 준 사람을 미워하는 걸 원망이라고 하는데, 원망도 하지 말래. 더 나아가 이웃 사랑하기를 자신의 몸과 같이 하라고 말씀하셔. 이게 바로 하나님께서 우리에게 주신 율법이야.

성경에는 이와 같은 율법이 많이 있어. 그런데 예수님께서는 모든 율법을 딱 두 가지로 요약해주셨어. 첫 번째는 하나님을 사랑하는 것이고, 두 번째는 이웃을 사랑하

는 것이야. 이 두 가지가 율법 전체의 요구야.

그런데 율법은 하나님을 사랑하고 이웃을 사랑할 때 어느 정도로 사랑해야 하는지도 알려주고 있어. 먼저 하나님 사랑을 살펴보자. 하나님을 사랑할 때는 마음과 생명과 뜻을 다해 사랑해야 해. 이건 내 모든 것을 다해서 하나님을 사랑하라는 말이야. 그렇게 하나님을 먼저 사랑해야 하고 그다음에 이웃을 사랑해야 해.

그렇다면 이웃은 어떻게 사랑해야 할까? 내 몸처럼 사랑해야 해. 이웃을 내 몸처럼 사랑하는 건 예수님이 우리를 위해 생명을 버리신 것처럼 우리도 이웃을 위해 생명을 버릴 수 있을 만큼 사랑하라는 말이야. 하나님 사랑과 이웃 사랑, 이 두 가지가 율법의 내용이라는 것을 꼭 기억하자.

○ **제4문: 하나님의 율법이 우리에게 요구하는 것은 무엇인가요?**
○ **답:** 예수님께서는 마태복음 22장에서 이렇게 요약하여 가르쳐주셨어요. "네 마음을 다하고 네 생명을 다하고 네 뜻을 다해 주 네 하나님을 사랑하여라. 이것이 가장 중요하고 으뜸 되는 계명이다. 그리고 둘째 계명도 이와 같다. 네 이웃을 네 몸처럼 사랑하여라. 모든 율법과 예언자들의 말씀이 이 두 계명에서 나온 것이다."[1]

● **기도하기**

하나님 아버지, 오늘은 율법의 내용이 하나님 사랑과 이웃 사랑, 이 두 가지라는 것을 알게 되었어요. 앞으로 이 율법을 잘 사용하게 해주세요. 예수님의 이름으로 기도드립니다. 아멘.

---

1) 마태복음 22:37-40(우리말성경)

chapter 005

율법을 다 지킬 수 있나요?

○ 찬송   144장(예수 나를 위하여)

○ 암송 구절   로마서 3장 23절

모든 사람이 죄를 범하였으매 하나님의 영광에 이르지 못하더니

지난 과에서 배운 대로 율법의 내용은 하나님 사랑과 이웃 사랑, 이 두 가지라는 것을 기억하지? OO는 이 두 가지를 잘 지키고 있다고 생각해? OO도, 아빠(엄마)도 이 두 가지를 어느 정도는 지킬 수 있어. 하지만 하나님을 사랑하라는 율법을 '온전히' 지키려면 내 모든 것을 다해서 하나님을 사랑해야 해. 마찬가지로 이웃을 사랑하라는 율법을 '온전히' 지키려면 이웃을 내 몸처럼 사랑해야 해. 세상에 그렇게 할 수 있는 사람이 있을까? 성경은 이에 대해 뭐라고 하는지 한 번 살펴볼까? 신약성경 로마서 3장 10절 말씀을 함께 읽어 보자.

"기록한 바 의인은 없나니 하나도 없으며."

성경은 의인이 없다고 하면서 단 한 명도 없다는 것을 강조해. OO도, 아빠(엄마)도, 그 누구도 의인이 아니야. 하나님께서 주신 율법을 다 지키면 하나님께서 정한 기준을 통과해서 의롭게 될 수 있어. 그런데 그렇게 될 수 있는 사람은 단 한 명도 없어. 모든 사람은 율법 앞에서 다 죄인이야. 또 그 죄 때문에 불행하게 살다가 결국에는 멸망에 이르고 마는 거야. 그게 사람의 인생이기 때문에 모든 사람에게 소망은 없어.

그러니 우리가 예수님의 것이 되었다는 것이 얼마나 감사한 일인지 잊지 말아야 해.

예수님께서는 아무런 소망이 없는 우리를 구원해주시려고 이 땅에 오셔서 우리의 모든 죄를 대신 짊어지시고 십자가에서 죽으셨어. 예수님께서 우리의 죗값을 대신 다 치르셨기 때문에 우리는 모든 율법을 온전히 지킬 수 없어도 의인이 될 수 있는 거야. 이처럼 우리의 구원은 우리의 힘과 노력으로 얻은 게 아니라 예수님께서 아무런 대가 없이 주신 선물이야. 이게 바로 하나님께서 우리에게 베풀어주신 크고 놀라운 은혜야.

이 은혜를 알기 위해선 율법이 꼭 필요해. 율법을 보면서 우리 안에 본성적으로 하나님과 이웃을 미워하려는, 완전히 타락한 마음이 있다는 것을 발견해야 해. 그래야만 내가 정말로 불행한 사람이라는 것을 깨닫고, 유일한 소망인 예수님께 나아가 믿음으로 구원받을 수 있는 거야. 이렇게 하는 게 하나님께서 주신 율법을 잘 사용하는 거야.

아빠(엄마)는 OO가 일평생 율법을 바라보면서 OO의 소망이 오직 예수님뿐이라는 것을 잘 알았으면 좋겠어. 그리고 OO가 일평생 "나에게는 예수님의 것으로 사는 것 말고는 위로가 없습니다"라고 고백하는 사람이 되기를 바라.

○ 제5문: 당신은 모든 율법을 온전히 지킬 수 있나요?
○ 답: 아니요. 나에게는 본성적으로 하나님과 이웃을 미워하는 마음이 있어요.

＊ 기도하기

하나님 아버지, 우리에게 율법을 주셔서 감사해요. 우리는 율법을 통해 우리가 전적으로 타락한 죄인이라는 것을 깨닫고 예수님께로 나아갑니다. 앞으로도 하나님께서 주신 율법을 잘 사용하며 예수님께 더 가까이 나아가게 해주세요. 예수님의 이름으로 기도드립니다. 아멘.

006

하나님께서는 사람을 나쁘게 만드셨나요?

○ 찬송   68장(오 하나님 우리의 창조주시니)

○ 암송 구절   전도서 7장 29절

내가 깨달은 것이 이것이라 곧 하나님이 사람을 정직하게 지으셨으나 사람은 많은 꾀를 낸 것이니라

우리는 구원받았지만 자신이 죄인이었다는 사실을 날마다 더욱 깊이 깨달아야 해. 이건 예수님을 믿는 사람들에게 꼭 필요해. 우리 안에는 못된 마음이 남아 있기 때문에 하나님께서 베푸신 은혜가 얼마나 큰지 잊어버리기 쉬워. 그래서 우리는 우리가 어떤 사람이었고 어떤 은혜를 받았는지 계속해서 생각해야 해.

지난 과에서 배운 대로 사람은 율법을 지킬 수 없고 하나님과 이웃을 미워할 수밖에 없어. 이처럼 사람은 원래 죄인이야. 그렇다면 사람이 죄인인 건 누구 책임일까? 하나님께서 사람을 만드셨으니까 하나님 책임일까? 오늘은 이 질문에 대한 답을 찾아보려고 해. 먼저 구약성경 창세기 1장 31절 말씀을 함께 읽어 보자.

> **"하나님이 그 지으신 모든 것을 보시니 보시기에 심히 좋았더라 저녁이 되며 아침이 되니 이는 여섯째 날이니라."**

하나님께서는 6일 동안 세상을 만드셨어. 창세기 1장에는 매일의 창조가 끝날 때마다 "하나님이 보시기에 좋았더라"라는 표현이 반복돼. 그리고 마지막 6일째 사람을 만드신 후에는 "보시기에 심히 좋았더라"라는 표현이 나와. 심히 좋아하셨다는 건 너무

나 좋아하셨다는 뜻이야. 이처럼 하나님께서는 사람을 만드시고 너무나 좋아하셨어. 왜냐하면 사람을 하나님 자신의 형상을 따라 만드셨기 때문이야. 사람이 하나님의 형상을 따라 만들어졌다는 것은 하나님을 닮았다는 뜻이야. ○○가 아빠(엄마)를 닮았듯이 사람도 원래 하나님을 닮았어. 하나님은 좋은 분이시기 때문에 사람도 그런 하나님을 닮아 좋게 만들어졌어.

사람은 이렇게 처음에는 의롭고 거룩했기에 자기를 만드신 하나님을 알고 사랑했어. 또한 그분과 함께하며 행복을 누리면서 살았어. 그렇게 하나님을 찬양하고 하나님께 영광을 돌리는 삶을 살았어. 하나님께서는 사람을 이렇게 잘 만들어 놓으셨어.

그런데 사람이 잘못해서 죄인이 된 거야. 사람이 무얼 잘못했는지는 앞으로 배울 거야. 그러니 사람이 죄인 된 것은 하나님 책임이 아니라 사람 책임이라는 것을 꼭 기억하자.

○ 제6문: 그러면 하나님께서는 사람을 그렇게 악하고 나쁘게 만드셨나요?

○ 답: 아니에요. 하나님께서는 사람을 좋게, 그리고 하나님 자신의 형상을 따라 만드셨어요. 즉 참으로 의롭고 거룩하게 만드셨어요. 이것은 사람이 자신의 창조주 하나님을 바르게 알고, 온 마음으로 사랑하며, 영원한 행복 가운데서 그분과 함께 살고, 그리하여 그분께 찬양과 영광을 돌리기 위해서였어요.

● 기도하기

하나님 아버지, 사람이 죄인 된 것은 하나님께서 사람을 잘못 만드셨기 때문이 아니라 사람이 잘못했기 때문이라는 것을 잊지 않게 해주세요. 예수님의 이름으로 기도드립니다. 아멘.

chapter 007

사람의 나쁜 마음은 어디에서 왔나요?

○ 찬송   279장(인애하신 구세주여)

○ 암송 구절   로마서 5장 12절

이러므로 한 사람으로 말미암아 죄가 세상에 들어오고 죄로 말미암아 사망이 왔나니 이와 같이 모든 사람이 죄를 지었으므로 사망이 모든 사람에게 이르렀느니라

모든 사람은 다 죄인이야. ○○도, 아빠(엄마)도 모두 죄인이야. 그렇다면 우리는 언제부터 죄인이었을까? 세상에 태어나서 처음으로 나쁜 행동을 했을 때, 그때부터 죄인이 된 걸까? 성경은 이 질문에 대해 뭐라고 말하는지 구약성경 시편 51편 5절 말씀을 함께 읽어 보자.

"내가 죄악 중에 출생하였음이여 모친이 죄 중에 나를 잉태하였나이다."[2]

이처럼 성경은 사람이 죄악 중에 태어나는데 임신한 엄마의 배 속에 있을 때부터 이미 죄인이었다고 해. 무언가를 잘못한 게 있어야 죄인이라고 할 텐데 엄마 배 속에 있는 아기는 아무것도 잘못한 게 없잖아. 그렇지? 그런데 왜 죄인일까? 그건 바로 첫 번째 사람인 아담이 잘못했기 때문이야.

아담은 하나님께서 첫 번째로 만든 사람이야. 하나님께서는 아담에게 선악을 알게 하는 나무의 열매를 먹지 말라고 말씀하셨어. 하지만 아담은 자신의 아내인 하와와 함께 그 열매를 먹고 말았어. 그렇게 하나님의 명령을 어기고 불순종했지.

여기에서 우리는 첫 번째 사람인 아담이 모든 사람의 대표라는 것을 잘 알아야 해.

할아버지가 김씨 성을 가지고 있으면 아들과 손주로 이어지는 모든 후손이 다 김씨 성을 가지잖아. 이처럼 모든 사람의 대표인 아담이 죄인이 되었기에 아담의 모든 후손이 다 죄인이 된 거야.

다른 예를 하나 더 들어 볼게. 두 팀이 있는데 각 팀의 대표가 가위바위보를 해서 이긴 팀을 정하기로 했어. 그러면 어떻게 될까? 만약 우리 팀의 대표가 가위바위보를 해서 이기면 팀원들도 모두 이기는 거지만, 반대로 팀의 대표가 지면 팀원들도 모두 지는 거겠지? 이런 걸 대표의 원리라고 해.

아담은 모든 사람의 대표로서 죄를 지었어. 그래서 모든 사람은 아담과 함께 죄인이 된 거야. ○○도 엄마 배 속에 있을 때부터 죄인이었어. 그리고 그렇게 죄인으로 태어났기 때문에 악하고 나쁜 마음을 가지고 있는 거야. 이 사실을 꼭 기억하길 바라.

○ **제7문: 그렇다면 사람의 악하고 나쁜 마음은 어디에서 왔나요?**
○ **답:** 우리의 첫 조상인 아담과 하와가 에덴동산에서 타락하고 불순종한 데서 왔어요. 그때 사람의 마음이 아주 나빠져서 우리는 모두 죄악 중에 잉태되고 출생하는 거예요.

● **기도하기**

하나님 아버지, 모든 사람의 대표인 아담이 죄를 지어서 모든 사람이 다 죄인이 되었다는 것을 알게 되었어요. 제가 얼마나 큰 죄인인지를 더 깊이 깨달아 알게 해주세요. 예수님의 이름으로 기도드립니다. 아멘.

---

2) '출생하였다=태어났다, 모친=엄마, 잉태하였다=임신했다' 이렇게 단어 설명을 해주세요.

chapter **008**

사람은 나쁜 일을 할 수밖에 없나요?

○ **찬송** 436장(나 이제 주님의 새 생명 얻은 몸)

○ **암송 구절** 요한복음 3장 5절

예수께서 대답하시되 진실로 진실로 네게 이르노니 사람이 물과 성령으로 나지 아니하면 하나님 나라에 들어갈 수 없느니라

사과나무에 사과가 아닌 다른 열매가 열릴 수 있을까? 사과나무에서는 사과만 열릴 수 있어. 왜냐하면 뿌리가 사과나무 뿌리이기 때문이야. 이처럼 사람은 죄인으로 태어났기 때문에 죄를 지을 수밖에 없어. 우리가 어떤 물건을 쓰다가 망가지면 고쳐야 하잖아. 그런데 완전히 망가져서 도저히 고칠 수 없으면 그 물건은 더 이상 쓸 수 없을 거야. 그렇다면 사람은 어떨까? 망가지긴 했지만 완전히 망가진 게 아니라서 고칠 수 있을까? 안타깝게도 사람은 완전히 망가졌기 때문에 도저히 고칠 수 없어. 신약성경 에베소서 2장 1절 말씀을 함께 읽어 보자.

"너희의 허물과 죄로 죽었던 너희를 살리셨도다."

성경은 우리가 죽었다고 이야기해. 꽃을 꺾어서 화병에 꽂아 놓으면 그 꽃은 살아 있는 것 같지만 이미 죽은 거야. 이 땅에 태어난 사람도 마찬가지야. 겉으로 보기엔 살아 있지만 영적으로는 이미 죽었어. 영적으로 죽었다는 것은 죄에 오염되어 완전히 타락했다는 말이야. 그렇게 타락한 사람은 선하고 좋은 일을 할 수 없고 악하고 나쁜 일을 할 수밖에 없어.

그런데 성경은 우리가 죽었다고만 이야기하지 않아. 하나님께서 죽었던 우리를 다시 살리셨다고 이야기해. 이걸 잘 알고 있어야 해. 하나님께서는 영적으로 죽었던 우리를 다시 살리셨어. 우리를 너무나 사랑하셔서 성령으로 다시 태어나게 해주셨어. 죄인으로 태어난 우리는 예수님과 함께 십자가에 못 박혀 죽었고 부활하신 예수님과 함께 새로운 생명으로 다시 태어났어. 그렇게 우리는 새 사람으로 다시 태어났기 때문에 이제 하나님 앞에서 선하고 좋은 일들을 행할 수 있어. 이게 바로 하나님께서 우리에게 베풀어주신 은혜야.

이 크고 놀라운 은혜를 더 깊이 깨달아 알기 위해서는 우리가 원래 어떤 사람이었는지를 기억하는 게 중요해. 그러니 우리가 원래 어떤 사람이었는지를 잊지 말고 꼭 기억하자. 그리고 우리에게 큰 은혜를 베풀어주신 하나님께 늘 감사하며 살아가자.

○ **제8문: 그렇다면 우리는 너무나 타락해서 좋은 일을 조금도 행할 수 없으며 온갖 나쁜 일을 할 수밖에 없나요?**

○ **답:** 맞아요. 우리가 하나님의 성령으로 다시 태어나지 않는 한 그럴 수밖에 없어요.

● **기도하기**

하나님 아버지, 죄인으로 태어나 영적으로 죽었던 우리를 살려주셔서 감사드려요. 우리가 원래 어떤 사람이었는지 늘 기억하게 해주시고, 하나님의 그 크신 은혜에 더 감사하면서 살아가게 해주세요. 예수님의 이름으로 기도드립니다. 아멘.

chapter **009**

하나님께서는 왜 사람에게
무리한 요구를 하시나요?

○ 찬송   395장(자비하신 예수여)

○ 암송 구절   창세기 3장 6절

여자가 그 나무를 본즉 먹음직도 하고 보암직도 하고 지혜롭게 할 만큼 탐스럽기도 한 나무인지라

여자가 그 실과를 따 먹고 자기와 함께한 남편에게도 주매 그도 먹은지라

블록으로 만든 멋진 집이 있어. 그런데 그 집이 땅에 떨어져 완전히 부서져 버린 거야. 부서진 블록 집만 본 사람들은 블록 집이 원래 얼마나 멋진 모습이었는지 알지 못해. 하지만 볼 수 없을 뿐이지 그 집의 원래 모습은 분명히 있었어.

사람도 이와 같아. 사람은 아담의 죄 때문에 타락해서 하나님을 사랑하고 이웃을 사랑하라는 하나님의 율법을 지킬 수 없게 되었지만, 하나님께서 만드셨을 때의 원래 모습이 있었어. 구약성경 창세기 1장 27절 말씀을 함께 읽어 보자.

> **"하나님이 자기 형상 곧 하나님의 형상대로 사람을 창조하시되 남자와 여자를 창조하시고."**

하나님은 사람을 하나님을 닮은 존재로 만드셨어. 사람은 하나님을 닮았기 때문에 하나님의 뜻대로 하나님과 이웃을 사랑할 수 있었어. 그게 하나님께서 사람을 만드셨을 때의 모습이고 하나님께서 사람에게 주신 선물이야.

그런데 사람은 그 선물을 저 멀리 내던져 버렸어. 자신의 아름다운 모습을 스스로 망

가뜨린 거야. 하나님께서 먹지 말라고 한, 선악을 알게 하는 나무의 열매를 따 먹고 타락하고 말았어. 뱀이 그 열매를 먹으라고 유혹하기는 했지만 사람에게 억지로 먹이지는 않았어. 사람이 자발적으로 그 열매를 먹은 거야. 그래서 사람은 자신의 죄 때문에 하나님께서 만드셨던 때의 모습을 다 잃어버리고 말았어.

그러니 우리는 하나님께서 율법으로 하나님 사랑과 이웃 사랑을 요구하실 때, 하나님께서 너무하신 것 아니냐고 생각해선 안 돼. 오히려 그 율법 앞에서 우리가 얼마나 불쌍하고 불행한 죄인인지를 더 깊이 깨달아야 해.

○ **제9문: 하나님께서 사람이 할 수 없는 일을 그의 율법에서 요구하신다면 그것은 참으로 너무하신 것 아닌가요?**
○ **답:** 아니에요. 하나님께서는 사람이 그렇게 할 수 있도록 만드셨어요. 그러나 사람은 마귀의 유혹에 빠져 자발적으로 불순종해서 자기 자신은 물론 그의 모든 후손까지도 하나님의 그 선물들을 잃어버린 거예요.

● 기도하기

하나님 아버지, 율법의 요구 앞에서 우리가 얼마나 큰 죄인인지 더 깊이 깨달아 알게 해주세요. 그리고 하나님께서 사람을 처음 만드셨던 때의 아름다운 모습을 우리에게 회복시켜 주세요. 예수님의 이름으로 기도드립니다. 아멘.

chapter 010

하나님께서는 모든 죄를 다 심판하시나요?

○ **찬송** 529장(온유한 주님의 음성)

○ **암송 구절** 갈라디아서 3장 10절

무릇 율법 행위에 속한 자들은 저주 아래 있나니 기록된 바 누구든지 율법책에 기록된 대로 온갖 일을 항상 행하지 아니하는 자는 저주 아래 있는 자라 하였음이라

검정색 크레파스로 그림을 그리면 그 그림은 무슨 색일까? 당연히 검정색이겠지? 검정색 크레파스로는 검정색 그림밖에 그릴 수 없는 것처럼, 죄인은 죄를 지을 수밖에 없어. 죄에는 두 종류가 있는데 하나는 원죄고, 다른 하나는 자범죄야. 검정색 크레파스가 원래 검정색인 것처럼 우리가 죄인으로 태어난 것을 원죄라고 해. 그리고 검정색 크레파스로 그리는 모든 그림이 검정색 그림인 것처럼 우리가 살아가며 스스로 짓는 죄를 자범죄라고 해.

그렇다면 하나님께서는 원죄와 자범죄 중에서 어떤 죄를 벌하시며 심판하실까? 답은 둘 다야. 하나님께서는 의로운 분이기 때문에 그 어떤 불의한 죄도 결코 그냥 넘어가지 않으시고 반드시 심판하셔. 그러니 사람은 하나님께 원죄에 대해서도 심판받고, 자범죄에 대해서도 심판받는 거야. 성경에는 사람들을 향한 하나님의 심판에 대한 경고의 말씀이 정말 많아. 그중에서 하나님께서 처음으로 심판에 대해 말씀하신 성경 구절을 살펴보자. 구약성경 창세기 2장 17절 말씀을 함께 읽어 보자.

"선악을 알게 하는 나무의 실과는 먹지 말라 네가 먹는 날에는 정녕 죽으리라 하시니라."

하나님께서는 사람에게 선악을 알게 하는 나무 열매를 먹으면 반드시 죽을 거라고 말씀하셨어. 아담과 하와는 그 열매를 먹는 순간 나무에서 떨어져 나간 나뭇잎처럼 되고 말았어. 나무에서 떨어져 나간 나뭇잎이 겉으로 보기에는 살아 있는 것 같지? 하지만 실제로는 죽은 거잖아. 아담과 하와도 당장에 죽지는 않았지만 그들의 영혼이 죽어 버린 거야. 그렇게 영혼이 죽었기에 결국 그들의 몸도 나무에서 떨어져 나간 나뭇잎이 시들고 말라 썩는 것처럼 늙어서 죽고 말았어. 그래서 모든 사람은 영혼이 죽은 상태로 태어나 이 땅에서 살다가 늙어서 죽는 거야.

이처럼 하나님께서는 모든 죄에 대해서 반드시 심판하셔. 우리가 모든 율법을 항상 지키지 못하고 조금이라도 죄를 짓는다면 하나님의 심판을 절대로 피할 수 없어.

○ **제10문: 하나님께서는 그런 불순종과 배신을 벌하지 않고 그냥 넘어가시나요?**

○ **답:** 결코 그렇지 않아요. 하나님께서는 원죄와 자범죄 모두에 대해 크게 화를 내시고 그 죄들을 이 세상에서, 그리고 영원히 의로운 심판으로 벌하실 거예요. 하나님께서는 "누구든지 율법책에 기록된 대로 온갖 일을 항상 행하지 아니하는 자는 저주 아래 있는 자라"고 말씀하셨어요.

● **기도하기**

하나님 아버지, 하나님께서 모든 죄를 반드시 심판하신다는 것을 알게 되었어요. 하나님의 심판을 두려워하며 겸손하게 살아가게 해주세요. 예수님의 이름으로 기도드립니다. 아멘.

chapter **011**

하나님의 심판이 너무한 것 아닌가요?

○ 찬송　522장(웬일인가 내 형제여)

○ 암송 구절　출애굽기 23장 7절

거짓 일을 멀리하며 무죄한 자와 의로운 자를 죽이지 말라 나는 악인을 의롭다 하지 아니하겠노라

우리나라에는 여러 가지 법들이 있어. 각각의 법들에는 그것을 어겼을 때 받아야 할 벌들이 정해져 있어. 하나님의 율법도 마찬가지야. 율법은 하나님께서 정하신 법이고, 율법을 어긴 사람은 하나님께서 정해 놓으신 벌을 받아야 해. 그렇다면 하나님께서는 율법을 어기면 어떤 벌을 받아야 한다고 정해 놓으셨을까? 구약성경 신명기 27장 26절 말씀을 함께 읽어 보자.

> "이 율법의 모든 말씀을 실행치 아니하는 자는 저주를 받을 것이라 할 것이요 모든 백성은 아멘 할지니라."

　율법을 어긴 사람들이 받아야 할 벌은 저주를 받는 것이야. 저주를 받는다는 것은 영원한 멸망의 형벌을 받는다는 의미야. 쉽게 말해 지옥에 간다는 거야. 우리가 가정예배를 드리며 배웠듯이 모든 사람은 아담의 죄 때문에 죄인으로 태어나 죄를 지으며 살 수밖에 없어. 율법의 모든 말씀을 다 지켜야 하는데 그건 절대로 불가능해. 그러니 모든 사람은 하나님께서 정해 놓으신 영원한 지옥 형벌이라는 저주를 받을 수밖에 없어.

　하나님께서는 사랑의 하나님이시지만 동시에 공의의 하나님이시라는 것을 기억해야 해. 하나님께서는 아담에게 선악을 알게 하는 나무의 열매를 먹는 날에는 반드시

죽는다고 말씀하셨어. 하지만 아담은 하나님의 말씀을 어기고 그 열매를 따 먹었어. 하나님께서는 아담을 사랑하셨지만 공의로운 분이시기에 말씀하신 대로 아담을 벌하셨어. 가장 높으신 하나님께 지은 죄가 너무나 크기에 아담의 모든 후손은 다 죄인으로 태어나 율법을 어기고 저주를 받을 수밖에 없는, 불행한 존재가 된 거야.

우리는 이 사실을 깊이 생각하며 우리가 얼마나 불행한 사람이었는지 잊지 말아야 해. 그래야 공의로우신 하나님께서 우리를 얼마나 사랑하시는지, 그리고 어떻게 우리를 구원해주셨는지 더 깊이 깨달아 알 수 있어.

○ **제11문: 그런데 하나님께서는 사랑이 많으신 분이시지 않나요?**
○ **답:** 하나님께서는 정말로 사랑이 많으신 분이세요. 하지만 동시에 공의로우신 분이세요. 그래서 공의로우신 하나님께서는 가장 높은 왕이신 하나님께 지은 죄에 대해 최고의 형벌, 곧 몸과 영혼에 영원한 형벌을 내리시는 거예요.

● **기도하기**
하나님 아버지, 하나님이 사랑의 하나님이신 동시에 공의의 하나님이시라는 것을 고백해요. 공의의 하나님을 바라보며 우리가 얼마나 불행한 사람었는지 잊지 않게 해주세요. 예수님의 이름으로 기도드립니다. 아멘.

chapter 012

하나님의 형벌을 피할 방법은 없나요?

○ **찬송** 75장(주여 우리 무리를)

○ **암송 구절** 마태복음 5장 26절

진실로 네게 이르노니 네가 호리³라도 남김이 없이 다 갚기 전에는 결단코 거기서 나오지 못하리라

오늘은 우리가 가정예배 2과에서 배운 하이델베르크 요리문답을 다시 읽어 보면서 시작하자.

제2문: 이러한 위로 가운데 복된 인생으로 살고 죽기 위해 당신은 무엇을 알아야 하나요?

답: 다음의 세 가지를 알아야 해요. 첫째, 나의 죄와 불행이 얼마나 큰가, 둘째, 나의 모든 죄와 불행으로부터 어떻게 구원을 받는가, 셋째, 그러한 구원을 주신 하나님께 어떻게 감사를 드려야 하는가를 알아야 해요.

지난 시간까지 살펴본 내용이 우리가 알아야 할 세 가지 중에서 첫째 부분인 '나의 죄와 불행이 얼마나 큰가'였어. 오늘부터는 우리가 알아야 할 둘째 부분인 '나의 모든 죄와 불행으로부터 어떻게 구원을 받는가'를 배우게 될 거야.

우리는 다 아담 안에서 타락했고 하나님 앞에서 죄인이기에, 이 세상에서 그리고 지옥에서 영원히 형벌을 받을 수밖에 없어. 그렇다면 우리가 하나님의 형벌을 피하고 다시 하나님의 은혜를 입을 수는 없을까?

그 방법을 알려줄게. 우리가 구원받기 위해서는 하나님의 공의가 만족되어야 해. 하

나님의 공의가 만족된다는 것은 죄에 대한 대가, 곧 죗값을 치러야 한다는 의미야. 죄인인 우리는 우리의 죄에 대해서 하나님께서 정하신 벌을 받아 죗값을 완전히 치러야만 구원받을 수 있어. 만일 스스로 그 죗값을 완전히 치르거나 다른 사람이 그 죗값을 대신해서 완전히 치르지 않는다면 우리는 공의로운 하나님의 형벌을 절대로 피할 수 없어.

 앞으로 우리가 어떻게 공의로운 하나님의 형벌을 피하고 구원받았는지 배우게 될 거야. 그러니 오늘 배운 내용을 잘 기억하면서 앞으로도 열심히 배워 보자.

○ 제12문: 하나님의 공의로운 심판에 따라 우리는 이 세상에서, 그리고 영원히 형벌을 받아 마땅해요. 그렇다면 우리는 어떻게 해야 이 형벌을 피하고 다시 하나님의 은혜를 입을 수 있나요?

○ 답: 하나님께서는 자기의 공의가 만족되기를 원하세요. 따라서 우리는 우리 스스로든 아니면 다른 사람에 의해서든 죗값을 완전히 치러야 해요.

● 기도하기

하나님 아버지, 우리의 죗값을 완전히 치르지 않으면 절대로 구원받을 수 없다는 것을 알게 되었어요. 가정예배를 계속해서 드리면서 우리의 죗값이 어떻게 완전히 치러졌는지 깨달아 알게 해주세요. 예수님의 이름으로 기도드립니다. 아멘.

---

3) 호리는 한 고드란트를 의미하며, 두 렙돈(막 12:42)에 해당하는 아주 작은 단위의 돈입니다. 본절의 표현은 빚을 다 갚기까지 형벌을 면하기 어렵다는 것을 강조하고 있습니다.

013

우리가 스스로 죗값을 치를 수 있나요?

○ 찬송 544장(울어도 못하네)

○ 암송 구절 시편 130장 3절

여호와여 주께서 죄악을 감찰하실진대 주여 누가 서리이까

하나님 앞에서 자신이 의롭다고 할 수 있는 사람이 있을까? 성경은 그렇게 할 수 있는 사람이 없다고 이야기해. 구약성경 욥기 9장 3절 말씀을 함께 읽어 보자.

"사람이 하나님과 쟁변하려 할지라도 천 마디에 한 마디도 대답하지 못하리라."

여기에서 하나님과 쟁변하려 한다는 것은 하나님께 자신이 의롭다고 말한다는 거야. 만일 우리가 하나님께 "하나님, 저는 죄가 없어요. 저는 의로운 사람이에요"라고 한다면 하나님께서 우리에게 뭐라고 말씀하실까? 하나님께서 정말로 그런지 한번 따져 보자고 천 마디 말씀을 하실 때 우리가 한 마디라도 대꾸할 수 있을까? 우리뿐만 아니라 그 누구도 하나님께 대꾸할 수 없을 거야. 거룩하시고 의로우신 하나님의 기준에서는 그 어떤 사람도 의롭다고 할 수 없기 때문이야.

아담의 죄 때문에 우리는 치러야 할 죗값을 가지고 태어났어. 그 죗값을 완전히 치르지 않는 한 우리는 절대로 구원받을 수 없어. 그렇다면 그 죗값을 완전히 치를 수 있는 방법은 없을까? 공의로우신 하나님께서 정하신 죗값은 죽음, 곧 영원한 지옥 형벌이야. 하나님께서 정하신 죗값은 우리가 마음대로 바꿀 수 없어. 100만 원을 빚진 사람은 100만 원을 갚아야 하고, 1,000만 원을 빚진 사람은 1,000만 원을 갚아야 해. 죄

인인 우리가 갚아야 할 죗값은 너무나 큰 액수야. 그래서 우리 마음대로 바꿀 수 없을 뿐더러 도저히 갚을 수도 없어. 아무리 많은 돈을 내더라도, 또는 아무리 착한 일을 많이 한다 하더라도, 자신의 죗값을 치르는 건 절대로 불가능해.

  우리는 완전히 타락한 죄인이기에 스스로 죗값을 치를 수 없다는 것을 기억해야 해. 게다가 죄인인 우리는 살아가면서 계속 죄를 짓기 때문에 우리의 죄는 점점 더 많아질 수밖에 없어. 그렇다면 그렇게 날마다 더 늘어나는 우리의 죗값을 해결할 수 있는 방법은 없을까? 물론 있어. 하나님께서는 예수님을 이 땅에 보내주셔서 우리의 죗값을 해결해주셨어. 앞으로 가정예배를 드리면서 이 부분에 대해 차근차근 설명해줄게.

○ 제13문: 그런데 우리가 스스로 이 죗값을 다 치를 수 있나요?
○ 답: 결코 그렇지 않아요. 오히려 우리는 치러야 할 죗값을 날마다 더 늘어나게 할 뿐이에요.

● 기도하기

하나님 아버지, 우리는 우리의 죗값을 스스로 치를 수 없어요. 우리가 어리석게 스스로 죗값을 치르면서 살아가려 하지 않게 해주세요. 그리고 앞으로의 가정예배를 통해 그 죗값을 어떻게 해결할 수 있는지 분명히 깨달아 알게 해주세요. 예수님의 이름으로 기도드립니다. 아멘.

014

다른 피조물이 우리의 죗값을 치를 수 있나요?

○ **찬송** 337장(내 모든 시험 무거운 짐을)

○ **암송 구절** 나훔 1장 6절

누가 능히 그 분노하신 앞에 서며 누가 능히 그 진노를 감당하랴 그 진노를 불처럼 쏟으시니 그를 인하여 바위들이 깨어지는도다

하나님께서 만드신 모든 것을 피조물이라고 해. 사람도, 동물도, 식물도 다 하나님의 피조물이야. 그렇다면 사람의 죗값을 다른 피조물이 대신 치를 수 있을까? 날마다 늘어나는 우리의 죄에 대한 죗값은 영원한 지옥 형벌인데, 그걸 다른 피조물이 대신 치를 수 있을까? 그 답을 신약성경 히브리서 10장 4절 말씀에서 찾아보자.

"이는 황소와 염소의 피가 능히 죄를 없이 하지 못함이라."

황소나 염소가 사람 대신에 피 흘리며 죽는 건 구약 시대의 제사를 의미해. 구약 시대에는 하나님께서 정하신 동물들을 제물로 드리면서 하나님께 제사를 드렸어. 황소나 염소 같은 동물들은 사람의 죄를 대신해 죽었지만 사람의 죗값을 치르기에는 턱없이 부족했어. 제물 제사는 사람의 죄를 일시적으로 사해주었을 뿐이야. 그렇다면 왜 황소나 염소 같은 다른 피조물은 사람의 모든 죗값을 대신 치를 수 없을까? 그 이유를 자세히 설명해줄게.

첫 번째 이유는, 하나님께서 사람의 죄를 가지고 다른 피조물을 벌하시는 걸 원치 않으시기 때문이야. 사람이 죄를 지었으면 사람이 그 죄에 대해 벌을 받아야 해. 공의로

우신 하나님께서는 사람이 죄 때문에 치러야 할 죗값을 정해 놓으셨어. 그 죗값은 절대로 바꿀 수 없을 뿐더러 반드시 사람이 직접 치러야 하는 거야. 그러니 다른 피조물이 그 죗값을 대신 치른다는 것은 절대로 불가능해.

두 번째 이유는, 그 어떤 피조물도 사람이 받아야 할 영원한 지옥 형벌을 대신 짊어질 수 없기 때문이야. 황소나 염소 같은 동물은 사람의 죗값을 대신 치를 자격이 없고, 그만한 가치도 가지고 있지 않아. 그래서 사람의 죗값을 대신 치를 수 없어. 하나님의 영원한 진노의 짐은 오직 사람만이 짊어질 수 있고, 사람이 직접 짊어져야 해. 절대로 다른 피조물이 대신 짊어질 수 없어. 그래서 그 어떤 피조물도 사람을 구원할 수 없는 거야.

OO가 오늘 배운 내용을 깊이 생각하면서, OO의 죗값을 대신 치러주신 예수님의 은혜와 사랑에 더 감사하며 살아가길 바라.

○ **제14문: 그렇다면 다른 어떤 피조물이 우리의 죗값을 대신 치러줄 수 있나요?**
○ **답:** 그럴 수 없어요. 첫 번째 이유는, 하나님께서는 사람의 죄 때문에 다른 피조물을 벌하시는 걸 원하지 않으시기 때문이에요. 두 번째 이유는, 어떤 피조물도 죄에 대한 하나님의 영원한 진노의 짐을 대신 짊어지고 견뎌서 다른 피조물을 구원할 수 없기 때문이에요.

〜〜〜〜〜〜〜〜〜〜〜〜〜〜〜〜〜〜〜〜

● **기도하기**

하나님 아버지, 다른 어떤 피조물도 우리의 죗값을 대신 치러줄 수 없다는 것을 알게 되었어요. 우리의 죗값을 대신 치러줄 수 있는 분은 오직 예수님 한 분뿐이라는 것을 더 분명히 알게 해주세요. 예수님의 이름으로 기도드립니다. 아멘.

chapter **015** ～～～～～～～～～～～～～

우리는 어떤 구원자를 찾아야만 하나요?

○ 찬송   304장(그 크신 하나님의 사랑)
○ 암송 구절   요한복음 1장 14절
말씀이 육신이 되어 우리 가운데 거하시매 우리가 그 영광을 보니 아버지의 독생자의 영광이요 은
혜와 진리가 충만하더라

～～～～～～～～～～～～～～～～～～～～～～～～～～～～

오늘은 우리를 죄에서 구해줄 구원자가 누구인지 살펴보려고 해. 우리는 우리의 죗값을 스스로 치를 수 없고, 그 어떤 피조물도 그것을 대신 치러줄 수 없어. 그러니 우리는 우리의 죗값을 완전히 치를 수 있는 구원자를 찾아야만 해. 먼저 그 구원자가 갖추고 있어야 할 조건 두 가지를 살펴보도록 하자.

첫째, 모든 사람의 대표가 되기 위해서 죄가 없는 사람이어야 해. 사자 무리의 대표는 사자가 해야 하고, 호랑이 무리의 대표는 호랑이가 해야 하듯이, 모든 사람의 대표는 사람만이 할 수 있어. 그런데 아무나 대표가 될 수 있는 건 아니야. 모든 사람의 죗값을 대신 치르기 위해서는 죄가 전혀 없어야 해. 죄가 있는 사람은 자신의 죗값만 치를 수 있을 뿐이지 다른 사람들의 죗값은 치를 수 없어. 그러니 우리의 구원자는 의로운 참 사람이어야 해.

둘째, 모든 사람의 죄를 대신하기 위해서는 전능하신 하나님이셔야 해. 죄가 없는 사람은 모든 사람을 대표할 수는 있지만 대신할 수는 없어. 아무리 죄가 없는 사람일지라도 그 한 사람의 가치가 모든 사람의 가치를 대신할 수는 없는 거야. 모든 사람의 죗값을 대신해서 치르려면 모든 사람보다 뛰어난 가치를 가지고 있어야 해. 사람을 포함한 모든 피조물보다 훨씬 더 크고 무한한 가치를 가지고 계신 분은 전능하신 하나님

한 분뿐이야. 그러니 우리의 구원자는 전능하신 참 하나님이셔야 해.

그렇다면 이 두 가지 조건을 다 갖추고 있는 구원자는 누구일까? 신약성경 빌립보서 2장 6-7절 말씀을 함께 읽어 보자.

> "그는 근본 하나님의 본체시나 하나님과 동등됨을 취할 것으로 여기지 아니하시고 오히려 자기를 비어 종의 형체를 가져 사람들과 같이 되었고."

그 구원자는 바로 예수님이야. 예수님은 전능하신 하나님과 동일하신 분이신데 하나님의 자리를 버리시고 죄 없는 사람의 몸으로 이 땅에 오셨어. 오직 예수님만이 우리를 대표할 수 있는 참 사람이시고, 우리를 대신할 수 있는 참 하나님이셔. 그분만이 우리의 유일한 구원자야.

○ 제15문: 그렇다면 우리는 어떤 구원자[4]를 찾아야만 하나요?
○ 답: 우리가 찾아야 할 구원자는 의로운 참 사람이시며 동시에 모든 피조물보다 뛰어난 참 하나님이어야 해요.

● 기도하기

하나님 아버지, 참 사람이시고 참 하나님이신 예수님을 우리의 구원자로 보내주셔서 감사드려요. 우리의 유일한 구원자 되시는 예수님의 이름으로 기도드립니다. 아멘.

---

4) 하이델베르크 요리문답 독일어 원문에는 "중보자와 구원자"라고 나오는데 "중보자"라는 단어가 아이들에게 생소할 수 있어서 "구원자"라는 단어만 사용했습니다.

chapter 016

우리의 구원자는 왜 참 사람이어야만 하나요?

○ **찬송** 32장(만유의 주재)

○ **암송 구절** 고린도후서 5장 21절

하나님이 죄를 알지도 못하신 자로 우리를 대신하여 죄를 삼으신 것은 우리로 하여금 저의 안에서 하나님의 의가 되게 하려 하심이니라

우리의 구원자는 죄가 없는 사람인 동시에 전능하신 하나님이셔야 한다고 했지? 오늘은 우리의 구원자가 왜 죄 없는 사람이어야 하는지에 대해 자세히 이야기해줄게.

모든 사람은 죄인이기에 자신의 죗값을 치러야 해. 하나님의 공의는 사람이 지은 죄에 대한 죗값을 사람이 아닌 다른 존재가 대신 치르는 것을 허락하지 않아. 사람을 대표하는 사람이 그 죗값을 대신 치러야만 죄를 용서받고 구원받을 수 있는 거야. 그러니 우리의 구원자는 사람과 비슷한 존재가 아니라 우리와 완전히 똑같은 사람이어야 해.

그런데 사람이라고 해서 아무나 다른 사람의 죗값을 치를 수 있는 게 아니야. 죄인은 다른 사람의 죗값을 지불할 자격이 없어. 자신이 사형수인데 다른 동료 사형수를 위해서 자신이 대신 죽겠다고 하는 것은 말이 안 돼. 우리 주위에 사람이 많아도 그들 모두 아담의 죄 때문에 죄인으로 태어난 자들이야. 자신의 죗값도 치르지 못하는 사람이 다른 사람의 죗값을 대신 치를 수 있을까? 절대 불가능해. 우리의 죗값을 대신 치르려면 자신의 죗값을 치를 필요가 없는 사람이어야 해. 즉 죄가 전혀 없는 완전하게 의로운 사람이어야 하는 거야. 우리와 똑같은 사람인 동시에 죄가 없는 의로운 사람이 아니고는 우리의 구원자가 될 수 없어. 그렇다면 우리와 똑같은 사람이면서 의

로운 사람이 있을까? 그 사람은 오직 한 분, 우리의 구원자이신 예수님뿐이야. 구약성경 이사야 53장 4절 말씀을 함께 읽어 보자.

> "그는 실로 우리의 질고를 지고 우리의 슬픔을 당하였거늘 우리는 생각하기를 그는 징벌을 받아서 하나님에게 맞으며 고난을 당한다 하였노라."

　죄 없는 사람의 몸으로 오신 예수님께서는 우리를 대표해서 우리의 죗값을 대신 치르셨어. 예수님께서는 자신의 죄 때문에 고난받고 죽으신 게 아니야. 그분은 우리의 죄 때문에 고난받고 죽으셨어. 의로운 참 사람이신 예수님만이 우리의 유일한 구원자라는 것을 꼭 기억하자.

○ 제16문: 구원자는 왜 의로운 참 사람이어야만 하나요?
○ 답: 왜냐하면 하나님의 공의는 죄지은 사람이 죗값 치르기를 요구하기 때문이에요. 또한 죄인 자신은 다른 사람을 위해 죗값을 치를 수 없기 때문이에요.

● 기도하기
하나님 아버지, 죄 없는 사람의 몸으로 이 땅에 오신 예수님의 구원에 감사드려요. 오직 예수님만이 유일한 구원자라는 것을 잊지 않게 해주세요. 예수님의 이름으로 기도드립니다. 아멘.

chapter 017

우리의 구원자는 왜 참 하나님이어야만 하나요?

○ 찬송   287장(예수 앞에 나오면)

○ 암송 구절   베드로전서 3장 18절

그리스도께서도 한 번 죄를 위하여 죽으사 의인으로서 불의한 자를 대신하셨으니 이는 우리를 하나님 앞으로 인도하려 하심이라 육체로는 죽임을 당하시고 영으로는 살리심을 받으셨으니

우리의 구원자는 죄 없는 사람인 동시에 전능하신 하나님이셔야만 해. 그렇다면 우리의 구원자는 왜 전능하신 하나님이셔야만 할까? 세 가지 이유를 알려줄게.

첫째, 하나님의 진노의 짐을 짊어지기 위해서야. 모든 사람은 자신의 죄 때문에 영원한 지옥 형벌이라는 짐을 져야 해. 하나님의 진노로 내려진 그 짐은 너무나 무거워. 그래서 사람의 능력으로는 도저히 감당할 수 없어. 게다가 한 사람이 아닌 모든 사람을 대신해서 지옥 형벌을 영원히 받는 건 하나님의 능력이 아니고서는 불가능해. 하나님의 능력으로 그 무거운 짐을 대신 짊어질 구원자는 전능하신 하나님 한 분뿐이야.

둘째, 모든 사람의 죄를 대신하기 위해서야. 5만 원짜리 장난감을 5천 원이나 5백 원으로 살 수 없는 것처럼 모든 사람이 짊어져야 할 진노의 짐을 한 사람이나 몇 사람이 대신할 수는 없어. 모든 사람의 죄를 대신하기 위해서는 모든 사람을 다 합한 것보다 더 크고 뛰어난 가치를 가지고 있어야 해. 그런 가치를 가지고 계신 분은 전능하신 하나님 한 분뿐이야.

셋째, 우리에게 의와 생명을 주시기 위해서야. 의와 생명은 전능하신 하나님만이 주실 수 있는 선물이야. 신약성경 요한복음 3장 16절 말씀을 함께 읽어 보자.

"하나님이 세상을 이처럼 사랑하사 독생자를 주셨으니 이는 저를 믿는 자마다 멸망치 않고 영생을 얻게 하려 하심이니라."

전능하신 하나님께서는 우리를 멸망치 않게 해주셨을 뿐 아니라 영생까지도 주실 계획을 가지고 계셨어. 그 계획을 이루기 위해 하나님이신 예수님께서 이 땅에 오신 거야. 예수님께서는 우리의 죗값을 치르시기 위해 죽으셨고, 우리에게 영생을 주시기 위해 부활하셨어. 부활하신 예수님께서는 자신이 먼저 의와 생명을 얻으셨고, 그 얻으신 것을 우리에게 선물로 나누어주셨어. 부활의 능력으로 우리에게 의와 생명이라는 선물을 주실 수 있는 구원자는 오직 한 분, 참 하나님이신 예수님뿐이야.

우리의 구원자가 전능하신 하나님이셔야만 한다는 것을, 그리고 예수님이 바로 그 전능하신 하나님이시라는 것을 꼭 기억하길 바라.

○ 제17문: 구원자는 왜 동시에 참 하나님이어야만 하나요?
○ 답: 오직 하나님의 능력으로만 하나님의 진노의 짐을 자신의 몸에 짊어질 수 있기 때문에 그분은 참 하나님이셔야만 해요. 또한 우리를 위해 의와 생명을 얻어 우리에게 돌려주시기 위해서 참 하나님이셔야만 해요.

● 기도하기
하나님 아버지, 참 하나님이신 예수님께서 이 땅에 오셨기에 우리가 멸망치 않고 영생을 얻었어요. 이렇게 큰 은혜를 주셔서 정말로 감사해요. 예수님의 이름으로 기도드립니다. 아멘.

chapter 018

참 하나님이신 동시에 참 사람이신 구원자는 누구인가요?

○ 찬송   94장(주 예수보다 더 귀한 것은 없네)

○ 암송 구절   고린도전서 1장 30절

너희는 하나님께로부터 나서 그리스도 예수 안에 있고 예수는 하나님께로서 나와서 우리에게 지혜와 의로움과 거룩함과 구속함이 되셨으니

하나님께서 OO에게 주신 최고의 선물은 예수님이야. 하나님께서 주신 선물은 너무나 많아. OO에게 생명을 주셔서 태어나게 해주셨고, OO가 살고 있는 이 땅과 이 땅의 모든 것을 다 하나님께서 만들어주셨어. 그리고 이렇게 아빠(엄마)도 주셨고, 먹을 것과 입을 것도 주셨어. OO가 가진 것들은 다 하나님께서 주신 선물이야. 그런데 그 많은 선물 중에서 최고의 선물은 무엇일까? 바로 예수님이야. 그 이유가 뭘까? 신약성경 고린도후서 5장 21절 말씀을 함께 읽어 보자.

"하나님이 죄를 알지도 못하신 자로 우리를 대신하여 죄를 삼으신 것은 우리로 하여금 저의 안에서 하나님의 의가 되게 하려 하심이니라."

이 땅에서 많은 것들을 가지고 건강하게 오래 사는 것보다 중요한 것은 자신의 죄 문제를 해결하는 거야. 죄인으로 태어난 사람이 자신의 죄 문제를 해결하지 못하면 죗값을 스스로 치러야만 해. 죽어서 지옥에 가 영원한 형벌을 받아야 하는 거지. 하나님께서는 우리의 죄 문제를 해결해주시기 위해서 참 하나님이시고 참 사람이신 구원

자, 예수님을 이 땅에 보내주셨어. 예수님은 우리를 대신해서 죽으심으로 우리의 모든 죗값을 치르셨고, 우리를 위해 부활하심으로 하나님 앞에서 우리를 의롭게 해주셨어. 하나님께서 우리에게 주신 것들 중에서 이것보다 더 귀하고 값진 것이 있을까?

하나님께서는 OO를 너무나 사랑하셔서 OO에게 최고의 선물인 예수님을 주셨어. 예수님이 최고의 선물이라면 예수님을 세상 그 무엇보다 가장 귀하게 여기는 게 당연하겠지? 세상에 우리의 주님이신 예수님보다 더 귀한 것은 없어. 우리를 죄에서 완전히 구원하시고 의롭게 해주신 예수님을 가장 귀하게 여기며 살아가는 OO가 되길 바라.

○ 제18문: 그렇다면 참 하나님이신 동시에 참 사람이신 구원자[5]는 누구인가요?

○ 답: 우리의 주님이신 예수 그리스도이신데, 그분께서는 우리에게 완전한 구원과 의를 선물해주셨어요.

● **기도하기**

하나님 아버지, 참 하나님이시고 참 사람이신 예수님이 하나님께서 주신 최고의 선물이라는 것을 알게 되었어요. 예수님을 통해 우리를 의롭게 하시고 구원해주신 하나님께 진심으로 감사드려요. 예수님의 이름으로 기도드립니다. 아멘.

---

5) 하이델베르크 요리문답 독일어 원문에는 "중보자"라고 나옵니다. 아이들이 쉽게 이해할 수 있도록 15문의 "중보자와 구원자"를 "구원자"로 표기한 것처럼, 18문에서도 "중보자"를 "구원자"로 표기했습니다. 중보자와 구원자, 이 두 단어는 교차적으로 사용할 수 있습니다.

019

예수님이 구원자라는 것을 어떻게 아나요?

○ 찬송   199장(나의 사랑하는 책)
○ 암송 구절   요한복음 5장 39절
너희가 성경에서 영생을 얻는 줄 생각하고 성경을 상고하거니와 이 성경이 곧 내게 대하여 증거하는 것이로다

예수님이 구원자라는 사실은 성경에서 알 수 있어. 예수님이 구원자라는 사실은 세상에서 가장 복된 소식이야. 이 복된 소식을 복음이라고 해. 하나님께서는 이 복음을 특별한 사람들만 연구해서 발견할 수 있도록 숨겨놓지 않으셨어. 반대로 누구나 알 수 있도록 밝히 보여주셨어. 바로 성경을 통해서야. 하나님께서는 거룩한 복음을 거룩한 책인 성경을 통해 알려주셨어. 지금 우리가 가지고 있는 구약 39권과 신약 27권, 총 66권의 성경 전체에는 복음이 담겨 있어. 그래서 성경 전체를 복음이라고 할 수 있어. OO가 이렇게 가정예배를 드리며 성경을 배우는 것도, 교회에서 예배를 드리며 설교를 듣는 것도 다 성경이 복음이기 때문이야. 이처럼 하나님께서는 성경을 통해 예수님이 구원자라는 복음을 알려주셨어.

　그렇다면 하나님께서 성경을 통해 어떻게 복음을 알려주셨는지 살펴보도록 하자. 먼저 성경의 첫 번째 책인 창세기로 가 볼까? 구약성경 창세기 3장 15절 말씀을 함께 읽어 보자.

"내가 너로 여자와 원수가 되게 하고 너의 후손도 여자의 후손과 원수가 되게 하리니 여자의 후손은 네 머리를 상하게 할 것이요 너는 그의 발꿈치를 상하게 할 것이니

라 하시고."

하나님께서는 아담과 하와가 타락하자마자 복음을 보여주셨어. 하나님께서 말씀하신 여자의 후손은 예수님이야. 여자의 후손이신 예수님이 뱀의 머리를 상하게 할 거라는 말씀은 예수님께서 승리하셔서 죄인들을 구원해주실 거라는 의미야. 하나님께서는 이 복음을 아브라함에게도 말씀해주셨고, 모세에게도 말씀해주셨어. 또한 모세의 율법에서 명하는 제사들과 여러 의식들도 예수님을 가리켰고, 특별히 희생제사 의식은 예수님께서 십자가에서 죄인들을 대신해서 죽으실 것을 미리 보여주는 것이었어. 그 뒤에도 하나님께서는 다윗과 언약을 맺으시면서 예수님이 구원하실 것을 분명하게 알려주셨고, 많은 선지자들의 예언을 통해서도 계속해서 말씀해주셨어. 그리고 마침내 하나님께서 미리 말씀하신 그 복음이 참 하나님이고 참 사람이신 하나님의 독생자, 예수님을 통해서 다 이루어졌어.

OO가 일평생 성경을 가까이하면서 읽고 배우면 아빠(엄마)가 오늘 이야기해준 내용을 더 깊이 깨달아 알게 될 거야. 꼭 그렇게 되도록 성경을 더 많이 사랑하는 OO가 되자.

○ 제19문: 예수님이 우리의 구원자라는 것을 어떻게 아나요?
○ 답: 거룩한 복음에서 알아요. 하나님께서는 그 복음을 에덴동산에서 처음으로 알려주셨고, 거룩한 족장들과 선지자들을 통해 선포하셨어요. 그리고 율법에 나오는 제사들과 다른 의식들을 통해 미리 보여주셨고, 마지막에는 하나님의 사랑하는 독생자를 통해 완성해주셨어요.

● 기도하기
하나님 아버지, 성경을 통해 예수님이 구원자라는 복음을 알려주셔서 감사해요. 앞으로 성경을 더 귀히 여기며, 더 열심히 읽고 배우게 해주세요. 예수님의 이름으로 기도드립니다. 아멘.

020

모든 사람이 구원받나요?

○ **찬송** 90장(주 예수 내가 알기 전)
○ **암송 구절** 로마서 10장 9절
네가 만일 네 입으로 예수를 주로 시인하며 또 하나님께서 그를 죽은 자 가운데서 살리신 것을 네 마음에 믿으면 구원을 얻으리니

모든 사람이 예수 그리스도를 통해 구원받는 건 아니야. 먼저 신약성경 고린도전서 15장 22절 말씀을 함께 읽어 보자.

> **"아담 안에서 모든 사람이 죽은 것같이 그리스도 안에서 모든 사람이 삶을 얻으리라."**

이 말씀을 보면, 아담의 범죄로 죄인이 된 모든 사람이 다 예수님을 통해 의인이 되어 영생을 얻는다고 생각할 수도 있어. 하지만 그렇지 않아. 방금 읽은 22절 말씀에 이어지는 23절 말씀을 아빠(엄마)가 읽어줄 테니 잘 들어 봐.

> **"그러나 각각 자기 차례대로 되리니 먼저는 첫 열매인 그리스도요 다음에는 그리스도 강림하실 때에 그에게 붙은 자요."**

성경이 말하는 모든 사람은 온 세상의 모든 사람이 아니라 그리스도께 붙은 모든 사람이야. 아담 안에서 모든 사람이 다 죽었지만 그 모든 사람이 다 그리스도 안에서 구원받지는 않아. 오직 참된 믿음으로 그리스도께 붙어서 그분과 연합된 사람만이 구

원받는 거야.

과일 농사를 지을 때 접붙임이라는 걸 많이 해. 접붙임은 나무에 가지를 붙여서 그 가지가 열매를 맺게 하는 거야. 예수님께서는 요한복음 15장 5절에서 "나는 포도나무요 너희는 가지다"라고 말씀하셨어. 참된 믿음을 가진 사람은 포도나무이신 예수님께 붙은 가지가 돼. 나무와 가지가 붙어서 하나가 되는 것처럼 예수 그리스도와 하나가 된 사람은 예수 그리스도의 죽으심에 연합되고, 예수 그리스도의 부활에도 연합되는 거야. 예수 그리스도께서 십자가에서 죽으시고 부활하셨어도 그분과 연합되지 않으면 그 죽으심과 부활은 자신과 아무런 상관없는 일이 되고 말아. 그러니 우리는 참된 믿음으로 그분과 연합되어야만 해.

이처럼 참된 믿음으로 예수 그리스도와 연합하는 것은 너무나 중요해. 그래서 참된 믿음이 무엇인지, 무엇을 믿어야 하는지 하나씩 배우게 될 거야. 잘 배워서 일평생 예수 그리스도께 붙은 가지가 되어 열매를 주렁주렁 맺는 OO가 되길 바라.

○ **제20문: 아담을 통해 모든 사람이 멸망한 것처럼 그리스도를 통해 모든 사람이 구원받나요?**

○ **답:** 아니에요. 오직 참된 믿음으로 그리스도와 연합한 자들만이 그리스도의 모든 은혜를 받아 구원받아요.

● **기도하기**

하나님 아버지, 우리는 생명의 참 포도나무이신 예수님과 연합한 가지가 되길 원해요. 우리가 참된 믿음으로 꼭 그런 가지가 되게 해주세요. 예수님의 이름으로 기도드립니다. 아멘.

chapter 021

참된 믿음이란 무엇인가요?

○ 찬송 310장(아 하나님의 은혜로)

○ 암송 구절 요한복음 17장 3절

영생은 곧 유일하신 참 하나님과 그의 보내신 자 예수 그리스도를 아는 것이니이다

참된 믿음은 확실한 지식인 동시에 굳은 신뢰야. 먼저 참된 믿음이 확실한 지식이라는 것에 대해 이야기해줄게. 확실한 지식이라는 건 성경 전체에 대한 지식을 의미해. 참된 믿음을 가진 사람은 성경 66권을 차근차근 다 읽고 그것이 정말로 그러하다고 받아들이는 사람이야. 참된 믿음이 성경 전체에 대한 확실한 지식이기에 우리는 성경을 읽고 배워서 확실히 알아야 해. 창세기 1장부터 요한계시록 22장까지 하나님께서 우리에게 알려주신 모든 것들을 부지런히 읽고 배워야 해. 신앙의 선배들이 성경의 전체 내용을 잘 정리해 놓은 요리문답을 통해 교리를 공부하는 이유도 마찬가지야. 확실한 지식이 없으면 참된 믿음이라고 할 수 없기 때문에 성경을 읽고 배우는 것은 정말로 중요해.

그런데 확실한 지식이 전부는 아니야. 동전에 양면이 있는 것처럼, 참된 믿음은 확실한 지식인 동시에 굳은 신뢰여야 해. 그러니 굳은 신뢰로 이어지지 않는 확실한 지식은 참된 믿음이라고 할 수 없어. 예를 들어 볼게. OO가 몸이 아파서 병원에 갔는데 의사 선생님이 주사를 맞고 약을 먹어야 낫는다고 하셨어. 그러면 의사 선생님의 말이 틀림없이 옳다고 생각하는 지식만으로 몸이 나을까? 그렇지 않아. 의사 선생님의 말을 신뢰하며 실제로 주사를 맞고 약을 먹어야 몸이 낫는 거야. 이처럼 지식만으로는 구원받을 수 없어. 그 지식이 신뢰로 이어져야 구원받는 거야. 그래서 참된 믿음은

확실한 지식인 동시에 굳은 신뢰인 거야.

마지막으로 한 가지 더 기억해야 할 게 있어. 그것은 믿음이 하나님의 선물이라는 거야. 신약성경 에베소서 2장 8절 말씀을 함께 읽어 보자.

> **"너희가 그 은혜를 인하여 믿음으로 말미암아 구원을 얻었나니 이것이 너희에게서 난 것이 아니요 하나님의 선물이라."**

확실한 지식도, 굳은 신뢰도 다 하나님의 선물이야. 선물 받은 사람은 선물을 준 사람에게 감사해야지, 그 선물을 자신이 받아준 거라고 큰소리쳐서는 안 돼. 하나님의 구원이 나의 공로가 아니라 예수 그리스도의 공로로 주어진 선물이라는 것을 믿는 것, 그리고 하나님께서 그 귀한 선물을 자격 없는 나에게 주셨다는 것을 믿는 것, 이게 바로 참된 믿음이야.

○ **제21문: 참된 믿음이란 무엇인가요?**
○ **답:** 참된 믿음은 하나님께서 그의 말씀 안에서 우리에게 알려주신 모든 것을 참된 것으로 여기는 확실한 지식일 뿐 아니라, 성령님께서 복음으로써 내 마음속에 일으키신 굳은 신뢰예요. 또한 하나님께서 그리스도의 공로 때문에 죄를 용서받았고 영원한 의과 복을 은혜로 주셨다는 것을 다른 사람들뿐만 아니라 나에게도 주셨다는 것을 믿는 것이에요.

● **기도하기**

하나님 아버지, 참된 믿음이 무엇인지 배웠어요. 우리가 참된 믿음을 갖게 해주시고, 그 믿음이 일평생 변하지 않게 해주세요. 예수님의 이름으로 기도드립니다. 아멘.

022

우리는 무엇을 믿어야 하나요?

○ **찬송** 542장(구주 예수 의지함이)

○ **암송 구절** 마가복음 1장 15절

가라사대 때가 찼고 하나님 나라가 가까왔으니 회개하고 복음을 믿으라 하시더라

OO는 성경이 말하는 게 뭐라고 생각해? 그건 바로 사도신경이야. 사도신경은 성경 66권을 12개의 문장으로 요약해 놓았어. 사도신경이 성경을 가장 잘 요약해 놓았기 때문에, 사도신경을 믿는다는 것은 성경 66권에 있는 복음을 믿는다는 뜻이야. 그래서 누가 우리에게 무엇을 믿느냐고 물으면 우리는 사도신경을 믿는다고 대답해.

사도신경의 내용은 성경에서 나왔고, 사도들이 전한 복음과 일치해. 그래서 교회는 사도신경을 거의 2,000여 년 동안 사용해 왔고, 우리도 예배를 드릴 때 사도신경으로 신앙고백을 하는 거야.

우리가 무엇을 믿는지 분명히 알기 위해서, 오늘부터 우리는 사도신경을 배워 나갈 거야. 먼저 사도신경을 외우고, 사도신경의 전체 구조를 살펴볼 거야. 그다음에 사도신경의 12문장을 하나씩 하나씩 자세히 공부할 거야. 앞으로 OO는 사도신경을 배워 나가면서 성숙한 그리스도인으로 자라날 거야. 신약성경 골로새서 1장 23절 말씀을 함께 읽어 보자.

> "만일 너희가 믿음에 거하고 터 위에 굳게 서서 너희 들은 바 복음의 소망에서 흔들리지 아니하면 그리하리라 이 복음은 천하 만민에게 전파된 바요 나 바울은 이 복음의 일꾼이 되었노라."

사도들이 전한 복음이 잘 요약되어 있는 사도신경을 잘 배우면, 믿음에 거하고 복음의 소망에서 흔들리지 않는 그리스도인이 될 수 있어. ○○가 꼭 그런 그리스도인이 되도록 아빠(엄마)도 사도신경을 힘써 가르칠 테니 열심히 배워 보자.

예전부터 교회는 사도신경을 힘써 가르치고 배워 왔어. 그래서 우리 신앙의 선배들은 사도신경의 12문장이 무엇을 의미하는지 분명히 알고 고백할 수 있었어. 이제 우리 차례야. 우리도 신앙의 선배들처럼 사도신경을 힘써 가르치고 배우면서 선배들이 전해준 그 전통을 아름답게 이어나가자.

○ **제22문: 그러면 그리스도인은 무엇을 믿어야 하나요?**

○ **답:** 복음으로 우리에게 약속된 모든 것을 믿어야 해요. 이 복음은 보편적이고 의심할 여지없는 우리의 기독교 신앙의 조항들인 사도신경이 요약하여 가르쳐줘요.

● **기도하기**

하나님 아버지, 우리가 무엇을 믿어야 하는지 분명히 알 수 있도록 사도신경을 주셔서 감사드려요. 이제 사도신경의 내용을 하나씩 배우려고 해요. 지혜를 주셔서 잘 이해하게 해주세요. 예수님의 이름으로 기도드립니다. 아멘.

023

사도신경의 12문장은 무엇인가요?

○ 찬송   366장(어두운 내 눈 밝히사)

○ 암송 구절   요한복음 20장 31절

오직 이것을 기록함은 너희로 예수께서 하나님의 아들 그리스도이심을 믿게 하려 함이요 또 너희로 믿고 그 이름을 힘입어 생명을 얻게 하려 함이니라

성경이 이렇게 두꺼운데 외울 수 있을까? 힘들겠지? 하지만 성경을 짧게 요약해 놓은 사도신경은 외울 수 있어. 사도신경은 성경 66권을 12문장으로 잘 요약해 놓아서 열 번 정도만 따라서 읽으면 자연스럽게 외워져. 그런데 사도신경을 외우기만 해서는 안 돼. 사도신경을 외우는 것보다 더 중요한 건 한 문장씩 그 내용의 의미를 분명히 아는 거야.

십 년 정도 교회를 다니면서 예배를 드리면 사도신경을 천 번 정도 읽거나 외우게 될 거야. 천 번 읽거나 외우면 사도신경의 12문장이 무엇을 뜻하는지 알 수 있을까? 그렇지 않아. 그 뜻을 분명히 알기 위해서는 사도신경의 12문장을 잘 배우면서 공부해야 해.

오늘은 사도신경의 12문장을 공부하기에 앞서 사도신경 전체를 읽어 볼 거야. 자, 사도신경의 12문장을 아빠(엄마)가 한 문장씩 먼저 읽을 테니 따라서 읽어 보자.

○ **제23문: 사도신경의 조항들은 무엇인가요?**

○ **답:**[6] I. 1. 전능하사 천지를 만드신 하나님 아버지를 내가 믿사오며,

       II. 2. 그 외아들 우리 주 예수 그리스도를 믿사오니,

3. 이는 성령으로 잉태하사 동정녀 마리아에게 나시고,

4. 본디오 빌라도에게 고난을 받으사 십자가에 못 박혀 죽으시고,[7]

5. 장사한 지 사흘 만에 죽은 자 가운데서 다시 살아나시며,

6. 하늘에 오르사 전능하신 하나님 우편에 앉아 계시다가,

7. 저리로서 산 자와 죽은 자를 심판하러 오시리라.

III. 8. 성령을 믿사오며

9. 거룩한 공회와, 성도가 서로 교통하는 것과

10. 죄를 사하여 주시는 것과

11. 몸이 다시 사는 것과

12. 영원히 사는 것을 믿사옵나이다. 아멘.

~~~~~~

● **기도하기**

하나님 아버지, 사도신경의 12문장을 읽어 보았어요. 이게 우리의 신앙고백이에요. 앞으로 이 12문장의 한 문장 한 문장을 잘 배워서 그 의미를 분명히 알게 해주세요. 예수님의 이름으로 기도드립니다. 아멘.

---

6) 하이델베르크 요리문답 23문의 답은 사도신경 암송을 위해 한글(옛 번역) 사도신경을 넣었습니다.

7) 사도신경 원문의 네 번째 문장에는 "장사되셨다"와 "음부에 내려가셨다"가 포함되어 있는데, 한글 사도신경에서 "장사되셨다"는 다섯 번째 문장에 포함되어 있고, "음부에 내려가셨다"는 생략되어 있습니다. 이에 대한 자세한 내용은 사도신경의 각 문장을 다룰 때 자세히 언급하도록 하겠습니다.

chapter **024**

사도신경은 몇 부분으로 나누어지나요?

○ **찬송** 1장(만복의 근원 하나님)

○ **암송 구절** 마태복음 3장 16절
예수께서 세례를 받으시고 곧 물에서 올라오실새 하늘이 열리고 하나님의 성령이 비둘기같이 내려 자기 위에 임하심을 보시더니

사도신경은 세 부분으로 나뉘어 있어. 사도신경의 12문장을 하나씩 살펴보기 전에 사도신경이 세 부분으로 나뉘어 있다는 걸 알면 사도신경을 더 분명히 이해할 수 있어. 한글로 된 사도신경에는 "믿습니다"라는 표현이 네 번 나와[8]. 원래 사도신경[9]에는 "믿습니다"라는 표현이 세 번 나오는데, 한국어로 자연스럽게 번역하다 보니 문장 마지막에 "믿습니다"라는 표현이 한 번 더 반복해서 나온 거야. 이 "믿습니다"라는 표현을 중심으로 사도신경은 누가 봐도 알 수 있게끔 세 부분으로 구성되어 있어.

사도신경에서 세 번 믿는다고 하는 건 성부 하나님, 성자 하나님, 성령 하나님을 믿는다고 고백하는 거야. 사도신경의 12문장 중 첫 번째 문장은 성부 하나님에 대한 고백이고, 두 번째부터 일곱 번째 문장은 성자 예수님에 대한 고백이야. 그리고 여덟 번째 문장부터 열두 번째 문장은 성령 하나님에 대한 고백이야.

성부, 성자, 성령 하나님을 믿는다는 건 그분께서 하신 일을 믿는다는 고백이기도 해. 그래서 사도신경에는 성부, 성자, 성령 하나님께서 하신 일에 대한 고백도 나와. 그러면 성부 하나님, 성자 하나님, 성령 하나님께서는 어떤 일을 하셨을까? 성부 하나님께서는 우리를 창조하셨고. 성자 하나님께서는 이 땅에 오셔서 우리를 구원하셨어. 그리고 성령 하나님께서는 교회를 세우셨고 우리가 성화의 길을 걷도록 인도해주

시지. 이 세 부분의 내용들이 바로 성경 66권을 요약해 놓은 내용인 동시에 우리가 믿어야만 하는 내용이야.

그런데 왜 하나님을 성부 하나님, 성자 하나님, 성령 하나님, 이렇게 세 부분으로 나누어서 믿는다고 고백을 할까? 그건 성부 하나님, 성자 하나님, 성령 하나님이 한 분이시기 때문이야. 이 부분은 이해가 잘 안 될 거야. 그래서 다음 시간에는 하나님은 한 분이신데 왜 성부, 성자, 성령 하나님으로 나누어서 고백하는지 자세히 알려주려고 해. 그 내용을 잘 배우고 난 다음에 사도신경의 12문장을 하나씩 살펴보도록 하자.

○ **제24문: 사도신경의 조항은 어떻게 나누어지나요?**
○ **답:** 세 부분으로 나누어져요. 첫째 조항은 성부 하나님과 우리의 창조에 대해서, 둘째 조항은 성자 하나님과 우리의 구원에 대해서, 셋째 조항은 성령 하나님과 우리의 성화에 대해서 다뤄요.

～～～～～～～～～～～～～～～～～～～～～～～～～～～～～～～～～～～

● **기도하기**

하나님 아버지, 사도신경의 12문장이 크게 세 부분으로 나누어져 있다는 걸 배웠어요. 사도신경을 통해 성부 하나님에 대해서, 성자 하나님에 대해서, 성령 하나님에 대해서 더 분명히 알고 확고히 믿게 해주세요. 예수님의 이름으로 기도드립니다. 아멘.

---

8) 23문 답에 나온 한글 사도신경 전문을 보면서 네 번의 "믿습니다"라는 표현이 어디에 나왔는지 자녀와 함께 찾아보면 좋습니다.
9) 사도신경의 원문은 라틴어입니다.

chapter 025

삼위일체가 무엇인가요?

○ 찬송   2장(찬양 성부 성자 성령)
○ 암송 구절   신명기 6장 4절
이스라엘아 들으라 우리 하나님 여호와는 오직 하나인 여호와시니

성부, 성자, 성령, 삼위의 하나님이 일체, 즉 한 분이시라는 삼위일체 교리는 이해하기 어렵기에 그냥 "하나님은 삼위일체 하나님이시다"라고 외우는 게 좋아. 코끼리를 한 번도 본 적이 없는 사람이 눈을 가리고 손으로 코끼리를 만진다면 코끼리에 대해서 얼마나 알 수 있을까? 지금 만지고 있는 게 코끼리라는 사실은 알아도, 코끼리의 어느 부분을 만지고 있는 건지, 코끼리가 얼마나 큰지, 어떻게 생겼는지는 정확히 알 수 없어. 우리가 하나님에 대해 안다는 건 이것과 비교조차도 할 수 없을 만큼 훨씬 더 어려워. 삼위일체 하나님이 계시다는 사실은 분명히 알아도, 정확히 이해하기 건 쉽지 않아.
  우리는 삼위일체 하나님에 대해서 다음의 세 가지 정도를 생각해 볼 수 있어.

첫째, 유일하신 삼위일체 하나님께서 계시는데, 곧 성부 하나님, 성자 하나님, 성령 하나님이십니다.
둘째, 성부 하나님, 성자 하나님, 성령 하나님은 구별된 위격이십니다.
셋째, 성부 하나님, 성자 하나님, 성령 하나님은 신적인 본질에 있어서 완전히 동일하십니다.

  이 세 가지는 삼위일체 하나님에 대해서 반드시 고백해야 하는 내용이야. 이건 약

1,500년 전에 이미 정리된 내용이라 그냥 달달 외워야 해.

삼위일체라는 단어는 성경에는 나오지 않아. 하지만 성경은 삼위일체에 대해서 분명히 이야기하고 있어. 또한 삼위일체는 기독교의 핵심이기도 해. 그래서 우리는 사도신경으로 삼위일체 하나님에 대한 신앙고백을 하는 거야. 앞으로 사도신경의 12문장을 잘 배워서 삼위일체 하나님에 대한 OO의 신앙고백이 더 확고해지길 바라.

○ **제25문: 오직 한 분 하나님만 계시는데, 당신은 왜 삼위, 곧 성부, 성자, 성령을 말하나요?**
○ **답:** 왜냐하면 하나님께서 자신을 그의 말씀에서 그렇게 계시하셨기 때문이에요. 이 구별된 삼위는 한 분이시고, 참되고, 영원하신 하나님이세요.

● **기도하기**

하나님 아버지, 한 분이신 하나님께서는 성부, 성자, 성령, 삼위로 계신다는 것을 믿음으로 고백해요. 우리가 삼위일체 교리에 담겨 있는 신비와 은혜, 그리고 큰 사랑을 더 깊이 깨달아 알게 해주세요. 예수님의 이름으로 기도드립니다. 아멘.

chapter 026

성부 하나님에 대해 무엇을 믿나요?

○ **찬송** 10장(전능왕 오셔서)

○ **암송 구절** 창세기 1장 1절

태초에 하나님이 천지를 창조하시니라

우리는 전능하셔서 천지를 만드신 하나님이 우리의 아버지라는 것을 믿어. 이것이 사도신경의 12문장 중 첫 번째 문장의 내용이야.

모든 것을 할 수 있는 능력이 있으신, 전능하신 하나님께서 천지를 만드신 것을 믿는다고 할 때에는 하나님의 창조와 더불어 섭리까지도 생각해야 해. 전능하신 하나님께서 이 땅의 모든 것을 다 만드신 것이 하나님의 창조이고, 만드신 그 모든 것을 하나님의 뜻에 따라 다스리시고 이끌어 가신다는 것이 하나님의 섭리야. 우리는 전능하신 하나님의 창조를 믿으며 감사드려야 해. 이 땅의 모든 것을 우리를 위해 만드셨고, 무엇보다 우리를 만드신 하나님께 감사드리는 것은 너무나 당연한 일이야. 또한 전능하신 하나님의 섭리도 믿으며 감사드려야 해. 하나님께서는 우리를 만드셨을 뿐만 아니라 우리에게 필요한 모든 것을 공급해주시면서 끝까지 인도해주셔. 신약성경 마태복음 6장 26절 말씀을 함께 읽어 보자.

> **"공중의 새를 보라 심지도 않고 거두지도 않고 창고에 모아들이지도 아니하되 너희 천부께서 기르시나니 너희는 이것들보다 귀하지 아니하냐."**

우리를 그 무엇보다 귀히 여기시는 성부 하나님의 사랑을 깊이 생각해 보자. 그분께서는 우리를 너무나 사랑하셔서 예수님을 이 땅에 보내셨고, 예수님의 구원 사역을 통해 우리를 자신의 자녀 삼아주셨어. 창조와 섭리의 전능하신 하나님이 우리의 아버지이기에 우리는 그 무엇도 염려하지 않을 수 있어. 그리고 어떤 어려움도 넉넉히 이겨낼 수 있어. 사도신경의 첫 번째 문장을 고백할 때마다 이 내용을 생각하는 OO가 되길 바라.

○ **제26문: "전능하사 천지를 만드신 하나님 아버지를 내가 믿사오며"라고 고백할 때, 당신은 무엇을 믿는다는 건가요?**
○ **답:** 아무것도 없는 데서 하늘과 땅과 그 가운데 모든 것을 창조하셨고, 또한 그의 영원하신 작정과 섭리로써 지금도 그것들을 붙드시고 다스리시는 우리 주 예수 그리스도의 영원하신 아버지가 그의 아들 예수 그리스도로 인하여 나의 하나님과 나의 아버지가 되신다는 것을 내가 믿는 것이에요. 나는 그 하나님을 전적으로 신뢰해요. 그래서 나는 하나님 아버지께서 나의 몸과 영혼에 필요한 모든 것을 나에게 공급해주실 것을 전혀 의심하지 않아요. 또한 하나님 아버지께서 이 눈물의 골짜기와 같은 세상에서 사는 동안 내게 보내신 모든 역경들이 결국 나에게 좋은 것이 될 것이라는 것을 믿어 의심치 않아요. 왜냐하면 그가 전능하신 하나님으로서 얼마든지 그렇게 하실 수 있기 때문이며, 또한 신실하신 아버지로서 그렇게 하시기를 원하시기 때문이에요.

● **기도하기**
하나님 아버지, 전능하신 하나님의 창조와 섭리에 감사드려요. 우리가 전능하신 하나님 아버지의 자녀로서 당당히 살아가게 해주세요. 예수님의 이름으로 기도드립니다. 아멘.

027

하나님의 섭리란 무엇인가요?

○ 찬송   19장(찬송하는 소리 있어)
○ 암송 구절   잠언 16장 33절
사람이 제비는 뽑으나 일을 작정하기는 여호와께 있느니라

하나님의 섭리란 전능하신 하나님께서 강한 능력으로, 창조하신 모든 것을 보존하시고 다스리시는 일이야. 하나님께서는 이 세상을 창조하시고 나서 무심하게 내버려 두지 않으셔. 오히려 자신이 만든 피조 세계에 깊이 관여하셔. 그러니 하나님께서 창조 후에 아무 일도 하지 않으신다고 생각하거나, 우리 인생에 별로 관심이 없다고 생각해서는 안 돼.

  하나님께서는 지금도 모든 피조물이 존재하도록 붙들어주시고, 행동할 수 있게 해주셔. 하나님께서 단 1초라도 그렇게 하지 않으신다면 이 세상의 모든 것이 다 무너져서 엉망진창이 돼 버리고 말 거야. 우리가 믿는 하나님은 결코 쉬지 않으시고 항상 일하시는 분이셔. 그분께서는 창조로 이 세상을 만드셨고, 섭리로 이 세상을 보존하시고 다스리고 계셔. 그뿐만 아니라 자신이 창조하신 사람과 협력해서 이 세상과 우리에게 일어나는 모든 일을 이끌어 가셔. 신약성경 로마서 8장 28절 말씀을 함께 읽어 보자.

  "우리가 알거니와 하나님을 사랑하는 자 곧 그 뜻대로 부르심을 입은 자들에게는 모든 것이 합력하여 선을 이루느니라."

  이 땅에서 살다 보면 많은 일을 경험하게 될 거야. 좋은 일도 있을 거고 나쁜 일도 있

을 거야. 중요한 건 어떤 상황에서도 하나님의 섭리를 굳게 믿어야 한다는 거야. 이 땅에서의 모든 일은 다 하나님의 섭리에 따라 일어나. 하나님을 떠나 우연히 일어나는 일은 결코 없어. 그러니 우리는 하나님께서 다 아시고 지키시고 보호하신다고 확신해야 해. 모든 것이 합력하여 선을 이룬다는 것을 믿으면 어떤 어려움도, 수많은 괴로움과 슬픔도 이겨낼 수 있어.

　이제 사도신경의 첫 문장을 믿는다고 고백할 때마다, 하나님께서 영원 전부터 계획하신 섭리를 깊이 생각하자. 지극히 거룩함과 지혜와 능력으로 모든 것을 보존하시고 다스리시는, 섭리의 하나님이 우리의 아버지라는 것을 꼭 기억하자.

○ 제27문: 하나님의 섭리란 무엇을 의미하나요?
○ 답: 하나님의 섭리란 강하고 어디에나 미치는 하나님의 능력을 의미하는데, 하나님께서는 이 능력을 통해 하늘과 땅과 모든 피조물을 자신의 손으로 보존하시고 다스리세요. 그리하여 나뭇잎과 풀, 비와 가뭄, 풍년과 흉년, 먹는 것과 마시는 것, 건강과 질병, 부와 가난, 그리고 모든 것들이 우리에게 아무렇게나 오는 것이 아니라 그분의 아버지와 같은 손으로부터 온다는 것을 의미해요.

● **기도하기**
하나님 아버지, 이 세상과 우리를 향한 하나님의 섭리를 믿어요. 하나님께서 보존하시고 통치하시고 협력하여 선을 이루어 가시기에 이 세상과 우리가 이렇게 존재해요. 정말 감사드려요. 예수님의 이름으로 기도드립니다. 아멘.

chapter 028

창조와 섭리를 왜 알아야 하나요?

○ 찬송 79장(주 하나님 지으신 모든 세계)

○ 암송 구절 데살로니가전서 5장 18절

범사에 감사하라 이는 그리스도 예수 안에서 너희를 향하신 하나님의 뜻이니라

하나님의 창조와 섭리를 알면 어떤 상황에서도 인내하고 감사하며 하나님을 신뢰할 수 있어. 만물을 만드시고 보존하시며 다스리시는 하나님께서는 우리를 절대로 포기하지 않으시고 끝까지 붙들어주셔. 이 땅에서 살다 보면 여러 일들을 겪게 돼. 좋은 일도 있고, 나쁜 일도 있어. 우리는 그 모든 일이 다 하나님의 선한 계획 가운데 있다는 것을 믿어야 해.

 아빠(엄마)가 OO에게 어디에 가자고 하면 OO는 어디든 따라갈 수 있어. 아빠(엄마)가 OO를 나쁜 데로 데려가지 않는다는 것을 믿기 때문이야. 하나님이 우리의 전능하신 아버지라면 우리는 하나님의 손을 잡고 어디든 따라갈 수 있어야 해. 병원에 가서 주사를 맞는 것처럼 힘들고 어려운 길이든지, 놀이동산에 가서 노는 것처럼 모든 일이 잘되고 편안한 길이든지 하나님께서 나를 이끌고 계시다는 것을 잊지 말아야 해. 당장은 이해할 수 없을지라도, 우리가 겪는 모든 일에는 다 하나님의 뜻이 있어. 그러니 슬플 때는 기도하며 인내하고, 기쁠 때는 감사하면서 하나님의 선한 손길이 나를 붙들고 있다는 것을 잊지 말아야 해. 신약성경 로마서 8장 39절 말씀을 함께 읽어 보자.

> **"높음이나 깊음이나 다른 아무 피조물이라도 우리를 우리 주 그리스도 예수 안에 있는 하나님의 사랑에서 끊을 수 없으리라."**

그 누구도 그 무엇도 우리를 하나님의 사랑에서 끊을 수 없어. 어떤 상황에서도 창조와 섭리의 하나님께서 우리를 너무나 사랑하신다는 것을 꼭 기억해야 해. 우리가 그 사실을 분명히 기억하고 믿는다면 어떤 일이 생기더라도 기뻐하고 감사하며 하나님을 신뢰할 수 있어. 또한 장래의 모든 일까지도 하나님을 굳게 신뢰하며 염려하지 않을 수 있어. 이것이 바로 전능하사 천지를 만드신 하나님 아버지를 믿는 사람들의 신앙고백이야.

○ **제28문: 하나님의 창조와 섭리를 아는 것은 어떤 유익을 주나요?**
○ **답:** 어떠한 역경에서도 인내하고, 형통할 때는 감사하며, 장래 일에 대해서도 우리의 신실하신 하나님 아버지를 굳게 신뢰할 수 있어요. 모든 피조물이 그분의 손 안에 있고, 그분의 뜻을 거슬러 움직일 수 있는 것은 단 하나도 없기 때문에, 그 어떤 피조물도 우리를 그분의 사랑에서 끊을 수 없어요.

● **기도하기**

하나님 아버지, 어떤 상황에서도 하나님의 창조와 섭리를 믿으며 흔들리지 않게 해주세요. 모든 상황 속에서 변함없는 믿음을 갖고 끝까지 전능하사 천지를 만드신 하나님 아버지를 신뢰하게 해주세요. 예수님의 이름으로 기도드립니다. 아멘.

chapter 029

예수님이라는 이름의 뜻은 무엇인가요?

○ 찬송 91장(슬픈 마음 있는 사람)

○ 암송 구절 마태복음 1장 21절

아들을 낳으리니 이름을 예수라 하라 이는 그가 자기 백성을 저희 죄에서 구원할 자이심이라 하니라

성경에 나오는 사람들의 이름에는 다 뜻이 있어. 요셉이라는 이름은 '하나님께서 더하신다'라는 뜻이고, 마리아라는 이름은 '높여진 자'라는 뜻이야. 성경에 나오는 많은 사람 중에 요셉과 마리아의 이름을 이야기한 건 예수님께서 마리아의 몸을 통해 사람으로 오셨기 때문이야. 요셉과 마리아는 결혼을 하기로 했는데 결혼하기 전에 마리아가 임신을 했어. 그때 하나님께서는 요셉에게 마리아가 성령님으로 임신했다는 것을 알려주면서 태어날 아들의 이름을 '구원자'라는 뜻을 가진 '예수'로 하라고 말씀하셨어. 그래서 예수님의 이름이 '예수'인 거야.

우리는 '예수님'이라는 이름을 귀히 여겨야 해. 우리를 죄에서 구원하시기 위해 이 땅에 오신 성자 하나님의 '예수님'이라는 이름은 세상에서 가장 귀한 이름이야. 우리는 그 이름을 부를 때마다 우리가 받은 구원의 은혜가 얼마나 크고 놀라운 것인지 생각하며 감사해야 해. 더불어 그 이름을 함부로 부르거나 가볍게 여겨선 안 돼. 그래서 우리는 '예수'라는 이름 뒤에 '님'을 붙여서 '예수님'이라고 부르는 거야. '선생님'을 부를 때 '님'을 빼고 '선생'이라고 하지 않는 것처럼 말이야.

더 나아가 예수님의 이름을 부를 때마다 예수님만이 우리의 유일한 구원자가 되신다는 것을 생각해야 해. 신약성경 사도행전 4장 12절 말씀을 함께 읽어 보자.

"다른 이로서는 구원을 얻을 수 없나니 천하 인간에 구원을 얻을 만한 다른 이름을 우리에게 주신 일이 없음이니라 하였더라."

오직 예수님 한 분만이 우리를 죄에서 구원하실 수 있어. 한 분이신 예수님 외에는 그 누구도 그 무엇도 우리를 구원할 수 없다는 것을 꼭 기억하자.

앞으로 사도신경의 두 번째 문장인 "그 외아들 우리 주 예수 그리스도를 믿사오니"를 고백할 때마다 가장 귀하고 유일한 구원자이신 예수님을 깊이 생각하는 OO가 되길 바라.

○ 제29문: 왜 하나님의 아들을 예수님, 곧 '구원자'라는 뜻을 가진 이름으로 부르나요?
○ 답: 왜냐하면 그분이 우리를 죄에서 구원하시기 때문이고, 그분 외에는 어디에서도 구원을 찾아서도 안 되며 발견할 수도 없기 때문이에요.

● 기도하기

하나님 아버지, 예수님의 이름이 구원자라는 뜻이라는 것을 알게 되었어요. 우리를 구원하시기 위해 구원자로 오신 성자 하나님이신 예수님께 감사드려요. 이제 이 세상에 하나뿐인 그 이름을 더 귀히 여기며 살게 해주세요. 예수님의 이름으로 기도드립니다. 아멘.

chapter 030

예수님만이 유일한 구원자인가요?

○ 찬송　542장(구주 예수 의지함이)

○ 암송 구절　디모데전서 2장 5절

하나님은 한 분이시요 또 하나님과 사람 사이에 중보도 한 분이시니 곧 사람이신 그리스도 예수라

"모로 가도 서울만 가면 된다"라는 속담이 있어. 이 말은 어떤 방법으로라도 목적만 이루면 된다는 뜻이야. 그렇다면 구원과 관련해서 이 속담을 사용할 수 있을까? 다시 말해 구원이라는 목적을 이루기 위해 여러 방법을 사용할 수 있을까? 사람들은 다른 종교에도 구원이 있다고 말해. 하지만 성경은 그렇게 말하지 않아. 신약성경 요한복음 14장 6절 말씀을 함께 읽어 보자.

> "예수께서 가라사대 내가 곧 길이요 진리요 생명이니 나로 말미암지 않고는 아버지께로 올 자가 없느니라."

오직 예수님만이 구원받아 천국에 갈 수 있는 단 하나의 길이야. 예수님만이 유일한 구원자이시기에 다른 종교에서 말하는 신이나 사람은 절대로 우리의 구원자가 될 수 없어.

먼저 다른 종교에서 말하는 신이 우리를 구원할 수 없다는 걸 생각해 보자. 하나님은 한 분이시기에 다른 신들은 다 사람들이 상상으로 만들어낸 가짜야. 존재하지도 않는 신들이 사람을 구원한다는 건 불가능해.

다음으로 다른 종교에서 말하는 사람이 우리를 구원할 수 없다는 걸 생각해 보자. 모

든 사람은 죄인으로 태어나 구원을 받아야 할, 구원의 대상자야. 사람은 자기 자신은 물론이고 다른 사람을 구원할 자격도 능력도 없어. 그러니 존경할 만한 사람들을 성인으로 임명하고 그들에게 기도하는 것은 중보자가 예수님 한 분이라는 것을 부인하는 거야. 사람을 우상처럼 섬기며 그 사람의 모양으로 만든 동상이나 그림 앞에 절하면 무슨 유익이 있을까? 안타깝게도 전혀 없어.

예수님께서 유일한 구원자라는 것을 믿는다면 실제 삶에서도 다른 신이나 사람을 의지하지 말아야 해. 예수님을 의지하는 동시에 다른 신이나 사람을 의지하려는 것은 예수님이 유일한 구원자이심을 부인하는 거야.

○ **제30문: 자신의 구원과 복을 성인이나, 자기 자신이나, 아니면 다른 데서 찾는 사람들도 유일한 구원자이신 예수님을 믿는 것인가요?**

○ **답:** 아니에요. 그들은 예수님이 유일하신 구원자라는 것을 말로는 자랑하지만 행위로는 부인해요. 그들의 주장대로라면, 예수님은 완전한 구원자가 아니에요. 참된 믿음으로 예수님을 영접한 사람들은 반드시 자신의 구원을 위해 필요한 모든 것들을 오직 예수님에게서만 찾아야 해요.

● **기도하기**

하나님 아버지, 예수님만이 유일한 구원자이심을 고백해요. 우리가 일평생 다른 신이나 사람을 의지하지 않고 오직 예수님만 의지하게 해주세요. 예수님의 이름으로 기도드립니다. 아멘.

예수님이 '그리스도'라는 말이 무슨 뜻이에요?

○ 찬송   353장(십자가 군병 되어서)

○ 암송 구절   누가복음 4장 18절

주의 성령이 내게 임하셨으니 이는 가난한 자에게 복음을 전하게 하시려고 내게 기름을 부으시고 나를 보내사 포로 된 자에게 자유를, 눈먼 자에게 다시 보게 함을 전파하며 눌린 자를 자유케 하고

사도신경의 두 번째 문장에 나오는 예수님에 대한 두 번째 호칭은 '그리스도'야. 그리스도는 '기름 부음을 받은 자'라는 뜻을 가진 헬라어(신약성경의 언어) 단어인데, 히브리어(구약성경의 언어) 단어로는 '메시아'라고 해.

예수님께서는 구약성경이 예언한 메시아(그리스도)야. 먼저 신약성경 사도행전 3장 22절 말씀을 함께 읽어 보자.

> **"모세가 말하되 주 하나님이 너희를 위하여 너희 형제 가운데서 나 같은 선지자 하나를 세울 것이니 너희가 무엇이든지 그 모든 말씀을 들을 것이라."**

이 본문에서 베드로는 구약성경 신명기 18장 15절을 말하며 모세가 예언한 그 선지자가 바로 예수님이라고 밝히고 있어. 구약의 선지자들은 하나님께서 장차 한 메시아(그리스도)를 보내주실 것이라고 예언했고, 그 예언이 성취되어 마침내 예수님께서 이 땅에 오셨어.

예수님이 그리스도라고 할 때에는 선지자, 제사장, 왕, 이렇게 세 가지의 직분을 생각해야 해. 구약 시대에 선지자, 제사장, 왕이 기름 부음을 받아 임명된 것처럼, 성자

예수님께서는 성령 하나님으로부터 기름 부음을 받아 우리의 선지자로, 제사장으로, 왕으로 성부 하나님께 임명받으셨어.

  그리스도께서는 선지자로서 우리에게 구원의 길을 보여주셨고, 지금도 성경을 통해 우리를 가르치시며 인도해주셔. 또한 제사장으로서 자신이 온전한 제물이 되어 십자가에 죽으셨을 뿐만 아니라 우리가 구원의 길을 끝까지 걸어갈 수 있도록 변함없는 중보자가 되어주셔. 그리고 왕으로서 우리를 다스리시고, 우리를 위해 싸우시며 끝까지 지켜주셔.

○ **제31문: 왜 하나님의 아들을 '그리스도', 곧 기름부음을 받은 자라고 부르나요?**

○ **답:** 왜냐하면 성자 하나님은 성부 하나님께 임명을 받고, 또한 성령 하나님으로부터 기름 부음을 받았기 때문이에요. 그래서 그분은 우리의 큰 선지자와 교사로서 우리에게 우리의 구원에 대한 하나님의 감추인 계획과 뜻을 온전히 알려주세요. 또한 우리의 대제사장으로서 자신의 몸을 단번에 희생제물로 드리셔서 우리를 구속하셨으며, 성부 앞에서 우리를 위해 항상 간구하세요. 그리고 우리의 영원한 왕으로서 자신의 말씀과 성령님으로 우리를 다스리시며, 나아가 우리를 위해 얻으신 구원 안에 우리가 끝까지 머물러 있도록 우리를 지켜주시고 붙들어주세요.

● **기도하기**

하나님 아버지, 예수님이 그리스도이심을 고백해요. 우리를 위해 선지자로, 제사장으로, 왕으로 이 땅에 오신 그리스도께 감사드려요. 예수님의 이름으로 기도드립니다. 아멘.

chapter 032

왜 우리를 그리스도인이라고 하나요?

○ 찬송　333장(충성하라 죽도록)

○ 암송 구절　베드로전서 2장 9절

오직 너희는 택하신 족속이요 왕 같은 제사장들이요 거룩한 나라요 그의 소유된 백성이니 이는 너희를 어두운 데서 불러내어 그의 기이한 빛에 들어가게 하신 자의 아름다운 덕을 선전하게 하려 하심이라

우리는 '그리스도인[10]'이야. 예수님께서 그리스도이신데 왜 우리를 그리스도라는 단어에 사람 인(人)을 붙여서 '그리스도인'이라고 할까? 그건 우리가 그리스도께서 가지신 선지자, 제사장, 왕의 직분을 가지고 있기 때문이야.

　그리스도께서 선지자, 제사장, 왕이신 것처럼 그리스도인도 선지자, 제사장, 왕이야. 믿음으로 그리스도와 연합한 사람은 그리스도의 지체가 돼. 그뿐만 아니라 그리스도의 기름 부음에도 참여해. 이로써 그리스도인은 그리스도께서 가지고 계신 세 가지의 직분을 가지게 되는 거야.

　우리는 그리스도인이기에 선지자, 제사장, 왕으로서 해야 할 일들이 있어. 먼저 선지자로서 예수님의 증인이 되어 복음을 힘써 전해야 하고, 제사장으로서 우리 자신을 산 제물로 하나님께 드리며 하나님께서 기뻐하시는 삶을 살아야 해. 또한 왕으로서 죄와 마귀에 굴복하지 말고 담대히 싸워야 해. 그리스도인이라면 이 땅에서 이 세 가지 직분을 충성스럽게 감당해야 해. 신약성경 마태복음 25장 21절 말씀을 함께 읽어 보자.

　"그 주인이 이르되 잘 하였도다 착하고 충성된 종아 네가 작은 일에 충성하였으매 내

가 많은 것으로 네게 맡기리니 네 주인의 즐거움에 참여할지어다 하고."

　선지자로서, 제사장으로서, 왕으로서 살아가다 보면 힘들고 어려울 때도 있을 거야. 그럴 때마다 부활하신 예수님과 함께 왕 노릇하며 영원토록 다스릴 그날을 바라보자. 그리스도의 고난이 영광으로 이어졌듯이 그리스도인의 고난도 반드시 영광으로 이어질 거야.

○ **제32문: 그런데 왜 당신을 그리스도인이라고 부르나요?**
○ **답:** 왜냐하면 내가 믿음으로 그리스도의 지체가 되어 그분의 기름 부음에 참여하기 때문이에요. 나는 선지자로서 그분의 이름의 증인이 되며, 제사장으로서 나 자신을 감사의 산 제물로 그분께 드리고, 또한 왕으로서 이 세상에 사는 동안 선한 양심으로 죄와 마귀에 맞서서 싸우고, 이후로는 그분과 함께 모든 피조물을 다스릴 거예요.

● **기도하기**

하나님 아버지, 우리를 그리스도인으로 불러주셔서 감사드려요. 우리가 선지자, 제사장, 왕으로서 충성스럽게 살아가도록 도와주세요. 예수님의 이름으로 기도드립니다. 아멘.

---

10) 그리스도인을 영어로 'Christian'(크리스천)이라고 하는데, 이는 그리스도를 의미하는 'Christ'(크라이스트)에서 파생된 단어입니다. 또한 기독교의 '기독'(基督)이라는 단어도 '그리스도'를 한자로 음역한 표현입니다.

chapter 033

예수님이 '하나님의 외아들'이라는 말이 무슨 뜻이에요?

○ 찬송   523장(어둔 죄악 길에서)

○ 암송 구절   요한복음 1장 14절

말씀이 육신이 되어 우리 가운데 거하시매 우리가 그 영광을 보니 아버지의 독생자의 영광이요 은혜와 진리가 충만하더라

예수님이 하나님의 외아들이라는 건 무엇을 의미할까? 그건 예수님의 능력과 영광이 하나님과 같다는 걸 의미해. 우리는 예수님이 하나님이라는 사실을 꼭 알아야 해.

그리스 로마 신화를 보면 신이 사람과 결혼해서 아들을 낳는다는 이야기가 나와. 그 아들은 사람보다는 강하지만 신보다는 약해. 예수님이 하나님의 아들이라는 것은 이와 달라. 예수님이 하나님의 아들이라는 건 예수님이 하나님이라는 의미야. 사람의 아들이 사람인 것처럼 하나님의 아들은 하나님이라는 것을 기억해야 해. 우리는 사도신경의 두 번째 문장에서 예수님이 하나님의 외아들이심을 고백할 때, 예수님이 하나님이심을 고백하는 거야.

예수님이 하나님의 외아들이신데, 성경은 우리가 하나님의 아들이라는 것을 이야기해. 신약성경 갈라디아서 3장 26절 말씀을 함께 읽어 보자.

"너희가 다 믿음으로 말미암아 그리스도 예수 안에서 하나님의 아들이 되었으니."

우리는 예수님을 믿어 예수님과 연합되었기 때문에 하나님의 자녀가 되었어. 우리는

원래 하나님의 자녀가 아니었어. 에베소서 2장 3절은 우리는 본질상 진노의 자녀였다고 말해. 예수님께서는 원래 하나님의 아들이셨지만 우리는 본질적으로 원수 마귀 사탄의 자녀였어. 그런 우리가 예수님을 믿고 예수님과 연합하여 하나님의 자녀가 된 거야. 예수님이 없었더라면 우리는 하나님의 자녀가 될 수 없었어. 우리가 성부 하나님을 아버지라고 부르는 건 다 예수님 때문이야. 하나님의 영원한 아들이신, 성자 예수님께서는 우리를 하나님의 영원한 자녀가 되게 하려고 이 땅에 사람의 몸으로 오셨어.

우리가 하나님의 자녀가 된 것은 우리의 힘과 노력이 아니라 오직 하나님의 은혜라는 것을 꼭 기억하자. 이제 사도신경의 두 번째 문장에서 예수님이 하나님의 외아들이심을 고백할 때마다, 그리스도 안에서 우리에게 주어진 이 놀라운 은혜를 깊이 생각하는 OO가 되길 바라.

○ **제33문: 우리도 하나님의 자녀인데, 왜 예수님을 '하나님의 외아들'이라고 부르나요?**
○ **답:** 왜냐하면 그리스도께서만 홀로 영원하고 본질적인 하나님의 아들이신 데 비하여 우리는 그분으로 인하여 은혜로 하나님의 자녀들로 받아들여졌기 때문이에요.

● 기도하기

하나님 아버지, 예수님께서 하나님과 동등하신 하나님의 외아들이심을 믿어요. 그리고 그 믿음으로 우리도 하나님의 자녀가 되었어요. 우리를 하나님의 자녀 삼아주시기 위해 이 땅에 하나님의 외아들을 보내주셔서 정말 감사해요. 예수님의 이름으로 기도드립니다. 아멘.

chapter 034

예수님이 '우리 주'라는 말이 무슨 뜻이에요?

○ **찬송**   211장(값비싼 향유를 주께 드린)
○ **암송 구절**   사도행전 2장 36절
그런즉 이스라엘 온 집이 정녕 알지니 너희가 십자가에 못 박은 이 예수를 하나님이 주와 그리스도가 되게 하셨느니라 하니라

예수님께서는 우리의 주인이셔. 구약 시대에는 하나님의 이름을 함부로 부를 수 없어서 하나님을 '나의 주님'이라고 불렀어. 교회는 이런 뜻으로 예수님을 '주님'이라고 불러 왔어. 예수님을 '주님'이라고 하면서 예수님이 하나님이심을 고백해 온 거야.

그렇다면 예수님께서는 언제부터 우리의 주인이셨을까? 부활하시고 승천하신 다음에 비로소 우리의 주인이 되신 걸까? 그렇지 않아. 예수님께서는 창조주 하나님이시기에 처음부터 우리의 주인이셨어. 그런데 우리가 죄로 인해 죄와 사탄의 종이 되어 버린 거야. 그분께서는 그런 우리를 포기하지 않으시고 다시 우리를 자신의 소유로 삼기 위해 자신의 피 값을 주고 우리를 사셨어. 이 은혜로 우리가 다시 하나님을 '주님'이라고 부를 수 있게 된 거야.

이제 우리는 예수님을 우리의 주인으로 고백하며 살아야 해. 말로만이 아니라 행동으로 그분이 우리의 주인이시라는 것을 증명해야 해. 예수님께서 우리의 주인이시라면 우리는 그분의 종이야. 종은 사나 죽으나 오직 주인을 위해 살아가야 해. 신약성경 로마서 14장 8절 말씀을 함께 읽어 보자.

"우리가 살아도 주를 위하여 살고 죽어도 주를 위하여 죽나니 그러므로 사나 죽으나

우리가 주의 것이로라."

　이것이 바로 예수님을 주인으로 섬기며 살아가는 종의 고백이야. 예수님께서 자신의 생명을 버리시기까지 우리를 사랑하셨다는 것을 생각해 봐. 그분께서는 우리를 구원하시기 위해 하늘 영광을 버리시고 이 땅에 사람의 몸으로 오셔서 십자가에 달려 죽으셨어. 학교에서 선생님이 나를 예뻐하고 사랑해주시면 선생님이 하시는 말씀을 다 지키고 싶어지지? 그렇다면 우리를 죽기까지 사랑하시는 예수님의 말씀에 순종하며 살아가는 건 너무나 당연하지 않을까? 우리는 우리의 주인이신 예수님께 너무나 큰 사랑을 받은 종들이야. 사도신경을 통해 예수님이 '우리 주'라고 고백할 때마다 이 사실을 꼭 기억하자.

○ **제34문: 왜 예수님을 '우리 주'라고 부르나요?**
○ **답:** 왜냐하면 그분께서는 금과 은이 아니라, 자신의 보배로운 피로 우리의 몸과 영혼을 죄와 마귀의 모든 권세로부터 구원하셨기 때문이에요. 그리고 우리를 사서 자신의 소유로 삼으셨기 때문이에요.

● **기도하기**
하나님 아버지, 오직 예수님 한 분만이 우리의 주인이심을 고백해요. 우리가 일평생 오직 예수님만을 주인 삼고 살아가는 충성스러운 종이 되게 해주세요. 예수님의 이름으로 기도드립니다. 아멘.

035

예수님이 성령으로 잉태되고 동정녀에게서 태어났다는 건 무슨 말이에요?

○ 찬송　122장(참 반가운 성도여)
○ 암송 구절　누가복음 1장 35절
천사가 대답하여 가로되 성령이 네게 임하시고 지극히 높으신 이의 능력이 너를 덮으시리니 이러므로 나실 바 거룩한 자는 하나님의 아들이라 일컬으리라

예수님께서는 성령님으로 잉태되신 참 하나님이시고, 사람인 마리아에게서 나신 참 사람이셔. 성령님으로 잉태되신 참 하나님이심을 가리켜 신성이라고 하고, 사람인 마리아에게서 나신 것을 가리켜 인성이라고 해. 예수님의 신성과 인성은 어느 하나만 강조하지 말고 둘 다 강조해야 해. 이를 위해서 오래전부터 교회는 "예수님은 참 하나님이시고 참 사람이시다"라고 고백해 왔어. 사도신경의 세 번째 문장인 "이는 성령으로 잉태하사 동정녀 마리아에게 나시고"도 그런 고백을 담고 있어.

　그렇다면 예수님께서 성령님으로 잉태되어 동정녀 마리아에게서 태어나신 이유는 무엇일까? 그것은 예수님께서 죄가 없으신 사람으로 이 땅에 오시기 위해서야. 예수님께서 우리를 구원하는 중보자가 되시기 위해서는 죄가 없으신 사람이셔야 하거든. 남자와 여자와의 관계 속에서 태어나는 모든 사람은 죄를 갖고 태어나는데 예수님께서는 성령으로 잉태되어 처녀인 동정녀 마리아에게서 태어나셨어. 이렇게 원죄를 물려받지 않으신 예수님께서는 그분의 생애 전체에서 아무런 죄가 없으셨어. 신약성경 히브리서 4장 15절 말씀을 함께 읽어 보자.

"우리에게 있는 대제사장은 우리 연약함을 체휼하지 아니하는 자가 아니요 모든 일에 우리와 한결같이 시험을 받은 자로되 죄는 없으시니라."

예수님께서는 죄 없는 사람으로 이 땅에 오신 하나님이셔. 태어나면서부터 죄가 없으신 그분만이 원죄를 갖고 태어나는 죄인들을 구원하실 수 있어.

영원토록 참 하나님이시고 영원토록 참 사람이신 예수님만이 우리를 죄에서 구원하실 수 있는 유일한 중보자라는 것을 꼭 기억하자.

○ 제35문: "이는 성령으로 잉태하사 동정녀 마리아에게 나시고"라는 말은 무엇을 의미하나요?

○ 답: 하나님의 영원한 아들께서는 지금도, 그리고 영원토록 참되고 영원한 하나님으로서, 성령님의 사역을 통해 동정녀 마리아의 살과 피로부터 참된 인성을 취하셨어요. 그리하여 그분은 다윗의 참된 자손이 되셨고, 모든 일에서 그의 형제들과 같이 되셨으나 죄는 없으세요.

● 기도하기

하나님 아버지, 예수님이 참 하나님이시고 참 사람이심을 고백해요. 우리를 구원하시기 위해 죄 없는 사람의 몸으로 오신 예수님의 은혜를 잊지 않게 해주세요. 예수님의 이름으로 기도드립니다. 아멘.

chapter

036 〰〰〰〰〰〰〰

예수님의 거룩한 잉태와 탄생은
누구를 위한 것인가요?

○ **찬송** 255장(너희 죄 흉악하나)

○ **암송 구절** 베드로전서 3장 18절

그리스도께서도 한 번 죄를 위하여 죽으사 의인으로서 불의한 자를 대신하셨으니 이는 우리를 하나님 앞으로 인도하려 하심이라 육체로는 죽임을 당하시고 영으로는 살리심을 받으셨으니

〰〰〰〰〰〰〰〰〰〰〰〰〰〰〰〰〰

예수님께서는 우리의 죄를 덮어주시기 위해 거룩하게 잉태되시고 태어나셨어. 우리는 잉태되고 태어날 때부터 죄를 가지고 있어. 모든 사람은 원죄를 안고 전적으로 부패한 상태로 태어나 자범죄를 지으며 살다가, 영원한 지옥 형벌로 모든 죄에 대해 심판을 받아야 해. 예수님께서는 이토록 불행한 사람들을 구원하시기 위해 이 땅에 친히 찾아오신 거야.

우리는 스스로의 힘으로 하나님과 화목을 누릴 수 없어. 하나님과 화목을 누리기 위해서는 죄 문제가 해결되어야 해. 하나님은 거룩하신 분이시기에 죄를 허용하지 않으시고, 공의로우신 분이시기에 죄를 반드시 심판하셔. 우리는 우리 자신의 죄를 도무지 가릴 수 없고, 죄에 대한 대가도 치를 수 없어. 그래서 우리에겐 우리의 죄를 가려주고, 죄에 대한 대가를 대신 치러줄 중보자가 필요해.

앞에서도 배웠듯이 우리의 유일한 중보자는 오직 예수님 한 분뿐이야. 참된 하나님이시고 참된 사람이시면서 죄가 없으신 예수님이 없다면, 우리는 절대로 하나님과 화목을 누릴 수 없어. 성령으로 잉태하사 동정녀에게서 나신 예수님께서는 자신의 순결함과 완전한 거룩함으로 우리의 모든 죄를 하나님 앞에서 가려주셨어. 사도신경의 세

번째 문장을 고백할 때마다 이 놀라운 은혜를 깊이 생각해 보자.

이어서 신약성경 로마서 8장 1절 말씀을 함께 읽어 보자.

"그러므로 이제 그리스도 예수 안에 있는 자에게는 결코 정죄함이 없나니."

중보자이신 예수님 안에 있는 자, 즉 성령으로 잉태하사 동정녀에게서 나신 예수님을 믿는 자는 자신의 죄를 바라보며 절망에 머무르지 말고 자신의 죄가 완전히 가려졌음을 분명히 알아야 해. 우리가 죄 중에 잉태될 때부터 죽을 때까지 예수님께서는 우리 일생을 자신의 피로 다 가려주셔. 그러니 이제 그분의 거룩한 잉태와 탄생이 우리에게 주는 유익에 늘 감사하며, 하나님과의 화목을 마음껏 누리며 살아가자.

○ **제36문: 예수님의 거룩한 잉태와 탄생은 당신에게 어떤 유익을 주나요?**
○ **답**: 그분은 우리의 중보자로서, 그분의 순결함과 완전한 거룩함으로, 내가 잉태되고 출생할 때부터 가지고 있는 나의 죄를 하나님 앞에서 가려주세요.

● **기도하기**

하나님 아버지, 성령으로 잉태하사 동정녀 마리아에게서 나신 예수님께서 우리의 모든 죄를 가려주셨음을 믿고 감사드려요. 우리를 구원하시기 위해 이 땅에 오신 예수님의 그 사랑과 은혜를 잊지 않게 해주세요. 예수님의 이름으로 기도드립니다. 아멘.

chapter 037

'고난을 받으사'라는 말이 무슨 뜻이에요?

○ 찬송　150장(갈보리 산 위에)

○ 암송 구절　마태복음 8장 17절

이는 선지자 이사야로 하신 말씀에 우리 연약한 것을 친히 담당하시고 병을 짊어지셨도다 함을 이루려 하심이더라

예수님께서는 태어날 때부터 죽을 때까지 고난받으셨어. 그분께서 하늘 영광을 버리고 사람의 몸으로 이 땅에 오신 것부터가 고난이고, 마구간에서 태어나 구유에 누이셨다는 것은 그분의 인생이 고난 자체임을 보여주는 거야.

예수님께서 받으신 고난은 육체적인 고난일 뿐만 아니라 영적인 고난이었어. 영적인 고난이란 하나님과 단절되는 고통을 말해. 예수님께서는 죄 때문에 영원히 하나님과 단절되어야 할 모든 사람을 대신하여 그 고통을 받으신 거야. 이 때문에 예수님께서는 십자가 죽음을 앞두고 겟세마네 동산에서 그토록 괴로워하며 기도하셨어. 십자가에 달리셨을 때, "나의 하나님, 나의 하나님, 어찌하여 나를 버리셨나이까?"라고 힘들게 외치신 것도 같은 이유에서야. 하나님께서는 예수님의 부르짖음을 듣지 않으시고 철저히 외면하셨어. 모든 사람이 받아야 할 진노와 저주를 예수님께 남김없이 다 부으셨고, 예수님께서는 그들을 대신해서 하나님께 완전히 버림받으셨어.

예수님께서 이런 고난을 받으신 이유는 우리를 사랑하시기 때문이야. 신약성경 요한일서 4장 10절 말씀을 함께 읽어 보자.

"사랑은 여기 있으니 우리가 하나님을 사랑한 것이 아니요 오직 하나님이 우리를 사

랑하사 우리 죄를 위하여 화목제로 그 아들을 보내셨음이니라."

　예수님께서 우리 대신에 고난받으심으로 우리는 하나님과 화목하게 되었어. 우리를 사랑하셔서 자신을 화목제물로 하나님께 바치신 예수님의 큰 사랑을 잊지 말자. 그 큰 사랑 때문에 우리가 지금 이렇게, 그리고 영원히 하나님의 은혜와 의와 영원한 생명을 누리며 살게 되었어.

○ **제37문: "고난을 받으사"라는 말에서 당신은 무엇을 이해하나요?**
○ **답:** 예수님께서는 이 땅에 사셨던 모든 기간에, 특히 인생의 마지막 시기에 모든 사람의 죄에 대한 하나님의 진노를 자신의 몸과 영혼에 짊어지셨어요. 그분께서는 유일한 화목제물로 고난을 당함으로써 우리의 몸과 영혼을 영원한 저주로부터 구원하셨고, 우리를 위해 하나님의 은혜와 의와 영원한 생명을 얻으셨어요.

● **기도하기**
하나님 아버지, 예수님께서 우리를 위해 고난받으셨음을 고백해요. 우리의 이 고백이 이 땅에서의 고난에 참여하는 삶으로 이어지게 해주세요. 예수님의 이름으로 기도드립니다. 아멘.

chapter 038

'본디오 빌라도에게'라는 말이 무슨 뜻이에요?

○ 찬송   457장(겟세마네 동산의)

○ 암송 구절   요한복음 19장 4절

빌라도가 다시 밖에 나가 말하되 보라 이 사람을 데리고 너희에게 나오나니 이는 내가 그에게서 아무 죄도 찾지 못한 것을 너희로 알게 하려 함이로다 하더라

왜 사도신경의 네 번째 문장[1]에 '본디오 빌라도'라는 사람이 나올까? 그건 예수님께서 정죄를 받으신 것이 진짜로 있었던 일이라는 것을 강조하기 위해서야. 예수님께서는 실제로 존재했던 로마의 총독, 본디오 빌라도에게 사형선고를 받으셨어. 사도신경에 '본디오 빌라도에게'라는 말이 있기 때문에 그 누구도 예수님의 십자가 죽음이 만들어 낸 이야기라고 할 수 없어. 예수님께서 세상의 재판장인 본디오 빌라도에게 고난을 받으사 십자가에 못 박혀 죽으신 것은 분명한 역사적 사실이야.

그렇다면 예수님께서는 왜 사형선고를 받으신 걸까? 죄 없으신 예수님께서 사형선고를 받으신 것은 우리의 죄 때문이야. 예수님께서는 죄가 없으셨기에 사형선고가 아닌 무죄선고를 받으셨어야 했어. 본디오 빌라도는 그 사실을 알고 있었어. 그래서 예수님을 놓아주려고도 했지만 사람들이 큰 소동을 일으킬 것을 우려해 결국 예수님께 사형선고를 내렸어. 그건 우리가 받아야 할 사형선고를 예수님께서 대신 받으셨다는 것을 의미해. 신약성경 고린도후서 5장 21절 말씀을 함께 읽어 보자.

> **"하나님이 죄를 알지도 못하신 자로 우리를 대신하여 죄를 삼으신 것은 우리로 하여금 저의 안에서 하나님의 의가 되게 하려 하심이니라."**

죄 없으신 예수님께서는 우리를 대신해서 정죄를 받으셨어. 우리가 받아야 할 하나님의 엄격한 심판을 예수님께서 대신 받으셨기 때문에 우리는 하나님 앞에 의로운 자가 될 수 있는 거야.

우리를 구원하시기 위해 우리 대신에 정죄를 받으신 예수님의 사랑이 얼마나 큰지 생각해 보자. "본디오 빌라도에게 고난을 받으사"라는 고백을 할 때마다 그 큰 사랑을 마음속 깊이 되새기는 OO가 되었으면 해.

○ **제38문: 예수님께서는 왜 재판장 본디오 빌라도에게 고난을 받으셨나요?**
○ **답:** 예수님께서는 죄가 없지만 세상의 재판장에게 정죄를 받으셨으며, 이로써 우리에게 임할 하나님의 엄격한 심판에서 우리를 구원하셨어요.

〰〰〰〰〰〰〰〰〰〰〰〰〰〰〰〰〰〰〰〰〰〰〰

● **기도하기**

하나님 아버지, 우리를 대신해서 정죄를 받으신 예수님의 사랑에 감사드려요. 일평생 그 사랑을 잊지 않고 늘 감사하며 살아가게 해주세요. 예수님의 이름으로 기도드립니다. 아멘.

---

11) "본디오 빌라도에게 고난을 받으사 십자가에 못 박혀 죽으시고."

039

'십자가에 못 박혀'라는 말이 무슨 뜻이에요?

○ 찬송 149장(주 달려 죽은 십자가)

○ 암송 구절 갈라디아서 3장 13절

그리스도께서 우리를 위하여 저주를 받은 바 되사 율법의 저주에서 우리를 속량하셨으니 기록된 바 나무에 달린 자마다 저주 아래 있는 자라 하였음이라

예수님께서 십자가에 못 박히셨다는 것은 하나님께 저주를 받으셨다는 것을 의미해. 먼저 구약성경 신명기 21장 23절 말씀을 함께 읽어 보자.

> "그 시체를 나무 위에 밤새도록 두지 말고 당일에 장사하여 네 하나님 여호와께서 네게 기업으로 주시는 땅을 더럽히지 말라 나무에 달린 자는 하나님께 저주를 받았음이니라."

구약의 율법에서는 사형에 처한 사람을 나무에 달아 놓았어. 나무에 달리는 것은 하나님의 저주를 받아 버림받았다는 표시였고, 예수님께서 이 땅에 계셨을 때에도 이스라엘 사람들은 나무에 달린 사람을 하나님께 저주를 받은 사람으로 여겼어. 예수님께서 당하신 십자가 사형은 로마의 사형 방법이었어. 로마는 흉악한 죄인을 십자가에 못 박아 사형에 처했는데, 그 십자가를 나무로 만들었어. 그렇기 때문에 이스라엘 사람들에게 십자가에 못 박히는 것은 나무에 달리는 것이었고, 그건 하나님께 저주를 받았다는 표시였어. 그러니 예수님께서 십자가에 달리신 것은 나무에 달리신 것이었고, 그건 하나님께 저주를 받았다는 뜻이었던 거야.

죄 없으신 예수님께서는 우리를 대신해서 하나님께 저주를 받으셨어. 예수님께서는 우리를 대신하여 저주를 받으시기 위해 나무로 만든 십자가에 달리셨어. 예수님께서 십자가에 달리신 그 자리는 원래 우리의 자리였어. 우리가 하나님께 저주를 받아야 하는데 예수님께서 우리가 받아야 할 저주를 대신 받으신 거야. 우리는 우리의 죄 때문에 하나님께 저주를 받아야 할 불행한 자들이었어. 우리가 하나님께 저주를 받지 않고 구원받은 것은 전적으로 예수님 때문이야. 예수님께서 우리를 대신하여 우리가 받아야 할 하나님의 저주를 다 받으셨기 때문에 우리가 이렇게 하나님과의 화목을 누릴 수 있게 된 거야.

끔찍한 저주를 상징하는 십자가에는 이처럼 한없는 사랑이 담겨 있어. 앞으로 사도신경의 네 번째 문장에서 "십자가에 못 박혀 죽으시고"라는 고백을 할 때마다 이 사실을 더 깊이 생각해 보자.

○ **제39문: 예수님께서 '십자가에 못 박히심'은 달리 돌아가신 것보다 특별한 의미가 있나요?**

○ **답:** 맞아요. 나는 예수님께서 내가 받아야 할 저주를 대신 받으셨다고 확신해요. 왜냐하면 십자가에 달려서 죽는 것은 하나님께 저주를 받은 것이기 때문이에요.

● **기도하기**

하나님 아버지, 우리가 받아야 할 저주를 예수님께서 대신 받으셨다는 것을 잊지 않게 해주세요. 예수님께서 십자가에서 보여주신 그 사랑에 늘 감사하면서, 우리도 예수님을 죽기까지 사랑하며 살게 해주세요. 예수님의 이름으로 기도드립니다. 아멘.

chapter 040

'죽으시고'라는 말이 무슨 뜻이에요?

○ **찬송** 151장(만왕의 왕 내 주께서)

○ **암송 구절** 빌립보서 2장 8절

사람의 모양으로 나타나셨으매 자기를 낮추시고 죽기까지 복종하셨으니 곧 십자가에 죽으심이라

예수님께서는 왜 죽으셔야만 했을까? 그건 하나님의 공의 때문이야. 공의로우신 하나님께서는 한 번 정한 법을 반드시 지키셔. 하나님께서는 사람을 창조하시면서 하나의 법을 정하셨어. 구약성경 창세기 2장 17절 말씀을 함께 읽어 보자.

> **"선악을 알게 하는 나무의 실과는 먹지 말라 네가 먹는 날에는 정녕 죽으리라 하시니라."**

이처럼 하나님께서는 사람이 선악을 알게 하는 나무의 열매를 먹으면 반드시 죽는다는 법을 정하셨어. 안타깝게도 첫 번째 사람인 아담은 그 법을 어겼고, 하나님께서는 법대로 처벌하셨어. 아담 이후의 모든 인류가 다 죄인이 되어 영원한 죽음, 다시 말해 영원한 지옥 형벌을 받게 된 거야. 하나님께서 사람을 아무리 사랑하신다 해도 자신이 정하신 법을 어기면서까지 사랑하실 수는 없어. 하나님의 공의에 따라 사람은 반드시 자신의 죗값을 다 치러야 해. 이것이 바로 성경이 분명히 가르치고 있는 진리야.

공의로우신 하나님께서는 정하신 법대로 처벌을 집행하셨어. 그런데 놀랍게도 그건 회복을 위한 집행이었어. 하나님께서는 사람이 받아야 할 처벌을 대신 받으셨어. 그러기 위해 하나님께서는 사람이 되실 수밖에 없었고, 사람으로 죽으셔야만 했어. 법

을 만드신 하나님께서 우리를 위해 그 법대로 처벌을 받으신 거야. 이것이 바로 예수님께서 꼭 죽으셔야만 했던 이유야.

예수님의 죽으심이 없었다면 우리의 구원도 없었을 거야. 우리의 죗값을 치를 수 있는 유일한 방법은 예수님의 죽으심뿐이야. 원래 우리가 우리의 죄 때문에 죽어야 하는데 예수님께서 우리를 대신해서 죽으셨어. 예수님께서 죽으셨기 때문에 우리의 죗값이 다 치러진 거야.

앞으로 사도신경의 네 번째 문장에서 "죽으시고"라는 고백을 할 때마다 하나님의 공의를 만족시킨 예수님을 깊이 생각하자. 우리를 위해 대신 죽으실 정도로 우리를 사랑하시는 예수님의 그 큰 사랑을 절대로 잊지 말자.

○ **제40문: 그리스도께서는 왜 죽으셔야만 했나요?**
○ **답:** 하나님의 공의와 진리 때문에 우리의 죗값은 하나님의 아들의 죽음 이외에는 달리 치를 길이 없어요.

● **기도하기**

하나님 아버지, 우리의 죗값을 십자가 죽음으로 다 치러주신 예수님의 그 사랑에 감사드려요. 우리를 죽기까지 사랑한 예수님의 사랑을 본받아 우리도 예수님을 죽기까지 사랑하며 살게 해 주세요. 예수님의 이름으로 기도드립니다. 아멘.

chapter 041

'장사한지'[12]라는 말이 무슨 뜻이에요?

○ 찬송 147장(거기 너 있었는가)
○ 암송 구절 골로새서 2장 12절
너희가 세례로 그리스도와 함께 장사한 바 되고 또 죽은 자들 가운데서 그를 일으키신 하나님의 역
사를 믿음으로 말미암아 그 안에서 함께 일으키심을 받았느니라

사도신경에 "죽으시고"라는 고백이 있는데 '죽은 사람을 땅에 묻는다'라는 뜻의 "장사
한지"라는 고백이 이어서 나오는 이유는 무엇일까? 예수님께서 죽으신 후에 장사되셨
다고 고백하는 것은 예수님의 죽음이 분명한 역사적 사실이라는 것을 강조하는 거야.
신약성경 누가복음 23장 53절 말씀을 함께 읽어 보자.

> "이를 내려 세마포로 싸고 아직 사람을 장사한 일이 없는 바위에 판 무덤에 넣어 두
> 니."

아리마대라는 동네에 사는 요셉이라는 사람은 예수님의 시체를 가져다가 깨끗한 세
마포로 싸서 바위 속에 판 자기 새 무덤에 넣어 두고 큰 돌을 굴려 무덤 문에 놓았어
(마태복음 27장 59-60절). 이것은 예수님께서 정말로 죽으셨다는 확실한 증거야. 이
때문에 그 누구도 예수님의 죽으심이 가짜라고 말할 수 없어.
예수님께서 무덤에 들어가실 정도로 확실하게 죽으셨다는 것은 예수님의 죽으심이
완전한 죽음이었다는 것을 보여주기도 해. 예수님의 완전한 죽음은 그분이 우리의 죄
를 짊어지고 정말로 죽임당하심으로써 우리의 모든 죗값을 완전히 다 치러주셨다는

것을 의미하는 거야.

더 나아가 우리는 예수님의 장사되심을 고백하면서 우리도 세례를 통해 그분과 함께 장사되었다는 것을 기억해야 해. 예수님께서 장사되신 것처럼 우리도 언젠가는 죽음을 맞이하고 장사될 거야. 하지만 우리는 예수님과 함께 이미 장사되었어. 우리가 맞이할 죽음은 더 이상 형벌과 저주의 죽음이 아니야. 예수님께서 장사되심으로 우리에게 죽음은 천국에 이르는 문이 되었어. 우리가 이 땅에서의 죽음을 두려워하지 않는 이유가 여기에 있어.

○ **제41문: 그리스도께서는 왜 장사되셨나요?**
○ **답:** 그리스도의 장사되심은 그분께서 정말로 죽으셨다는 사실을 증명해요.

● **기도하기**

하나님 아버지, 우리를 위해 무덤에 장사되신 예수님께 감사드려요. 예수님께서 장사되셨다는 사실을 굳게 믿으며 더 이상 죽음을 두려워하지 않게 해주세요. 예수님의 이름으로 기도드립니다. 아멘.

---

12) 23과에서 언급했듯이 한글 (옛 번역) 사도신경이 다섯 번째 문장에 포함되어 있는 "장사되셨다"는 사도신경 원문에서는 네 번째 문장("본디오 빌라도로부터 고난을 받으셨고 십자가에 못 박히셨고 죽으셨고 '장사되셨고' 음부에 내려가셨다")에 포함되어 있습니다.

042

우리의 죽음에는 어떤 의미가 있나요?

○ **찬송** 521장(구원으로 인도하는)

○ **암송 구절** 요한복음 11장 26절

무릇 살아서 나를 믿는 자는 영원히 죽지 아니하리니 이것을 네가 믿느냐

중국을 통일한 진시황이라는 황제가 있었어. 그는 죽지 않고 영원히 살면서 황제를 하고 싶어서 신하들에게 불로초를 찾아오라고 명령했어. 하지만 그는 불로초를 찾지 못한 채 50세의 나이에 죽고 말았어. 세상에 늙지 않고 죽지 않게 하는 불로초는 없어. 이 땅에 태어난 모든 사람은 이 땅에서 영원히 살 수 없고 언젠가는 다 죽게 돼. 구약성경 시편 90편 10절 말씀을 함께 읽어 보자.

> **"우리의 연수가 칠십이요 강건하면 팔십이라도 그 연수의 자랑은 수고와 슬픔뿐이요**
> **신속히 가니 우리가 날아가나이다."**

지금은 의학이 발달해서 80년을 넘게 사는 사람도 많지만 그 누구도 죽음에서 예외일 수 없어. 하나님께서는 아담에게 선악을 알게 하는 나무의 열매를 먹으면 반드시 죽는다고 말씀하셨어. 이처럼 죽음은 하나님께서 정하신 죄에 대한 형벌이고, 모든 사람은 그 죗값을 치러야 해. 그런데 예수님께서 우리를 대신해서 죽으심으로 우리의 죗값을 대신 치르셨잖아. 그렇다면 예수님을 믿는 우리는 안 죽어도 되는 것 아닐까? 예수님을 믿지 않는 사람들은 죽음으로 죗값을 치러야 해. 이와 달리 예수님을 믿는 사람들은 예수님께서 이미 죗값을 치르셨으니 죽음으로 죗값을 치를 필요가 없어. 그

러니 예수님을 믿는 사람들이 죽는 건 형벌로서의 죽음이 아니야. 예수님을 믿는 우리는 죄를 짓지 않고 영생에 들어가기 위해서 죽는 거야.

예수님을 믿지 않는 사람들의 죽음은 절망이지만, 우리의 죽음은 소망이야. 더 이상 죄를 짓지 않는 완전한 의인이 되어 영원토록 예수님과 함께하는 게 얼마나 좋을지 생각해 봐. 이게 바로 우리가 간절히 소망하는 영생의 복이야. 죽음 이후에 영생이 있으니 우리는 죽음을 두려워할 필요가 없어. 오히려 죽음 이후를 기대하며 기다릴 수 있어. 언젠가 우리에게도 죽음의 순간이 찾아올 거야. 그때 영생에 들어갈 것을 확신하며, 불안과 두려움이 아닌 기쁨과 감사로 죽음을 맞이하도록 하자.

○ **제42문: 그리스도께서 우리를 위해 죽으셨는데 왜 우리도 죽어야만 하나요?**
○ **답:** 우리의 죽음은 우리의 죗값을 치르는 것이 아니라, 단지 죄짓는 것을 그치고 영생에 들어가는 것이에요.

● **기도하기**

하나님 아버지, 우리의 죽음이 죄에서 완전히 벗어나 영생에 들어가는 것임을 알게 되었어요. 영생을 더욱 소망하며 죽음을 두려워하지 않게 해주세요. 예수님의 이름으로 기도드립니다. 아멘.

chapter 043

예수님의 죽으심에서 어떤 유익을 더 얻나요?

○ 찬송   143장(웬 말인가 날 위하여)

○ 암송 구절   로마서 6장 6절

우리가 알거니와 우리 옛 사람이 예수와 함께 십자가에 못 박힌 것은 죄의 몸이 멸하여 다시는 우리가 죄에게 종노릇 하지 아니하려 함이니

우리는 본래 하나님께 사형선고를 받았어. 죄인으로 태어난 사람은 일평생 죄의 지배를 받으며 살다가 죽을 수밖에 없어. 더 끔찍한 것은 죄의 영향력이 거기에서 끝나지 않는다는 거야. 죽음 이후에는 영원한 지옥 형벌을 받아야 해. 이게 바로 하나님께서 죄인에게 내리신 사형선고야. 아빠(엄마)도, OO도, 그 누구도 이 사형선고를 피할 수 없어. 하나님께서는 공의로우시기에 정하신 법을 공정하게 집행하셔야 해. 따라서 이 사형선고는 반드시 집행되어야만 해.

 하나님께서는 우리가 받아야 할 사형선고를 예수님께 내리시고 집행하셨어. 예수님께서 우리를 대신해서 하나님께 사형선고를 받고 죽으신 거야. 이로써 우리에게 내려진 사형선고는 취소되었어. 예수님께서 우리를 대신해서 죽으셨기 때문에 하나님께서는 우리에게 사형선고를 내리지 않으셔. 오히려 우리를 의롭다고 선언해주셨어. 우리의 모든 죄가 예수님께로 옮겨졌고, 예수님의 모든 의가 우리에게 옮겨졌기 때문이야. 사형선고를 받고 죽을 날만 기다리던 사형수였던 우리에게, 사형선고는 사라지고 영원한 생명을 주겠다는 약속이 주어진 거야. 자격 없는 우리가 이렇게 하나님께 의롭다 함을 받을 수 있는 건 전적으로 예수님의 죽으심 때문이야. 신약성경 로마서 6장 17-18절 말씀을 함께 읽어 보자.

"하나님께 감사하리로다 너희가 본래 죄의 종이더니 너희에게 전하여 준 바 교훈의 본을 마음으로 순종하여 죄에게서 해방되어 의에게 종이 되었느니라."

우리는 본래 죄의 종이었지만 하나님께서는 우리를 의의 종이라고 선언해주셨어. 예수님의 죽으심을 믿는다면 우리에게 의롭다는 선언이 내려졌다는 것을 믿어야 해. 예수님께서 우리를 대신해서 사형선고를 받고 십자가에 못 박혀 죽으실 때, 우리의 옛 사람도 예수님과 함께 죽었어. 그러니 이 땅에서 연약하고 부족한 모습이 있을지라도 우리는 하나님께서 보시기에 더 이상 죄의 종이 아니라 의의 종이야. 이게 얼마나 크고 놀라운 은혜인지를 깊이 생각하자. 더 나아가 그 은혜에 무한 감사하며 우리를 위해 죽으신 예수님을 위해 살아가도록 하자.

○ 제43문: 우리는 십자가에 달리신 그리스도의 희생과 죽으심으로부터 어떤 유익을 더 얻나요?
○ 답: 그리스도의 능력을 통해 우리의 옛 사람은 그분과 함께 십자가에 못 박혔고, 죽었고, 장사되었어요. 그리하여 육체의 악한 정욕이 더 이상 우리를 지배하지 못하고, 오히려 우리가 우리 자신을 그분께 감사의 제물로 드리게 돼요.

● 기도하기
하나님 아버지, 예수님의 죽으심 때문에 우리가 하나님께 의롭다 함을 얻었어요. 이것이 얼마나 큰 은혜인지 더 깊이 깨달아 알게 해주세요. 예수님의 이름으로 기도드립니다. 아멘.

chapter **044** ~~~~~~~~~~~~~~~~~~

'음부에 내려가셨으며'[13]라는 말이 무슨 뜻이에요?

○ 찬송   298장(속죄하신 구세주를)

○ 암송 구절   이사야 53장 5절
그가 찔림은 우리의 허물을 인함이요 그가 상함은 우리의 죄악을 인함이라 그가 징계를 받음으로
우리가 평화를 누리고 그가 채찍에 맞음으로 우리가 나음을 입었도다

~~~~~~~~~~~~~~~~~~~~~~~~

예수님께서 음부에 내려가셨다는 건 예수님께서 지옥과 같은 고통을 받으셨다는 비유적인 표현이야. 우리가 사용하는 한글 사도신경에는 '음부에 내려가셨으며'라는 말이 없어. 그 이유는 이 말이 오해를 불러일으킬 수 있기 때문이야. 이 말을 오해하면 예수님께서 죽으신 후에 어디로 가셨다고 생각할 수도 있거든. 그렇지만 '음부에 내려가셨으며'라는 고백은 예수님께서 말 그대로 음부에 내려가셨다는 게 아니야. 그건 우리를 대신해서 받으신 고통이 지옥으로 내려가는 것과 같은 끔찍한 고통이었다는 것을 비유적으로 표현한 거야.

예수님께서 받으신 고통은 그 어떤 말로도 표현할 수 없는, 아주 괴로운 고통이었어. 신약성경 마태복음 27장 46절 말씀을 함께 읽어 보자.

> **"제 구 시 즈음에 예수께서 크게 소리 질러 가라사대 엘리 엘리 라마 사박다니 하시니 이는 곧 나의 하나님, 나의 하나님, 어찌하여 나를 버리셨나이까 하는 뜻이라."**

예수님께서는 하나님으로부터 완전히 버림받는 것을 너무나 고통스러워하셨어. 빛이 전혀 없는 깜깜한 어둠을 생각해 봐. 이처럼 하나님의 다스리심이 전혀 없고, 하나

님과의 교제도 다 끊어진다면 얼마나 힘들까? 이게 바로 예수님께서 우리를 대신해서 겪으신 지옥의 고통이야. 그 고통이 너무나 심해서 예수님께서는 십자가에서 하나님께 힘을 다해 애타게 부르짖으셨고, 십자가에 달리시기 전날 밤에도 그토록 괴로워하시며 기도하신 거야.

　우리를 위해 지옥의 고통을 받으신 예수님을 바라보자. 그분의 고통 때문에 우리는 의롭다 함을 얻을 수 있게 되었어. 또한 우리가 힘들고 어려운 일을 겪을 때, 그분의 고통은 우리에게 큰 위로가 될 거야.

○ **제44문: '음부에 내려가셨으며'라는 말이 왜 덧붙여져 있나요?**
○ **답:** 그것은 내가 아무리 큰 시련을 당하더라도 다음의 사실을 확신하며 그것으로 위안을 얻게 하려는 거예요. 그 사실은 나의 주님이신 그리스도께서 일평생 고난을 당하시고 특히 십자가에서 말로 표현할 수 없는 영혼의 두려움과 고통과 공포를 겪으심으로써 나를 지옥의 두려움과 고통에서 구원하셨다는 것이에요.

● **기도하기**

하나님 아버지, 우리를 대신해서 지옥의 고통을 당하시고 우리를 지옥에서 구원해주신 예수님의 십자가 사랑을 잊지 않게 해주세요. 예수님의 이름으로 기도드립니다. 아멘.

---

13) 23과에서 언급했듯이 "음부에 내려가셨다"는 사도신경의 원문 네 번째 문장에 포함되어 있습니다. 한글(옛 번역) 사도신경에서는 이 부분이 빠져 있습니다.

chapter **045**

예수님의 부활에서 어떤 유익을 얻나요?

○ 찬송   164장(예수 부활했으니)
○ 암송 구절   고린도전서 15장 17절
그리스도께서 다시 사신 것이 없으면 너희의 믿음도 헛되고 너희가 여전히 죄 가운데 있을 것이요

사도신경의 다섯 번째 문장, "사흘 만에 죽은 자 가운데서 다시 살아나시며"는 예수님의 부활을 믿는다는 신앙고백이야. 우리는 예수님의 부활에서 다음과 같은 유익을 얻을 수 있어.

첫째, 의롭다 하심을 얻었어. 우리는 예수님의 부활에 참여해서 의롭게 되었어. 신약성경 로마서 4장 25절 말씀을 함께 읽어 보자.

> **"예수는 우리 범죄함을 위하여 내어줌이 되고 또한 우리를 의롭다 하심을 위하여 살아나셨느니라."**

우리가 예수님의 죽으심에 연합하면서 우리의 죄는 십자가에 못 박혀 죽으신 예수님께 옮겨졌어. 동시에 우리가 예수님의 부활에 연합하면서 부활하신 예수님의 의가 우리에게 옮겨졌어. 이로써 우리는 하나님 앞에서 의롭다 하심을 얻을 수 있게 되었어. 우리가 하나님 앞에서 의롭다 함을 얻은 것은 예수님의 부활에 참여했기 때문이라는 것을 꼭 기억하자.

둘째, 새 생명을 얻었어. 우리는 예수님과 함께 죽었고 예수님과 함께 부활했어. 예수님께서 죽음을 이기시고 부활하신 것처럼 우리도 새로운 영원한 생명으로 다시 태

어난 거야. 우리가 새 생명을 얻은 것은 예수님의 부활 때문이야. 그러니 그 부활의 능력으로 얻은 새 생명에 늘 감사드리자. 더 나아가 우리에게 새 생명을 주신 예수님을 생명 다해 사랑하며 살아가도록 하자.

셋째, 우리의 부활을 확신할 수 있어. 예수님께서는 부활의 첫 열매가 되셨어. 예수님께서 죽은 자 가운데서 부활하셨듯이 우리도 그렇게 될 거야. 우리는 부활하신 예수님처럼 썩지 않을, 신령한 몸으로 부활해 영원히 살게 될 거야. 그게 바로 우리가 소망하는 천국에서의 영생이야.

예수님께서는 죽으신 지 3일 째 되는 날에 분명히 부활하셨어. 예수님의 부활은 신화나 전설이 아니라 우리에게 많은 유익을 주는 역사적 사실이야.

○ 제45문: 그리스도의 부활은 우리에게 어떤 유익을 주나요?
○ 답: 첫째, 그리스도께서는 부활을 통해 죽음을 이기셨으며, 죽음으로써 얻으신 자신의 의에 우리가 참여하게 해주셨어요. 둘째, 우리는 그분의 능력으로 말미암아 이제 새로운 생명으로 다시 살아났어요. 셋째, 그리스도의 부활은 우리의 영광스러운 부활에 대한 확실한 보증이에요.

● 기도하기

하나님 아버지, 우리를 위해 부활하신 예수님께 감사드려요. 예수님의 부활이 우리에게 주는 유익들을 잘 알고, 풍성히 누리며 살아가게 해주세요. 예수님의 이름으로 기도드립니다. 아멘.

046

'하늘에 오르사'라는 말이 무슨 뜻이에요?

○ 찬송 174장(대속하신 구주께서)

○ 암송 구절 히브리서 4장 14절

그러므로 우리에게 큰 대제사장이 있으니 승천하신 자 곧 하나님 아들 예수시라 우리가 믿는 도리를 굳게 잡을지어다

사도신경의 여섯 번째 문장, "하늘에 오르사 전능하신 하나님 우편에 앉아 계시다가"는 예수님의 승천을 믿는다는 고백이야. "하늘에 오르사"는 예수님께서 하늘로 올라가셨다는 뜻인데, 이걸 다른 말로 '승천'이라고 해. 오늘부터 일주일 동안은 예수님의 승천에 대해 배우게 될 거야. 잘 배워서 예수님의 승천이 무엇을 의미하는지 바로 알고 고백하는 OO가 되었으면 해.

먼저 우리가 알아야 할 것은 예수님의 승천은 분명한 역사적 사실이라는 거야. 예수님께서는 부활하신 후 40일 동안 이 땅에 계시면서 하나님 나라에 관한 일을 말씀하시고 제자들에게 복음 전파의 사명을 주신 후에 승천하셨어. 그런데 비밀스럽게 승천하신 게 아니라 모든 제자가 보는 앞에서 승천하셨어. 그러니 그 누구도 예수님의 승천이 상상이나 상징이라고 할 수 없어. 예수님의 죽으심과 부활이 그러했듯이, 예수님의 승천은 실제로 있었던 일이야.

예수님께서는 이 땅에서 해야 할 모든 사역을 마치시고 원래 계시던 하늘로 올라가셨어. 신약성경 디모데전서 3장 16절 말씀을 함께 읽어 보자.

"크도다 경건의 비밀이여, 그렇지 않다 하는 이 없도다 그는 육신으로 나타난 바 되시

고 영으로 의롭다 하심을 입으시고 천사들에게 보이시고 만국에서 전파되시고 세상에서 믿은 바 되시고 영광 가운데서 올리우셨음이니라."

예수님께서 승천하셨다는 것은 예수님께서 창세 전에 성부 하나님과 함께 가지셨던 영광을 다시 가지시고 하늘의 영광 가운데 계신다는 거야. 우리를 구원하시기 위해 이 땅에 오셔서 낮아지셨던 예수님께서는 하늘에 오르사 다시 높아지셨어. 장차 예수님께서는 이 땅에 다시 한 번 더 오실 거야. 그때는 낮아지지 않으시고 하늘의 영광을 가지신 채로 오셔서 이 땅을 심판하실 거야. 그러니 우리는 예수님의 승천을 믿으며, 예수님께서 이 땅을 심판하기 위해 다시 오실 것이라는 것도 믿어야 해. 또한 예수님께서는 다시 이 땅에 오실 때까지 우리의 유익을 위해서 하늘에 계신다는 것도 기억해야 해. 이어지는 47-48과에서 예수님의 승천에 대해 조금 더 살펴보고, 49과에서 예수님의 승천이 우리에게 주는 유익에 대해서 자세히 알려줄게.

○ 제46문: 그리스도께서 하늘에 올라가셨다는 것을 어떻게 이해해야 하나요?
○ 답: 그리스도께서는 제자들이 보는 가운데 땅에서 하늘로 올라가셨고, 살아 있는 자들과 죽은 자들을 심판하러 다시 오실 때까지 우리를 위해 거기에 계세요.

● 기도하기
하나님 아버지, 오늘부터 일주일 동안 예수님의 승천에 대해서 배워요. 잘 배워서 승천하신 예수님을 더 깊이 생각할 수 있게 해주세요. 예수님의 이름으로 기도드립니다. 아멘.

047

예수님께서는 승천하셨는데
어떻게 우리와 함께 계시나요?

○ 찬송 325장(예수가 함께 계시니)

○ 암송 구절 마태복음 28장 20절

내가 너희에게 분부한 모든 것을 가르쳐 지키게 하라 볼지어다 내가 세상 끝 날까지 너희와 항상 함께 있으리라 하시니라

예수님께서는 승천하셔서 우리 곁을 떠나셨어. 그렇다면 세상 끝 날까지 우리와 함께 있겠다고 하신 예수님의 말씀은 진실일까? 맞아. 예수님께서는 승천하셨지만 정말로 세상 끝 날까지 우리와 함께 계셔.

예수님께서 세상 끝 날까지 우리와 함께 계신다는 것을 이해하기 위해서는 예수님께서 참 사람이신 동시에 참 하나님이시라는 것을 알아야 해. 예수님께서 참 사람이신 것을 예수님의 인성이라고 하고, 예수님께서 참 하나님이신 것을 예수님의 신성이라고 해. 승천하신 예수님께서 우리와 함께 계신다는 것은 예수님께서 신성으로 우리와 함께 계신다는 거야. 예수님께서는 인성으로 우리를 떠나 하늘에 계시지만 신성으로는 얼마든지 우리와 함께 계실 수 있어. 예수님의 신성은 시간과 장소의 제약을 받지 않기 때문이야. 예수님께서는 참 하나님이시기에 모든 시간과 장소를 초월하셔.

그러면 승천하신 예수님께서 우리와 함께 계신다는 것은 어떻게 알 수 있을까? 성령님을 통해서 알 수 있어. 성부 하나님께서는 구원을 계획하셨고, 성자 예수님께서는 그 구원을 실행하셨어. 그 구원을 우리에게 적용하시는 분이 바로 성령님이셔. 신약성경 고린도전서 12장 3절 말씀을 함께 읽어 보자.

"그러므로 내가 너희에게 알게 하노니 하나님의 영으로 말하는 자는 누구든지 예수를 저주할 자라 하지 않고 또 성령으로 아니하고는 누구든지 예수를 주시라 할 수 없느니라."

오직 성령님을 통해서만 예수님을 믿고 구원받을 수 있어. 우리가 예수님을 믿어 구주로 영접하는 것은 물론이고, 예수님의 죽으심과 부활에 연합하는 것도 모두 다 성령님께서 하시는 일이야. 승천하신 예수님께서 신성으로 우리와 함께 계시는 것도, 우리가 그것을 확신하는 것도 다 마찬가지야. 성령님을 통해 약 2,000년 전에 일어난 예수님의 십자가 죽음과 부활, 그리고 승천이 지금 나의 사건이 되었다는 것을 꼭 기억하자.

예수님께서는 승천하시면서 세상 끝 날까지 우리와 함께 계실 거라고 약속하셨어. 그 약속은 예수님의 신성으로, 그리고 성령님을 통해서 반드시 지켜질 거야.

○ 제47문: 그렇다면 세상 끝 날까지 우리와 함께 있으리라는 그리스도의 약속은 어떻게 되나요?
○ 답: 그리스도께서는 참 사람이시고 참 하나님이세요. 그분의 인성으로는 더 이상 세상에 계시지 않으나, 그분의 신성과 위엄과 은혜와 성령님으로는 잠시도 우리를 떠나 계시지 않아요.

● 기도하기
하나님 아버지, 승천하신 예수님께서 신성으로, 그리고 성령님을 통해서 세상 끝 날까지 우리와 함께하신다는 것을 꼭 기억하게 해주세요. 예수님의 이름으로 기도드립니다. 아멘.

048

예수님의 신성과 인성은 서로 나뉠 수 있나요?

○ 찬송   138장(햇빛을 받는 곳마다)
○ 암송 구절   골로새서 2장 9절
그 안에는 신성의 모든 충만이 육체로 거하시고

지난 25과에서 삼위일체에 대해 배울 때, 약 1,500년 전에 이미 정리된 내용을 달달 외워야 한다고 했어. 먼저 그 내용을 복습해 볼까?

첫째, 유일하신 삼위일체 하나님께서 계시는데, 곧 성부 하나님, 성자 하나님, 성령 하나님이십니다.
둘째, 성부 하나님, 성자 하나님, 성령 하나님은 구별된 위격이십니다.
셋째, 성부 하나님, 성자 하나님, 성령 하나님은 신적인 본질에 있어서 완전히 동일하십니다.

예수님의 신성과 인성의 관계도 삼위일체처럼 이해하기 어려워. 그건 예수님을 처음 믿은 초대교회 사람들에게도 어려운 문제였어. 그래서 오랜 시간 신학자들이 모여서 회의한 끝에 지금으로부터 약 1,600년 전인 451년 칼케돈 회의에서 신성과 인성의 관계를 정리했어. 그 내용을 세 가지로 요약하면 다음과 같아.

첫째, 예수님께서는 두 가지 본성을 가지고 계십니다.
둘째, 예수님의 두 가지 본성은 서로 나누어지지 않습니다.

셋째, 예수님의 두 가지 본성은 하나로 연합되어 있습니다.

　지금은 어려워서 잘 이해가 안 되더라도 이 세 가지를 꼭 외우도록 하자. 쉽게 말하면 예수님께서는 100퍼센트 하나님이시고, 100퍼센트 사람이시라는 거야. 승천하신 예수님께서 신성으로 우리와 늘 함께하신다는 것을 믿음으로 고백할 때마다 이 내용을 꼭 기억하자.

○ **제48문: 그런데 그리스도의 신성이 있는 곳마다 인성이 있는 것이 아니라면, 그리스도의 두 본성이 서로 나뉜다는 건가요?**
○ **답:** 결코 그렇지 않아요. 그리스도의 신성은 어떤 곳에도 갇혀 있지 않고, 어느 곳에나 계세요. 그러므로 신성은 그가 취하신 인성 밖에서도 있을 수 있어요. 그러나 동시에 그리스도의 신성은 그리스도의 인성 안에도 있어요. 그러므로 그리스도의 위격 안에서 그리스도의 신성과 인성은 서로 하나로 연합해 있어요.

● **기도하기**

하나님 아버지, 예수님의 신성과 인성이 서로 나뉘지 않고 하나로 연합해 있다는 것을 배웠어요. 이것을 잘 기억해서 예수님의 신성과 인성 중 어느 하나만 강조하는 오해에 빠지지 않게 해주세요. 예수님의 이름으로 기도드립니다. 아멘.

chapter 049

예수님의 승천에서 어떤 유익을 얻나요?

○ 찬송   85장(구주를 생각만 해도)

○ 암송 구절   요한복음 16장 7절

그러하나 내가 너희에게 실상을 말하노니 내가 떠나가는 것이 너희에게 유익이라 내가 떠나가지 아니하면 보혜사가 너희에게로 오시지 아니할 것이요 가면 내가 그를 너희에게로 보내리니

우리는 예수님의 승천에서 다음의 세 가지 유익을 얻을 수 있어.

첫째, 승천하신 예수님께서는 하늘에서 우리의 변호자가 되어 주십니다.

둘째, 승천하신 예수님은 우리도 부활하고 승천할 것이라는 확실한 보증입니다.

셋째, 승천하신 예수님께서는 우리에게 성령님을 보내주십니다.

  우리 몸의 부활과 성령님에 대해서는 다른 과에서도 배우게 될 거야. 그래서 이 시간에는 예수님의 승천이 주는 첫 번째 유익을 살펴보려고 해. 먼저 신약성경 요한일서 2장 1절 말씀을 우리말성경으로 함께 읽어 보자.

  "내 자녀들이여, 내가 이 편지를 여러분에게 쓰는 것은 여러분이 죄를 짓지 않도록 하려는 것입니다. 그러나 만일 누가 죄를 짓더라도 아버지 앞에서 변호해 주시는 분이 계시는데 그분은 곧 의로우신 예수 그리스도십니다."

  죄를 짓지 않으려고 노력했는데도 또 죄를 짓는다면 어떻게 해야 할까? 우리는 그때

마다 우리의 변호자가 되시는 예수님을 믿음으로 바라볼 수 있어야 해. 승천해서 하늘에 계신 예수님께서는 우리가 죄를 지을 때마다 하나님의 법정에서 우리를 위해 변호해주셔. 우리가 지은 죄에 대한 죗값을 자신이 이미 치르셨다고 우리를 위해 끝까지 변호해주시는 예수님이 계시다는 것을 잊지 말자. 우리의 변호자이신 예수님이 계시기 때문에 우리는 죄를 지을 때마다 절망해서 쓰러지지 않고, 몇 번이고 회개하며 다시 일어설 수 있는 거야.

앞으로 사도신경의 여섯 번째 문장으로 예수님의 승천을 고백할 때마다 하늘에 계신 예수님께서 우리의 변호자가 되어주신다는 사실을 꼭 기억하자.

○ 제49문: 그리스도의 승천은 우리에게 어떤 유익을 주나요?

○ 답: 첫째, 그리스도께서는 하늘에서 그분의 아버지 앞에서 우리의 변호자가 되세요. 둘째, 우리의 몸이 그리스도 안에서 하늘에 있는데, 이것은 우리의 머리 되신 그리스도께서 그분의 지체인 우리를 그분께로 이끌어 올리실 것에 대한 확실한 보증이에요. 셋째, 그리스도께서는 우리에게 그분의 성령을 보내셔서 우리는 성령의 능력을 통해 위에 있는 것과 하나님 우편에 앉아 계시는 예수님께서 계시는 곳을 찾고, 이 땅의 것들을 찾지 않아요.

● **기도하기**

하나님 아버지, 예수님의 승천이 주는 유익에 감사드려요. 특히 승천하신 예수님께서 우리의 변호자가 되어주신다는 사실에 더욱 감사드려요. 예수님의 이름으로 기도드립니다. 아멘.

chapter 050

'전능하신 하나님 우편에 앉아 계시다가'라는 말이 무슨 뜻이에요?

○ **찬송** 80장(천지에 있는 이름 중)

○ **암송 구절** 에베소서 1장 20절

그 능력이 그리스도 안에서 역사하사 죽은 자들 가운데서 다시 살리시고 하늘에서 자기의 오른편에 앉히사

예수님께서 하나님의 오른쪽에 앉아 계신다는 것은 예수님께서 원래의 지위를 회복하셨다는 것을 의미해. 승천하신 예수님께서는 하늘에서 참 하나님으로서 온 세상을 다스리고 계셔. 예수님께서는 우리를 구원하시기 위해 하늘 보좌를 버리고 이 땅에 내려오셨어. 그렇게 참 사람으로 이 땅에 오신 예수님께서는 우리를 구원하시기 위해 죽으시고 부활하신 후 승천하셔서 다시 하늘 보좌에 앉으신 거야. 그걸 사도신경에서는 하나님 우편에 앉아 계신다고 표현한 거야.

　승천하신 예수님께서는 온 세상의 왕이시며, 특별히 우리의 왕이셔. 신약성경 골로새서 1장 18절 말씀을 함께 읽어 보자.

> **"그는 몸인 교회의 머리라 그가 근본이요 죽은 자들 가운데서 먼저 나신 자니 이는 친히 만물의 으뜸이 되려 하심이요."**

　만물의 으뜸이신 예수님께서는 하늘과 땅에 있는 모든 것들을 다스리는 권세를 가지고 계셔. 그 예수님께서 교회의 머리가 되셔서 자신의 교회를 모으시고 지키시는 거

야. 만물을 다스리시는 예수님께서 우리를 친히 다스리신다는 것을 꼭 기억하자. 온 세상의 왕이시요, 만왕의 왕이신 예수님께서 우리의 왕으로서 우리를 다스리시니 우리는 그 무엇도 두려워하지 않을 수 있는 거야.

  승천하신 예수님께서는 하늘에서 우리를 그냥 지켜보고만 계시지 않으셔. 예수님께서는 약속하신 대로 세상 끝 날까지 신성으로 우리와 함께하시며, 성령을 통해 우리를 보호하고 인도해주셔. 예수님께서 만물을 다스리시는, 전능하신 하나님이시라는 것을 기억할 때, 우리는 아무리 힘들고 어려운 상황에도 예수님을 바라보며 의지할 수 있어. 전능하신 하나님 우편에 앉아 계신 예수님께서 언제든지 얼마든지 우리를 지켜주시고 도와주실 수 있으시다는 것을 꼭 기억하도록 하자.

○ 제50문: '전능하신 하나님 우편에 앉아 계시다가'라는 말이 왜 덧붙여졌나요?
○ 답: 그리스도께서는 자신이 교회의 머리라는 것을 보여주시려고 하늘로 올라가셨어요. 그리고 성부 하나님께서는 그리스도를 통해 만물을 다스리세요.

● **기도하기**

하나님 아버지, 승천하신 예수님께서 왕으로서 우리를 다스리신다는 것을 알게 되었어요. 우리의 왕이신 예수님께서 전능하신 하나님으로서 우리를 다스리시며, 세상 끝 날까지 우리와 함께하신다는 것을 잊지 않게 해주세요. 예수님의 이름으로 기도드립니다. 아멘.

051

예수님이 우리의 머리라는 말이 무슨 뜻이에요?

○ 찬송   382장(너 근심 걱정 말아라)
○ 암송 구절   시편 110편 1절
여호와께서 내 주에게 말씀하시기를 내가 네 원수로 네 발등상 되게 하기까지 너는 내 우편에 앉으라 하셨도다

산 속에 아기 곰 한 마리가 놀고 있는데 늑대 무리가 아기 곰을 공격하려고 살금살금 다가오고 있어. 아기 곰은 자신을 향해 다가오는 늑대 무리를 보고 순간 깜짝 놀랐지만 늑대 무리를 두려워하지 않았어. 왜냐하면 늑대 무리보다 힘이 센 아빠 곰이 자신을 보호하고 지켜주기 때문이야. 이와 마찬가지로 사탄은 끊임없이 우리를 유혹하고 공격하지만 우리는 두려워할 필요가 없어. 그건 바로 예수님께서 우리를 보호하고 지켜주시기 때문이야. 예수님께서는 우리를 모든 원수들로부터 보호하고 지켜주시기 위해 승천하셨어. 승천하셔서 원래 가지고 계셨던 지위와 능력을 회복하신 예수님께서는 우리의 원수인 사탄으로부터 우리를 얼마든지 보호하고 지켜주실 수 있는 거야. 예수님께서는 승천하셔서 우리의 머리가 되셨어. 신약성경 골로새서 2장 19절 말씀을 함께 읽어 보자.

"머리를 붙들지 아니하는지라 온 몸이 머리로 말미암아 마디와 힘줄로 공급함을 얻고 연합하여 하나님이 자라게 하심으로 자라느니라."

우리의 머리이신 예수님께서는 자신의 몸인 우리를 끝까지 책임지셔. 그래서 우리에

게 필요한 모든 것들을 공급해주시고, 우리를 보호하고 지켜주시는 거야. 예수님께서 승천하신 것은 자신의 영광을 위해서가 아니라 우리를 보호하고 지켜주시기 위해서 라는 것을 꼭 기억하자. 승천하신 예수님께서는 강한 힘과 능력으로 우리를 모든 원수들로부터 끝까지 보호하고 지켜주실 거야. 그뿐만 아니라 성령님을 통해 우리에게 필요한 모든 것을 계속해서 공급해주실 거야. 그러니 우리는 그 누구도 두려워하지 않을 수 있고, 그 무엇도 염려하지 않을 수 있어.

　우리를 보호하시고 지켜주시기 위해 승천하신 예수님의 사랑을 깊이 생각해 보도록 하자. 사도신경의 여섯 번째 문장으로 예수님의 승천을 믿음으로 고백할 때마다, 우리를 보호하시고 지켜주시는 예수님의 그 큰 사랑을 기억하고 감사하자.

○ 제51문: 우리의 머리 되신 그리스도의 이 영광은 우리에게 어떤 유익을 주나요?
○ 답: 첫째, 그리스도께서는 성령을 통해 자신의 몸인 우리에게 하늘의 은사들을 부어주세요. 둘째, 그리스도는 자신의 힘과 능력으로 우리를 모든 원수들로부터 보호하고 지켜주세요.

● 기도하기
하나님 아버지, 예수님은 우리의 머리이시고 우리는 예수님의 몸이라는 것을 알게 되었어요. 승천하신 예수님께서 우리의 머리가 되셔서 우리를 끝까지 보호하고 지켜주신다는 것을 잊지 않게 해주세요. 예수님의 이름으로 기도드립니다. 아멘.

chapter **052**

예수님의 재림에서 어떤 위로를 얻나요?

○ **찬송**   180장(하나님의 나팔 소리)
○ **암송 구절**   요한계시록 18장 20절
하늘과 성도들과 사도들과 선지자들아 그를 인하여 즐거워하라 하나님이 너희를 신원하시는 심판
을 그에게 하셨음이라 하더라

승천하신 예수님께서는 이 땅에 다시 오실 거야. 예수님께서 하늘로 올라가신 것을
두 글자로 '승천'이라고 하듯이, 예수님께서 다시 이 땅에 다시 오실 것은 두 글자로 '
재림'이라고 해. 우리는 사도신경의 일곱 번째 문장인 "저리로서 산 자와 죽은 자를
심판하러 오시리라"를 통해 재림을 믿는다고 고백해. "저리로서"는 말은 '거기로부터'
라는 뜻으로 예수님의 승천과 재림을 연결해주는 역할을 해. 예수님께서는 승천하셔
서 하늘에 계시고, 거기로부터 재림하실 거야. 신약성경 사도행전 1장 11절 말씀을
함께 읽어 보자.

> **"가로되 갈릴리 사람들아 어찌하여 서서 하늘을 쳐다보느냐 너희 가운데서 하늘로 올
> 리우신 이 예수는 하늘로 가심을 본 그대로 오시리라 하였느니라."**

 예수님께서는 성경의 약속대로 이 땅에 오셔서 죽으시고 부활하셨어. 이제 예수님께
서 지키실 약속은 단 하나, 바로 재림이야. 승천해서 하늘에 계신 예수님께서는 거기
로부터 반드시 재림하실 거야. 예수님의 재림이 언제인지는 아무도 알 수 없지만 그
날은 곧 올 거야. 우리는 이걸 굳게 믿고 예수님의 재림을 기다려야 해.

우리가 예수님의 재림을 기다리는 이유는 심판과 승리가 있기 때문이야. 산 자와 죽은 자를 심판하신다는 것은, 살아 있는 사람은 물론이고 이미 죽었던 사람들도 다 부활해서 심판을 받는다는 뜻이야. 예수님을 믿지 않고 사탄을 따르던 사람들에게 재림의 날은 두려움이 가득한 심판의 날이 될 거야. 반면에 예수님을 믿는 우리에게 그날은 기쁨이 가득한 승리의 날이 될 거야. 이 땅에서 많은 고난과 핍박이 있을 때, 심판과 승리의 날을 믿음으로 바라보면 큰 위로를 받을 수 있다는 것을 꼭 기억하자.

○ **제52문: 그리스도께서 산 자와 죽은 자를 심판하러 오신다는 것이 당신에게 어떤 위로를 주나요?**

○ **답:** 나의 모든 고난과 핍박 중에서 나는 나의 머리를 들어 하늘을 향해요. 그리고 전에 나를 대신하여 하나님의 심판대 앞에 서시고, 나를 위해 자신을 내어주심으로 내게 임할 모든 저주를 제거해주신 바로 그분이 심판자로서 하늘로부터 오실 것을 확신을 가지고 기다려요. 그분께서 그분의 모든 원수들, 곧 나의 원수들을 영원한 멸망으로 던지시며, 나를 모든 택한 자들과 함께 하늘의 기쁨과 영광 가운데 그분께로 이끌어 들이실 거예요.

● **기도하기**

하나님 아버지, 이 땅에서 고난과 핍박이 있을 때, 예수님께서 재림하시는 날에 있을 심판과 승리를 바라보며 위로를 얻게 해주세요. 예수님의 이름으로 기도드립니다. 아멘.

053

'성령을 믿사오며'라는 말이 무슨 뜻이에요?

○ 찬송 187장(비둘기같이 온유한)
○ 암송 구절 요한복음 14장 17절
저는 진리의 영이라 세상은 능히 저를 받지 못하나니 이는 저를 보지도 못하고 알지도 못함이라 그러나 너희는 저를 아나니 저는 너희와 함께 거하심이요 또 너희 속에 계시겠음이라

우리는 사도신경의 여덟 번째 문장으로 성령님을 믿는다고 고백해. 성령님을 믿는다는 게 어떤 의미인지 살펴보기 전에 다음의 세 가지를 먼저 암기해 보도록 하자.

첫째, 성부 하나님은 구원을 '계획'하십니다.
둘째, 성자 예수님은 구원을 '실행'하십니다.
셋째, 성령 하나님은 구원을 '적용'하십니다.

  하나님께서 구원을 계획하셨고, 예수님께서는 그 구원 계획을 실행하셔서 약 2,000년 전에 이 땅에 오셔서 죽으시고 부활하시고 승천하셨어. 우리를 포함한, 예수님 이후에 태어난 사람들이 예수님을 믿고 구원받을 수 있는 것은 성령님께서 구원을 적용해주시기 때문이야. 우리가 예수님께서 우리를 위해 죽으시고 부활하시고 승천하셨다는 것을 믿을 수 있는 것은 성령님 때문이라는 것을 꼭 기억하도록 하자.
  우리에게 구원을 적용해주시는 성령님께서는 지금도 우리에게 믿음을 주실 뿐만 아니라 끝까지 책임지고 인도해주셔. 신약성경 로마서 8장 26절 말씀을 함께 읽어 보자.

"이와 같이 성령도 우리 연약함을 도우시나니 우리가 마땅히 빌 바를 알지 못하나 오직 성령이 말할 수 없는 탄식으로 우리를 위하여 친히 간구하시느니라."

우리가 지쳐서 힘들고 어려울 때, 성령님께서는 우리에게 기도할 수 있는 의지와 힘을 더해주셔. 더 나아가 연약한 우리를 위해 친히 기도해주셔. 그렇게 성령님께서는 재림의 날까지 우리를 흠 없고 온전하게 하나님 앞으로 인도해주시는 거야.

앞으로 사도신경의 여덟 번째 문장으로 성령님을 믿는다고 고백할 때마다, 구원을 적용해주시고 우리를 끝까지 인도해주시는 성령님의 은혜에 감사드리도록 하자.

○ **제53문: 성령님께 관하여 당신은 무엇을 믿나요?**
○ **답:** 첫째, 성령님께서는 성부 하나님과 성자 예수님과 함께 참되고 영원한 하나님이세요. 둘째, 성령님께서는 나에게도 주어졌어요. 그래서 성령님께서는 내가 참된 믿음으로 그리스도와 그분의 모든 은혜와 복에 참여하게 해주세요. 그리고 성령님께서는 나를 위로하시며, 영원히 나와 함께하세요.

● **기도하기**

하나님 아버지, 우리에게 구원을 적용해주시는 성령님의 은혜에 감사드려요. 성령님의 인도하심과 도우심을 더욱 확신하며 살아가게 해주세요. 예수님의 이름으로 기도드립니다. 아멘.

054

'거룩한 공회'를 믿는다는 건 무슨 뜻이에요?

○ 찬송   210장(시온성과 같은 교회)

○ 암송 구절   에베소서 5장 27절

자기 앞에 영광스러운 교회로 세우사 티나 주름 잡힌 것이나 이런 것들이 없이 거룩하고 흠이 없게 하려 하심이니라

우리는 사도신경의 아홉 번째 문장으로 "거룩한 공회"와 "성도가 서로 교통하는 것"을 믿는다고 고백해. 이 시간에는 거룩한 공회를 믿는다는 게 무엇인지 살펴보고, 다음 과에서는 성도가 서로 교통하는 것을 믿는다는 게 무엇인지 살펴보도록 하자.

"거룩한 공회"에서 '공회'라는 단어는 '보편적인 교회'라는 뜻이야. 그러니 우리는 사도신경으로 '거룩하고 보편적인 교회'를 믿는다고 고백하는 거야. '보편적인 교회'라는 말은 시간과 장소에 상관없이 모든 교회는 하나라는 의미야. 교회는 보편적이기에 시간과 장소의 제한을 받지 않고 존재해. 교회는 세상의 시작부터 있어 왔으며, 세상의 끝 날까지 있을 거야. 그러기에 시간의 제한을 받지 않아. 또한 전 세계에 있기에 장소의 제한을 받지 않아. 따라서 현재 전 세계에 있는 신자들을 포함한, 과거와 미래의 모든 구원받은 자들의 모임이 바로 하나의 보편적인 교회인 거야.

보편적 교회를 믿는다는 것은 이 땅에 있는 모든 교회가 한 몸이라는 것을 믿는 거야. 모든 교회가 그리스도와 연합되어 한 몸이 되었어. 그래서 하나의 교회가 아프거나 슬퍼하면, 모든 교회가 아프고 슬픈 거야. 신약성경 사도행전 11장 29절 말씀을 함께 읽어 보자.

"제자들이 각각 그 힘대로 유대에 사는 형제들에게 부조를 보내기로 작정하고."

초대교회 시대에 예루살렘이 있는 교회가 흉년으로 어려움을 겪을 때, 멀리 떨어져 있는 교회들이 그 소식을 듣고 부조, 곧 구제 헌금을 보냈어. 이게 바로 모든 교회가 한 몸이라는 증거야. 보편적 교회를 믿는다면 다른 교회들을 돕는 게 당연한 거야. 앞으로 믿음생활을 하면서 힘들고 어려워하는 교회의 소식을 듣게 되면, 그 교회가 우리와 한 몸이라는 것을 꼭 기억하도록 하자. 더 나아가 그 교회를 위해 간절히 기도하고 아낌없이 후원하도록 하자. 그게 바로 거룩한 공회를 믿는다는 확실한 증거야.

○ **제54문: '거룩한 공회'에 관하여 당신을 무엇을 믿나요?**
○ **답:** 세상의 처음부터 마지막 날까지 하나님의 아들은 그분의 성령과 말씀으로 영원한 생명을 얻도록 모든 인류 가운데서 선택된 하나의 교회를 자기에게 모으시고, 보호하시고, 보존하세요. 또한 하나님의 아들은 그 교회가 참된 믿음으로 하나가 되게 하세요. 나는 이 교회의 살아 있는 지체예요. 그리고 나는 영원히 이 교회의 지체로 머물러 있을 거예요.

● **기도하기**

하나님 아버지, 모든 교회가 하나라는 것을 잊지 않게 해주세요. 그리하여 이 땅을 사는 동안 힘들고 어려워하는 교회들을 한 몸으로 여기고, 그들을 힘써 도우며 살게 해주세요. 예수님의 이름으로 기도드립니다. 아멘.

chapter 055

'성도가 서로 교통하는 것'을 믿는다는 건 무슨 뜻이에요?

○ 찬송   220장(사랑하는 주님 앞에)

○ 암송 구절   로마서 12장 5절

이와 같이 우리 많은 사람이 그리스도 안에서 한 몸이 되어 서로 지체가 되었느니라

사도신경 아홉 번째 문장에서 성도의 '교제'를 '교통'이라고 표현해. 그건 성도의 교제가 단순히 친한 사람들끼리 사이좋게 지내는, 일반적인 교제가 아니라 예수님을 중심으로 한 교제라는 것을 말해주는 거야.

성도의 교제는 예수님과의 연합에서 오는 거야. 성령님을 통해 예수님과 연합한 자들은 예수님을 중심으로 서로 연합하게 돼. 그 연합으로 교회가 세워지고 우리는 그 교회 안에서 사랑으로 서로 교제하며 한 몸으로 아름답게 세워져 가는 거야.

예수님을 믿는 사람들은 자신과 한 몸이 된 지체들을 사랑하며 그들을 위해 살아가. 성도들이 예수님과 연합해서 한 몸이 된 것은 성령님께서 주신 귀한 선물이야. 그러니 우리는 그 선물을 귀히 여겨야 하겠지? 신약성경 에베소서 4장 3절 말씀을 함께 읽어 보자.

"평안의 매는 줄로 성령의 하나 되게 하신 것을 힘써 지키라."

성도의 교제는 가만히 있으면 자동적으로 이루어지는 게 아니야. 각 지체가 서로 사랑하되 먼저 더 사랑하려고 힘쓰지 않으면 진정한 성도의 교제는 어려워. 예수님께서

우리에게 먼저 보여주신 사랑을 생각해 보자. 예수님께서는 우리를 위해서 죽으시고 부활하시고 승천하시고 성령님을 보내주셨어. 성령님께서도 우리를 위해 교회를 세우셨고 항상 보호하고 인도해주시지? 그건 우리를 너무나 사랑하시기 때문이야. 우리를 위해 구원을 계획하시고 실행하시고 적용하신 삼위 하나님의 사랑을 깊이 생각해 보자. 처음부터 끝까지 우리를 위한 그 사랑, 우리는 우리가 받은 그 사랑을 본받아 나를 위해서가 아니라 다른 지체들을 위해 살아가야 해.

성령님께서 우리에게 주신 모든 것은 자신을 위해서가 아니라 다른 지체들을 위해 사용해야 한다는 것을 꼭 기억하자. 은사도, 직분도, 더 나아가 우리가 가진 모든 것은 다 교회를 위해서, 즉 다른 지체들을 섬기며 사랑하는 데 사용하라고 주신 것들이야. 그러니 성도가 서로 교통하는 것을 믿는다는 고백을 다른 지체들을 위한 삶으로 꼭 증명해 내도록 하자.

○ 제55문: '성도가 서로 교통하는 것'을 당신은 어떻게 이해하나요?
○ 답: 첫째, 모든 신자는 그리스도의 지체로서 주 그리스도와 교제하며, 그분의 모든 보화와 은사들에 참여해요. 둘째, 각 지체들은 자신의 은사를 다른 지체들의 유익과 구원을 위하여 얼마든지, 그리고 즐겁게 사용하는 것을 의무로 여겨야 해요.

● **기도하기**

하나님 아버지, 그리스도 안에서 한 몸이 된 성도들을 귀히 여기며 뜨겁게 사랑하게 해주세요. 성도가 서로 교통하는 것을 믿는다는 우리의 고백이 다른 지체들을 위한 우리의 삶으로 꼭 이어지게 해주세요. 예수님의 이름으로 기도드립니다. 아멘.

056

'죄를 사하여 주시는 것'을 믿는다는 건 무슨 뜻이에요?

○ **찬송** 251장(놀랍다 주님의 큰 은혜)

○ **암송 구절** 에베소서 1장 7절

우리가 그리스도 안에서 그의 은혜의 풍성함을 따라 그의 피로 말미암아 구속 곧 죄 사함을 받았으니

하나님께서는 예수님을 믿는 우리를 의롭다고 선언해주셨어. 죄인으로 태어난 우리는 하나님께 지옥 형벌이라는 심판을 받아야 해. 그런데 예수님께서 우리를 대신해서 하나님께 사형선고를 받고 죽으셨어. 그래서 하나님께서는 우리에게 사형선고를 내리지 않으셔. 우리는 예수님을 믿기 때문에 지옥 형벌의 심판을 받지 않고, 오히려 의롭다는 판결을 받은 의인이 되었어. 신약성경 로마서 8장 1절 말씀을 함께 읽어 보자.

"그러므로 이제 그리스도 예수 안에 있는 자에게는 결코 정죄함이 없나니."

이와 같이 우리가 예수님을 믿어 과거, 현재, 미래의 죄를 다 용서받고 하나님의 법정에서 의롭다는 판결을 받은 것은 성령님 때문이야. 복음을 듣고서 내가 죄인이라는 것을 깨닫는 것도, 예수님께서 나를 죄에서 구원하실 분이라는 사실을 깨닫는 것도, 예수님을 믿고 구주로 영접하는 것도 다 성령님께서 하시는 일이야. 성부 하나님께서는 우리를 의롭다고 선언해주실 계획을 세우셨어. 자신의 독생자, 예수 그리스도를 이 땅에 구원자로 보내시기로 하신 거야. 성자 예수님께서는 우리를 의롭다고 선언해

주실 그 계획을 실행하셨어. 이 땅에 사람으로 오셔서 우리를 대신해서 십자가에 못 박혀 죽으시고 부활하시고 승천하셨어. 성령 하나님께서는 우리를 의롭다고 선언해주실 그 계획을 우리에게 적용해주셔. 그분께서는 우리가 성부 하나님의 구원 계획과 성자 예수님의 구원 실행을 믿도록 우리의 마음을 밝히시고, 우리의 의지를 새롭게 하시고, 우리를 설득해주셔. 우리가 예수님을 믿어 하나님께 의롭다는 판결은 받은 것은 우리 스스로의 힘으로 한 것이 아니라 성령님께서 하신 일이라는 것을 꼭 기억하자.

앞으로 사도신경의 열 번째 문장으로 죄 사함 받은 것을 믿는다고 고백할 때마다 우리에게 구원을 적용해 죄 사함을 받게 해주신 성령님께 감사드리도록 하자.

○ **제56문: '죄 사함'에 관하여 당신은 무엇을 믿나요?**

○ **답:** 그리스도께서 하나님의 의를 만족시켰기 때문에, 하나님께서는 나의 모든 죄와 내가 일평생 싸워야 할 나의 죄악 된 본성을 더 이상 기억하지 않으세요. 오히려 하나님께서는 은혜로 그리스도의 의를 나에게 선물로 주세요. 따라서 나는 결코 심판받지 않아요.

~~~~~~

● **기도하기**

하나님 아버지, 우리가 예수님을 믿어 죄 사함을 받은 것은 성령님 때문이라는 것을 알게 되었어요. 우리를 위해 계획하시고 실행하신 구원을 우리에게 적용해주셔서 죄 사함을 받게 해주신 그 은혜를 잊지 않게 해주세요. 예수님의 이름으로 기도드립니다. 아멘.

chapter **057** ~~~~~~~~~~~~~~

'몸이 다시 사는 것'을 믿는다는 건
무슨 뜻이에요?

○ 찬송   492장(잠시 세상에 내가 살면서)
○ 암송 구절   로마서 8장 11절
예수를 죽은 자 가운데서 살리신 이의 영이 너희 안에 거하시면 그리스도 예수를 죽은 자 가운데서
살리신 이가 너희 안에 거하시는 그의 영으로 말미암아 너희 죽을 몸도 살리시리라

~~~~~~

이 땅에 태어나서 죽었던 모든 사람은 예수님께서 재림하시는 날에 다 부활할 거야. 예수님을 믿는 사람들뿐만 아니라 믿지 않는 사람들도 죽었던 몸이 다시 살아나는 부활을 경험하게 될 거야. 신약성경 요한복음 5장 29절 말씀을 함께 읽어 보자.

"선한 일을 행한 자는 생명의 부활로 악한 일을 행한 자는 심판의 부활로 나오리라."

예수님을 믿은 사람들은 생명의 부활을, 예수님을 믿지 않은 사람들은 심판의 부활을 하게 돼. 생명의 부활이란 천국에 가서 영원한 생명을 누리도록 부활하신 예수님의 영광스러운 몸과 같이 되는 거야. 이와 반대로 심판의 부활은 지옥에 가서 영원토록 죗값을 치르며 심판받기 위해 다시 살아나는 거야. 성경은 신자의 영광스러운 부활에 대해서도, 불신자의 수치스러운 부활에 대해서도 구체적으로 가르쳐주지 않아. 그러니 부활한 몸에 대해서 자세히 알려고 하기보다 생명의 부활과 심판의 부활이 분명히 있다는 사실에 집중하는 게 더 중요해.

예수님을 믿는 사람들은 생명의 부활을 확신하기에 죽음을 두려워하지 않을 수 있

어. 예수님을 믿지 않는 사람들은 죽음 이후에 어떤 일이 있을지 모르기 때문에 죽음을 두려워할 수밖에 없어. 하지만 우리는 죽음 이후에 부활이 있다는 것을 분명히 알고 있어. 예수님을 믿는 우리는 이 땅에서 죽음을 맞이해도 예수님께서 재림하시는 날에 영광스러운 몸으로 부활할 거야. 또한 우리가 이 땅에서 살아 있을 때, 예수님께서 재림하신다면 우리는 그 즉시 영광스러운 부활의 몸으로 변화될 거야. 이 때문에 우리는 죽음을 두려워하지 않고 죽음 이후의 부활을 소망하면서 살아갈 수 있어.

  앞으로 사도신경의 열한 번째 문장으로 몸이 다시 사는 것을 믿는다고 고백할 때마다 우리가 누리게 될 생명의 부활을 꼭 기억하자. 예수님께서 재림하시는 날에 우리의 부활 소망은 현실이 될 거야. 그날이 언제인지 알 수는 없지만 분명히 올 거야. 그러니 늘 깨어 기도하며 그날을 간절히 기다리도록 하자.

○ **제57문: '몸이 다시 사는 것'은 당신에게 어떤 위로를 주나요?**
○ **답:** 이 생명이 끝나는 즉시 나의 영혼은 머리 되신 그리스도께 올려질 거예요. 또한 나의 이 몸도 그리스도의 능력으로 부활하게 될 거예요. 그래서 나의 몸은 나의 영혼과 다시 결합되어 그리스도의 영광스러운 몸과 같이 될 거예요.

● **기도하기**

하나님 아버지, 죽음 이후에 생명의 부활과 심판의 부활이 있다는 것을 알게 되었어요. 성령님을 통해 예수님을 믿고 생명의 부활에 참여하게 된 것이 얼마나 큰 은혜인지 잊지 않고 늘 감사하며 살아가게 해주세요. 예수님의 이름으로 기도드립니다. 아멘.

chapter 058

'영원히 사는 것'을 믿는다는 건 무슨 뜻이에요?

○ **찬송**   235장(보아라 즐거운 우리 집)

○ **암송 구절**   요한복음 3장 16절

하나님이 세상을 이처럼 사랑하사 독생자를 주셨으니 이는 저를 믿는 자마다 멸망치 않고 영생을 얻게 하려 하심이니라

어떤 사람들은 죽음이 끝이라고 생각해. 그래서 이 땅에서 힘들고 어려운 일이 있을 때, 스스로 목숨을 끊어 죽음으로 모든 걸 끝내려고도 해. 하지만 죽음은 끝이 아니라 새로운 시작이야. 예수님을 믿지 않는 사람들에게는 죽음이 영원한 형벌의 시작이고, 예수님을 믿는 사람들에게는 죽음이 영원한 행복의 시작이야. 신약성경 마태복음 25장 46절 말씀을 함께 읽어 보자.

"저희는 영벌에, 의인들은 영생에 들어가리라 하시니라."

사도신경의 열두 번째 문장은 몸이 다시 사는 것을 믿는다는 열한 번째 문장과 자연스럽게 이어져. 예수님을 믿는 우리는 부활한 다음에 영원한 생명, 곧 영생을 누리게 될 거야. 우리는 이것을 "영원히 사는 것을 믿사옵나이다"라고 고백하는 거야.

우리가 누리게 될 영생은 이 세상 그 무엇으로도 표현할 수 없는, 완전한 행복이야. 성부 하나님께서 계획하시고 성자 예수님께서 실행하신 구원의 완성이 바로 영생이야. 성령 하나님께서는 우리가 이 영생의 유익을 얻도록 우리에게 믿음을 주시고 끝까지 인도해주셔. 삼위 하나님께서 우리에게 주시고자 하는 이 영생은 그 어떤 말로

도 설명할 수 없어. OO를 행복하게 하는 모든 것을 다 합쳐도, 더 나아가 이 세상에 있는 좋고 아름다운 모든 것을 다 합쳐도 영생과는 비교조차 할 수 없어. 우리가 누리게 될 영생은 무엇을 상상하든 그 이상일 거야. 아니, 우리가 도무지 상상조차 할 수 없는 행복일 거야. 그 행복은 완전하기 때문에 그 누구도 지루하다고 할 수 없는, 영원한 행복이라는 것을 꼭 기억하자.

"얼마나 좋을까?" 사도신경의 열두 번째 문장으로 영원히 사는 것을 믿는다고 고백할 때마다 이 질문을 떠올려 보자. 부활한 몸으로 부활하신 예수님을 직접 만나게 될 그날, 우리의 눈에서 모든 눈물이 씻겨질 그날, 그 어떤 아픔과 고통이 없을 그날, 모든 악이 사라지고 사탄의 끊임없는 유혹과 죄와의 치열한 싸움이 끝날 그날, 영원한 기쁨과 사랑만이 가득한 그날, 얼마나 좋을까? 그날은 정말로 좋을 거야. 너무나 행복할 거야. 그리고 영원할 거야.

○ 제58문: '영원한 생명'은 당신에게 어떤 위로를 주나요?
○ 답: 내가 이미 지금 영원한 즐거움을 마음으로 누리기 시작한 것처럼, 이 생명이 끝나면 눈으로 보지 못하고, 귀로도 듣지 못하고, 사람의 마음으로도 생각지 못한 완전한 행복을 얻어 하나님을 영원히 찬양할 거예요.

● 기도하기

하나님 아버지, 이 세상의 그 어떤 행복과도 비교할 수 없는 영생의 복을 얻었으니 늘 감사하고 기뻐하며 살게 해주세요. 예수님의 이름으로 기도드립니다. 아멘.

chapter 059

사도신경을 믿으면 무엇을 얻나요?

○ 찬송　287장(예수 앞에 나오면)

○ 암송 구절　로마서 5장 1절

그러므로 우리가 믿음으로 의롭다 하심을 얻었은즉 우리 주 예수 그리스도로 말미암아 하나님으로 더불어 화평을 누리자

어떻게 해야 의롭게 되어 영원한 생명을 얻을 수 있을까? 이 질문에 대답하기 전에 우리가 사도신경을 처음 시작할 때 공부했던 22과의 문답을 다시 한 번 복습해 보자.

22문: 그러면 그리스도인은 무엇을 믿어야 하나요?

답: 복음으로 우리에게 약속된 모든 것을 믿어야 해요. 이 복음은 보편적이고 의심할 여지 없는 우리의 기독교 신앙의 조항들인 사도신경이 요약하여 가르쳐줘요.

우리가 이미 배운 대로 성경 66권에 있는 복음을 믿어야만 의롭게 되어 영원한 생명을 얻을 수 있어. 그 복음은 사도신경에 요약되어 있기 때문에 사도신경의 12문장을 잘 이해하고 믿는 것은 너무나 중요해. 사도신경을 다 믿으면 의롭게 되고 영원한 생명을 얻는다는 것을 꼭 기억하도록 하자.

오늘부터는 의롭게 되는 것에 대해 배우게 될 거야.[14] 하나님 앞에서 의롭게 되는 것이 무엇인지 하나씩 배워 가면서 우리가 믿음으로 받은 은혜가 얼마나 크고 놀라운 것인지 살펴보도록 하자. 신약성경 로마서 3장 24절 말씀을 함께 읽어 보자.

"그리스도 예수 안에 있는 구속으로 말미암아 하나님의 은혜로 값없이 의롭다 하심을 얻은 자 되었느니라."

우리는 하나님의 은혜로 값없이 의롭다 하심을 얻었어. 이건 사도신경을 믿음으로 얻게 되는 엄청난 유익이야. 우리에게 사도신경을 주시고 믿음을 주시고, 그 믿음으로 우리를 의롭게 해주신 하나님의 은혜를 꼭 기억하자. 앞으로 하나님 앞에서 의롭게 되는 것이 무엇인지 잘 배워서 그 은혜를 더 깊이 깨닫고, 하나님께 더 깊은 감사를 드리도록 하자.

○ 제59문: 이 모든 것을 믿는 것이 당신에게 지금 어떤 유익을 주나요?
○ 답: 그리스도 안에서 나는 하나님 앞에서 의롭게 되며 영원한 생명의 상속자가 돼요.

● 기도하기

하나님 아버지, 이제 믿음으로 의롭게 된다는 것에 대해서 배울 거예요. 사도신경을 배운 것처럼 열심히 배워서 잘 이해하게 해주세요. 예수님의 이름으로 기도드립니다. 아멘.

---

14) 하이델베르크 요리문답 59문부터 64문까지는 '의롭다 하심'에 대한 내용입니다.

060

계속 죄를 짓는데도 의롭다고 할 수 있나요?

○ **찬송** 372장(그 누가 나의 괴롬 알며)
○ **암송 구절** 로마서 3장 22절
곧 예수 그리스도를 믿음으로 말미암아 모든 믿는 자에게 미치는 하나님의 의니 차별이 없느니라

어차피 내일 또다시 죄를 지을 텐데 오늘 회개할 필요가 있을까? 사도 바울도 그런 고민을 하며 끝까지 죄와 싸웠어. 신약성경 로마서 7장 23절 말씀을 함께 읽어 보자.

> **"내 지체 속에서 한 다른 법이 내 마음의 법과 싸워 내 지체 속에 있는 죄의 법 아래로
> 나를 사로잡아 오는 것을 보는도다."**

예수님을 믿어 구원받았지만 우리는 여전히 죄를 지을 때가 있어. 왜 그럴까? 우리가 아직 죄의 오염 가운데 있기 때문이야. 사도 바울은 로마서 7장 21절에서 이렇게 고백해. "그러므로 내가 한 법을 깨달았노니 곧 선을 행하기 원하는 나에게 악이 함께 있는 것이로다."

예수님이 우리 죄를 위해서 죽으셨는데, 왜 죄가 남아 있을까? 먼저, 죄는 두 가지로 말할 수 있어. 죄책과 오염이야. 죄책, 곧 죄의 책임은 죄 때문에 사형선고가 내려진 거야. 하나님께서는 예수님을 믿는 사람에게 사형선고를 무죄선고로 바꾸어주시고 의롭다고 해주셨어. 그렇게 죄책을 없애고 의롭다고 선언해주신 것을 칭의라고 해. 그러면, 오염은 어떻게 된 걸까? 무죄선고를 받았지만, 아직 우리에게는 죄의 성향이 남아 있어. 이것을 죄의 오염이라고 해. 하나님께서는 죄에 오염된 우리를 고치기 위

해 성령 하나님을 우리에게 보내주셨어. 성령 하나님께서는 우리에게 죄를 깨닫게 해주시고 죄를 미워하고 회개하는 마음을 주실 뿐만 아니라, 거룩하게 변화시켜 주셔. 이것을 성화라고 해.

예수님은 우리를 구원하기 위해 십자가에서 죽으셨고, 부활하셔서, 칭의와 성화라는 두 가지 선물을 주셨어. 칭의를 믿는 사람은 자기 마음대로 살지 않고 하나님의 말씀대로 살려고 한다는 것도 꼭 기억하도록 하자.

○ 제60문: 당신은 어떻게 하나님 앞에서 의롭다 함을 얻습니까?
○ 답: 오직 예수 그리스도에 대한 참된 믿음으로만 돼요. 비록 내가 하나님의 모든 계명을 크게 어겼고 그 어느 하나도 결코 온전하게 지키지 못했음에 대해서 나의 양심이 나에게 가책을 주고, 또한 지금도 나에게 모든 악으로 향하는 성향이 있을지라도 하나님께서는 나의 공로가 전혀 없이 순전한 은혜로 그리스도의 온전히 만족케 하심과 의로움과 거룩함을 선물로 주세요. 하나님께서는 마치 나에게 죄가 전혀 없는 것처럼, 내가 죄를 짓지 않은 것처럼, 또한 그리스도께서 나를 위해 이루신 모든 순종을 내가 직접 이룬 것처럼 여겨주세요. 내가 해야만 하는 것이라고는 이 하나님의 선물을 믿는 마음으로 받아들이는 것이에요.

● **기도하기**

하나님 아버지, 우리는 죄로 오염되어 날마다 죄를 짓는 죄인이에요. 그런 우리를 의롭다 칭해주시기 위해 예수님을 이 땅에 보내주셔서 감사드려요. 우리가 받은 칭의의 은혜를 더 깊이 깨닫고 늘 감사와 기쁨 가운데 살아가게 해주세요. 예수님의 이름으로 기도드립니다. 아멘.

061

내가 믿어서 의롭게 되는 거라고 할 수 없나요?

○ 찬송   410장(내 맘에 한 노래 있어)

○ 암송 구절   에베소서 2장 8절

너희가 그 은혜를 인하여 믿음으로 말미암아 구원을 얻었나니 이것이 너희에게서 난 것이 아니요 하나님의 선물이라

OO가 친구의 생일 선물을 정성껏 준비했다고 생각해 보자. 드디어 친구의 생일이 되어 친구에게 생일 선물을 주었어. 그런데 그 친구가 선물을 받으면서 이렇게 말하는 거야. "이 선물, 내가 받아주는 거야, 알았지?" 이건 말도 안 되는 이야기야. 그 누구도 선물을 받으면서 선물을 주는 사람에게 자신이 선물을 받아주었다고 강조하면서 내세울 수는 없어.

우리의 믿음도 마찬가지야. 하나님께서는 우리에게 칭의의 은혜를 선물로 주셨어. 신약성경 로마서 5장 15절 말씀을 함께 읽어 보자.

"그러나 이 은사는 그 범죄와 같지 아니하니 곧 한 사람의 범죄를 인하여 많은 사람이 죽었은즉 더욱 하나님의 은혜와 또는 한 사람 예수 그리스도의 은혜로 말미암은 선물 이 많은 사람에게 넘쳤으리라."

하나님께서는 사형선고를 받은 죄인들에게 하나님 앞에서 의롭다 함을 받을 수 있는 선물을 주셨어. 그 선물을 받는 게 바로 믿음이야. 예수님을 믿는다는 것은 하나님께서 우리를 위해 천지를 창조하시기 전부터 준비해 놓으신 선물을 받는 거야. 그 누구

도 하나님께 그 선물을 받으면서 "이 선물, 제가 받아주는 거예요"라고 할 수 없어. 다시 말해 "제가 믿어서 구원받은 거예요"라고 할 수 없다는 거야.

믿음은 결코 구원받기 위한 우리의 행위나 수단이 될 수 없어. 하나님 앞에서 의롭다 함을 얻을 수 있는 유일한 방법은 성부 하나님께서 계획하시고 성자 예수님께서 실행하신 구원의 선물을 받는 것뿐이야. 성령 하나님께서는 우리에게 믿음을 주셔서 그 선물을 받도록 적용해주셔. 우리가 예수님을 믿어 구원받아 칭의의 은혜를 누리는 것은 처음부터 끝까지 다 삼위 하나님의 공로야. 우리의 구원은, 칭의는, 믿음은, 절대로 우리의 공로가 될 수 없다는 것을 꼭 기억하도록 하자. 이것이 얼마나 큰 은혜인지 알면 알수록 하나님의 말씀대로 살려는 의지가 생기고, 시간이 지날수록 점점 더 거룩하게 변해 갈 거야.

○ 제61문: 당신은 왜 오직 믿음으로만 의롭게 된다고 말하나요?
○ 답: 나의 믿음에 어떤 가치가 있어서 하나님께서 나를 받으실 만한 것은 아니며, 오직 그리스도의 만족케 하심과 의로움과 거룩함만이 하나님 앞에서 나의 의가 돼요. 오직 믿음으로만 이 의를 받아들여 나의 것으로 삼을 수 있어요.

● 기도하기

하나님 아버지, 칭의의 은혜를 선물로 주셔서 감사드려요. 또한 우리가 그 선물을 받도록 믿음을 주셔서 감사드려요. 우리의 믿음이 우리에게서 나온 우리의 것이라고 착각하며 자랑하지 않게 해주세요. 예수님의 이름으로 기도드립니다. 아멘.

062

착한 일을 해서 의로워질 수는 없나요?

○ 찬송　545장(이 눈에 아무 증거 아니 뵈어도)

○ 암송 구절　로마서 3장 28절

그러므로 사람이 의롭다 하심을 얻는 것은 율법의 행위에 있지 않고 믿음으로 되는 줄 우리가 인정하노라

평생 동안 단 한 번도 나쁜 말이나 나쁜 생각을 안 한 사람이 있을까? 하나님께서 그런 사람을 찾으신다면 과연 있을까? 하나님께서 인정하시는 의로운 사람이 되려면 그런 사람이 되어야 해. 아무리 착한 일을 많이 했다 해도 단 한 번이라도 나쁜 말이나 나쁜 생각을 했다면 하나님 앞에서 의로운 사람이라고 할 수 없고 결국 심판을 받을 수밖에 없어. 하나님 앞에서 의롭다 함을 얻는 방법은 단 하나, 예수님을 믿는 것뿐이야. 사람의 구원은 자신의 행위가 아니라 믿음에 달려 있어. 착한 일을 많이 한 사람도, 착한 일을 적게 한 사람도, 하나님 앞에서는 모두 죄인일 뿐이야. 그러니 착한 일을 많이 한 죄인도, 착한 일을 적게 한 죄인도, 오직 예수님을 믿어야만 구원받을 수 있는 거야. 그러니 사람의 행위로 하나님 앞에서 의롭다 함을 얻어 구원을 받는 것은 불가능하다는 것을 꼭 기억하도록 하자.

　하나님께서 보시는 것은 우리의 선행이 아니라 믿음이야. 우리의 그 어떤 선행도 하나님 앞에서는 의가 될 수 없어. 우리가 구원받기 전에도, 구원받은 이후에도, 하나님 앞에 내세우고 자랑할 수 있는 완전한 의는 오직 예수님의 의뿐이야. 신약성경 고린도전서 1장 30절 말씀을 함께 읽어 보자.

"너희는 하나님께로부터 나서 그리스도 예수 안에 있고 예수는 하나님께로서 나와서 우리에게 지혜와 의로움과 거룩함과 구속함이 되셨으니."

 우리는 믿음으로 예수님과 연합되었어. 그건 부활하신 예수님의 의로움이 우리의 의로움이 되었다는 거야. 하나님께서는 우리를 의롭다고 칭해주시기 위해서 예수님을 이 땅에 보내주셨어. 예수님께서는 우리의 죄를 대신해서 죽으시고 부활하셔서 하나님 앞에 의롭다 함을 얻으셨고, 성령님께서는 우리에게 믿음을 주셔서 우리로 하여금 예수님의 의로움을 얻도록 해주셨어. 여기에 우리의 선행이 낄 자리는 없어. 우리는 오직 믿음으로만, 은혜로만, 하나님 앞에서 의롭다 함을 얻었어.

○ 제62문: 우리의 선행은 왜 하나님 앞에서 의가 될 수 없으며, 의의 한 부분이라도 될 수 없는 건가요?
○ 답: 왜냐하면 하나님의 심판대 앞에 설 수 있는 의는 절대적으로 완전해야만 하며, 모든 면에서 하나님의 율법에 일치해야만 하기 때문이에요. 그리고 우리가 이 세상에서 행한 최고의 행위라도 모두 불완전하며 죄로 오염되어 있기 때문이에요.

● 기도하기
하나님 아버지, 그 어떤 행위로도 하나님께 의롭다 함을 얻을 수 없다는 것을 알게 되었어요. 오직 예수님을 믿음으로 하나님께 의롭다 함을 얻는다는 걸 잊지 않고, 하나님 앞에 우리의 행위를 내세우거나 자랑하는 일이 없게 해주세요. 예수님의 이름으로 기도드립니다. 아멘.

063

천국에서 받을 상급은 우리의 공로라고
할 수 없나요?

○ 찬송   449장(예수 따라가며)

○ 암송 구절   히브리서 11장 6절

믿음이 없이는 기쁘시게 못하나니 하나님께 나아가는 자는 반드시 그가 계신 것과 또한 그가 자기를 찾는 자들에게 상 주시는 이심을 믿어야 할지니라

우리가 이 땅에서 하나님의 뜻대로 수고하고 애쓰며 살아간 것에 대해 하나님께서는 분명히 상으로 갚아주실 거야. 그걸 '상급'이라고도 해. 성경은 신자가 천국에서 받을 상급이 있다는 것은 분명히 알려주지만, 그 상급이 어떤 것인지는 자세히 알려주지 않아. 삼위일체나 부활 후의 영생처럼 성경이 구체적으로 알려주지 않는 부분에 대해서는 더 자세히 알 수 없으니 상급이 있다는 사실을 기억하는 것이 중요해. 하나님께서 삼위일체로 존재하시는 것처럼, 예수님께서 재림하시는 날에 우리가 부활한 육체로 영생을 누릴 것처럼, 천국에서 우리는 상급을 받게 될 거야.

그렇다면 우리가 받게 될 상급은 우리가 잘해서 받는, 우리의 공로라고 할 수 있을까? 이 세상에 사도 바울보다 선행의 열매를 많이 맺은 사람은 아마 없을 거야. 그 사도 바울의 고백을 한번 들어 보도록 하자. 신약성경 고린도전서 15장 10절 말씀을 함께 읽어 보자.

"그러나 나의 나 된 것은 하나님의 은혜로 된 것이니 내게 주신 그의 은혜가 헛되지 아니하여 내가 모든 사도보다 더 많이 수고하였으나 내가 아니요 오직 나와 함께하

신 하나님의 은혜로라."

사도 바울은 복음을 전하기 위해 수고하고 애쓰고 주리고 목마르며 굶주림과 헐벗음 속에 온갖 위험을 당했어. 그렇게 일평생 오직 주님만을 위해 헌신한 사도 바울은 자신의 모든 선행이 다 하나님의 은혜라고 고백했어. 그는 자신의 선행이 공로가 되거나 자랑거리가 될 수 없다는 것을 너무나 잘 알고 있었어. 우리가 선행을 하는 것, 죄를 미워하고 말씀대로 사는 것, 점점 더 거룩하게 변화되는 '성화'의 길을 힘차게 걸어가는 것을 비롯해서 천국에서 받을 상급까지도, 우리의 공로가 아니라 하나님의 은혜라는 것을 꼭 기억하자.

우리에게는 하나님 앞에서 자랑하며 내세울 수 있는 것이 하나도 없어. 하나님께서는 이 땅에서 우리의 선행에 대해 얼마든지 칭찬해주시고 보상해주시기도 해서. 또한 언젠가 천국에서 우리가 선한 싸움을 싸우고 달려갈 길을 마치고 믿음을 지킨 것에 대해서 칭찬해주시며 상급을 주실 거야. 이 모든 것이 다 하나님께서 우리에게 베풀어주시는 은혜이고 선물이라는 것을 잊지 말도록 하자.

○ 제63문: 이 세상에서, 또한 다음 세상에서 하나님께서는 우리의 선행에 대해서 상을 주시겠다고 약속하셨는데도 우리의 선행에 우리의 공로가 하나도 없다고 할 수 있나요?
○ 답: 하나님의 상은 공로로 얻는 것이 아니고 은혜로 주시는 선물이에요.

● 기도하기
하나님 아버지, 천국에서 받을 상급까지도 우리의 공로가 아니라 하나님의 은혜라는 것을 잊지 않고 꼭 기억하게 해주세요. 예수님의 이름으로 기도드립니다. 아멘.

chapter 064

칭의와 성화를 어떻게 이해해야 하나요?

○ 찬송   420장(너 성결키 위해)

○ 암송 구절   마태복음 7장 18절

좋은 나무가 나쁜 열매를 맺을 수 없고 못된 나무가 아름다운 열매를 맺을 수 없느니라

믿음으로 의롭게 되고 구원받은 사람이 나쁜 사람으로 살아갈 수 있을까? 칭의와 성화는 동전의 양면과 같아. 예수님을 믿어 하나님께 의롭다 칭함을 받는 '칭의'와 예수님을 믿어 거룩하게 변화되어 가는 '성화'는 항상 함께 가는 거야. 칭의를 믿는 사람은 자기 마음대로 살 수 없어. 그건 성령 하나님 때문이야. 우리는 하나님 앞에서 의롭다 함을 얻었지만 죄의 오염으로 인해 죄를 짓는 성향을 가지고 있어. 그래서 이 땅을 살아가며 죄를 짓기도 해. 하지만 성령 하나님께서는 우리에게 그 죄를 깨닫게 하시고 우리가 회개하며 거룩하게 살아갈 수 있도록 도와주셔. 이처럼 성령 하나님께서는 우리에게 믿음을 주셔서 칭의로 이끌어주실 뿐만 아니라 성화되도록 끝까지 인도해주셔.

 칭의를 강조하다가 성화를 놓치면 큰 문제가 생길 수 있어. 신약성경 로마서 3장 8절 말씀을 함께 읽어 보자.

"또는 그러면 선을 이루기 위하여 악을 행하자 하지 않겠느냐 (어떤 이들이 이렇게 비방하여 우리가 이런 말을 한다고 하니) 저희가 정죄 받는 것이 옳으니라."

 믿음으로 의롭게 되었으니 죄를 지어도 상관없다는 착각에 빠지지 않기 위해서는 칭의와 성화를 잘 이해하고 있어야 해. 그러니 칭의와 성화를 다시 한 번 정리해 보

도록 하자.

먼저 우리는 죄인으로 태어나 죄책, 즉 죄에 대한 책임을 가지고 사형선고를 받았어. 그런데 예수님께서 그 사형선고를 대신 받으셔서 우리가 져야 할 죄에 대한 책임이 사라진 거야. 이게 바로 우리가 받은 칭의의 은혜야.

그런데 칭의의 은혜를 받은 사람이라도 죄의 오염 때문에 여전히 죄를 짓는 성향을 가지고 있어. 그러기에 우리는 어제 회개한 죄를 오늘 또 반복하기도 하고, 한동안 끊었던 죄를 다시 짓기도 해. 여기에서 우리는 칭의의 은혜가 성화의 은혜로 이어진다는 것을 기억해야 해. 칭의는 성화와 짝을 이루기 때문에 칭의의 길에 들어선 사람은 성화의 길에도 들어서는 거야.

예수님을 믿어 하나님께 의롭다 칭함을 받은 사람이 날마다 죄를 회개하고, 치열하게 죄와 싸우며, 거룩하게 살려고 몸부림치는 것은 지극히 당연한 거야. 그건 우리가 구원받았다는 확실한 증거야. 그러니 자신의 성화를 바라보며 자신의 칭의를 확신하도록 하자. 우리는 그 확신 가운데 시간이 지나면 지날수록 점점 더 거룩해지는 자신을 발견하게 될 거야.

○ 제64문: 이러한 가르침 때문에 사람들이 선한 일에 무관심하고 사악하게 되지 않을까요?
○ 답: 아니에요. 참된 믿음으로 그리스도께 접붙임 받은 사람들이 감사의 열매를 맺지 않는 것은 불가능해요.

● 기도하기

하나님 아버지, 칭의와 성화를 잘 이해해서 신앙적인 고민이나 오해에 빠지지 않고, 늘 칭의와 성화의 은혜에 감사하며 살게 해주세요. 예수님의 이름으로 기도드립니다. 아멘.

chapter 065

믿음은 자신의 선택이 아닌가요?

○ 찬송 184장(불길 같은 주 성령)
○ 암송 구절 고린도전서 2장 12절
우리가 세상의 영을 받지 아니하고 오직 하나님께로 온 영을 받았으니 이는 우리로 하여금 하나님
께서 우리에게 은혜로 주신 것들을 알게 하려 하심이라

OO도, 아빠(엄마)도, 다 예수님을 믿어. 그렇다면 우리는 어떻게 예수님을 믿을 수 있
는 걸까? 우리 각자의 선택으로 예수님을 믿을 수도 있고 믿지 않을 수도 있는데, 다행
히 모두가 예수님을 믿기로 선택했기 때문에 이렇게 예수님을 믿고 있는 걸까? 그렇
지 않아. 믿음은 우리가 스스로 만들어 내는 게 아니라, 성령님께서 주시는 거야. 그
러니 믿음은 성령님으로부터 온다고 해야 해.
  믿음이 성령님으로부터 온다는 것을 잘 이해하기 위해서는 성령님께서 우리의 구원
을 적용해주신다는 것을 기억해야 해. 사도신경 중에서 성령을 믿는다는 것이 무엇인
지 배울 때, 세 가지를 암기해야 한다고 한 것을 다시 복습해 보자.[15]

첫째, 성부 하나님은 구원을 '계획'하십니다.
둘째, 성자 예수님은 구원을 '실행'하십니다.
셋째, 성령 하나님은 구원을 '적용'하십니다.

  믿음이 성령님으로부터 온다는 것은 성령님께서 구원을 적용해주신다는 거야. 우리
가 복음을 들었을 때, 성령님께서 우리에게 믿는 마음을 주셨기 때문에 우리가 믿을

수 있는 거야. 우리가 이렇게 예수님을 믿는다고 자신 있게 말할 수 있는 것은 우리의 선택이나 의지가 아니라 성령님 때문이야.

성령님께서 구원을 적용해주신다는 것은 성령님께서 우리에게 주신 믿음을 흔들리지 않고 굳세게 해주시는 것까지 포함해. 그렇게 우리의 믿음이 굳세어지도록 성령님께서는 '성례'라고 하는 '세례'와 '성찬'을 사용하셔.

앞으로 '말씀', '성례'에 대해서 하나씩 살펴보면서, 우리에게 믿음을 주시고 그 믿음을 굳세게 하시는 성령님의 은혜를 함께 나누어 보도록 하자.

○ 제65문: 오직 믿음으로만 우리가 그리스도와 그분께서 주신 모든 좋은 것들에 함께하게 된다면, 그 믿음은 어디로부터 오는 건가요?
○ 답: 성령님으로부터 오는 거예요. 성령님께서는 거룩한 복음의 선포를 통해서 우리 마음속에 믿음이 생기게 해주세요. 그리고 성례를 함으로써 그 믿음을 굳세게 해주세요.

〜〜

● 기도하기

하나님 아버지, 앞으로 말씀과 성례에 대해서 배우게 돼요. 우리에게 믿음을 주시고, 그 믿음을 견고하게 해주시는 성령님의 은혜를 깨달아 잘 알게 해주세요. 예수님의 이름으로 기도드립니다. 아멘.

---

15) "53과 '성령을 믿사오며'라는 말이 무슨 뜻이에요?"에서 다룬 내용입니다.

066

성례가 무엇인가요?

○ 찬송   200장(달고 오묘한 그 말씀)

○ 암송 구절   에베소서 1장 13절

그 안에서 너희도 진리의 말씀 곧 너희의 구원의 복음을 듣고 그 안에서 또한 믿어 약속의 성령으로 인치심을 받았으니

우리가 죄와 싸워 이기고 거룩해지기 위해서는 교회에 소속되는 것이 중요해. 교회에 가서 말씀을 읽고 배우고, 성례(세례와 성찬)를 행하고, 기도하는 것은 우리의 성화를 위해 꼭 필요한 요소들이야. 말씀과 성례, 그리고 기도, 이 세 가지는 하나님께서 우리에게 은혜를 베푸시는 방법들이라는 것을 꼭 기억하도록 하자.

  이 세 가지 중에서 성례를 먼저 살펴보도록 하자.[16] 성례는 말씀과 밀접한 관련이 있어. 성례는 말씀, 곧 눈에 보이지 않는 영적 사실을 눈에 보이게끔 표시하고 도장을 찍는, 확실한 증표야. 그래서 성례, 곧 세례와 성찬을 '눈에 보이는 말씀'이라고도 해. 신약성경 로마서 6장 3절 말씀을 함께 읽어 보자.

  "무릇 그리스도 예수와 합하여 세례를 받은 우리는 그의 죽으심과 합하여 세례받은 줄을 알지 못하느뇨."

이어서 신약성경 고린도전서 10장 16절 말씀도 함께 읽어 보자.

  "우리가 축복하는 바 축복의 잔은 그리스도의 피에 참여함이 아니며 우리가 떼는 떡

은 그리스도의 몸에 참여함이 아니냐."

이처럼 우리는 세례와 성찬을 통해 우리가 예수님과 한 몸이 되었다는 것을 직접 경험할 수 있어. 이를 위해서 하나님께서는 구약 시대의 할례와 유월절이라는 두 가지 의식을 신약 시대의 세례와 성찬으로 바꿔서 우리에게 지키라고 명령하셨어.

성례는 하나님께서 우리에게 은혜를 베푸시는 방법이라는 것을 잊지 말자. 동시에 일평생 성례를 귀히 여기며 잘 지켜 행하도록 하자.

○ 제66문: 성례가 무엇인가요?
○ 답: 성례는 하나님께서 친히 제정하신 것으로서 우리 눈으로 볼 수 있도록 하신 거룩한 표시와 도장(인)이에요. 성례를 함으로써 하나님께서는 복음의 약속을 우리에게 훨씬 더 분명하게 선언하시고 확증해주세요. 그 약속은, 곧 십자가에서 이루신 그리스도의 단 한 번의 제사 때문에 하나님께서 우리에게 죄 사함과 영원한 생명을 은혜로 주신다는 것이에요.

● 기도하기

하나님 아버지, 하나님께서 은혜를 베푸시는 방법들 중에 성례가 있다는 것을 알게 되었어요.
성례를 잘 이해하고, 잘 지켜 행하게 해주세요. 예수님의 이름으로 기도드립니다. 아멘.

---

16) 하이델베르크 요리문답 116-129문에서 '기도에 관하여'라는 주제를 가지고 주기도문의 내용을 다룹니다.

chapter **067**

성례에는 어떻게 참여해야 하나요?

○ 찬송　39장(주 은혜를 받으려)
○ 암송 구절　히브리서 10장 10절
이 뜻을 좇아 예수 그리스도의 몸을 단번에 드리심으로 말미암아 우리가 거룩함을 얻었노라

앞으로 교회에서 성례에 참여할 때 기억해야 할 게 하나 있어. 그건 믿음으로 참여해야 한다는 거야. 성례에 형식적으로 참여하면 아무런 유익이 없어. 성례는 나이가 되어서, 또는 교회에 오래 다녀서 참여하는 게 아니라 신앙적인 유익을 얻기 위해서 참여하는 거야. 성례가 하나님께서 은혜를 베푸시는 방법이라고 해서 성례에 참여하면 무조건 은혜를 받는다고 생각해선 안 돼. 믿음을 가지고 참여하지 않는 사람에게 성례는 아무런 의미가 없어.

성례에 믿음으로 참여하기 위해서는 말씀과 성례가 예수 그리스도의 복음을 향하고 있다는 것을 기억하는 게 중요해. 성령님께서는 말씀으로 복음을 선포하며 가르치시고, 성례로 그 복음을 확증하셔. 이처럼 성령님께서 말씀을 통해 믿음을 주시고, 성례를 통해 그 믿음을 견고케 하신다는 것을 분명히 알고 성례에 참여해야 해. 우리는 성례를 통해 우리를 위해 십자가에 못 박혀 죽으신 예수님의 사랑을 경험할 수 있어. 세례를 받으면서 예수님과 연합하여 함께 죽고 함께 부활했다는 감격을 맛볼 수 있고, 성찬에 참여해 떡과 잔을 먹으면서 우리를 위해 몸을 찢으시고 피를 흘리신 예수님을 기억할 수 있어. 이처럼 성례는 예수님의 십자가를 향하고 있으며, 말씀으로 예수님의 십자가 복음을 믿는 우리의 믿음을 더욱 굳세게 하는 거야. 이걸 모른 채 아무런 생각 없이 형식적으로 성례에 참여해선 안 돼.

한 가지 더 기억해야 할 것은, 믿음으로 성례에 참여하면 신앙적인 성숙을 이룰 수 있다는 거야. 신약성경 에베소서 4장 30절 말씀을 함께 읽어 보자.

> **"하나님의 성령을 근심하게 하지 말라 그 안에서 너희가 구속의 날까지 인치심을 받았느니라."**

성례, 즉 세례와 성찬은 우리의 성화에 꼭 필요하기 때문에 하나님께서 제정하신 거야. 우리가 하나님의 명령에 순종해 세례와 성찬을 잘 지켜 행한다면, 죄를 더 싫어하고, 말씀대로 더 살고 싶어지고, 이전보다 더 거룩한 삶을 살고 싶어질 거야. 우리가 그렇게 성화의 길을 더 힘차게 걸어갈 때 성령님께서 얼마나 기뻐하실지 생각해 봐. 반대로 우리가 성례를 소중히 여기지 않고 형식적으로 참여한다면 어떻게 될까? 성령님께서 근심하실 거야. 그러니 하나님께서 은혜를 베푸시는 방법인 성례를 소중하게 여기고 잘 지켜 행함으로써 성령님을 근심하게 하지 말자.

○ 제67문: 그러면 말씀과 성례, 이 둘은 우리의 믿음을 우리의 구원의 유일한 근거가 되는 것, 곧 예수 그리스도의 십자가의 제사로 향하도록 하기 위한 것인가요?
○ 답: 예, 정말로 그래요. 우리의 모든 구원이 그리스도께서 우리를 위해 십자가 위에서 이루신 단 한 번의 제사에 있다는 것을 성령님께서는 복음으로 가르치시고 성례로 확증하세요.

● 기도하기
하나님 아버지, 성례에 참여할 때 믿음으로 참여하게 해주세요. 그래서 성례가 주는 유익을 풍성하게 누리며 신앙생활 하게 해주세요. 예수님의 이름으로 기도드립니다. 아멘.

chapter **068**

성례는 세례와 성찬, 이렇게 두 가지뿐인가요?

○ 찬송 232장(유월절 때가 이르러)

○ 암송 구절 고린도전서 11장 26절

너희가 이 떡을 먹으며 이 잔을 마실 때마다 주의 죽으심을 오실 때까지 전하는 것이니라

예수님께서 신약에서 제정하신 성례는 두 가지, 세례와 성찬이야. 예수님께서 세례를 제정하신 것은 신약성경 마태복음 28장 19절 말씀에 나와. 그 말씀을 함께 읽어 보자.

> "그러므로 너희는 가서 모든 족속으로 제자를 삼아 아버지와 아들과 성령의 이름으로 세례를 주고."

그리고 예수님께서 성찬을 제정하신 것은 신약성경 고린도전서 11장 23-25절 말씀에 나와. 그 말씀도 함께 읽어 보자.

> "내가 너희에게 전한 것은 주께 받은 것이니 곧 주 예수께서 잡히시던 밤에 떡을 가지사 축사하시고 떼어 가라사대 이것은 너희를 위하는 내 몸이니 이것을 행하여 나를 기념하라 하시고 식후에 또한 이와 같이 잔을 가지시고 가라사대 이 잔은 내 피로 세운 새 언약이니 이것을 행하여 마실 때마다 나를 기념하라 하셨으니."

이처럼 예수님께서는 우리에게 세례와 성찬, 두 가지의 성례를 지켜 행하라고 명령하셨어. 그러니 우리는 이 두 가지의 성례만 지켜 행하면 되는 거야.

가톨릭은 세례와 성찬을 제외하고 다섯 가지 성례를 추가해서 일곱 가지 성례(세례성사, 견진성사, 성체성사, 고해성사, 병자성사, 성품성사, 혼인성사)를 가지고 있어. 하지만 성경은 세례와 성찬, 이렇게 두 가지 성례만을 명하고 있기에 일곱 가지 성례를 지켜 행하는 가톨릭의 성례는 성경적이지 않아.

예수님께서 제정하신 세례와 성찬은 구약 시대에 시작되었어. 구약 시대의 할례와 유월절은 신약 시대의 세례와 성찬으로 이어져. 우리가 세례를 받는 것은 예수님의 죽으심으로 우리의 옛 사람이 죽고 우리가 새 사람이 되었다는 예식인데, 구약의 할례에도 피와 죽음으로 하나님의 백성이 된다는 의미가 있어. 또한 성찬은 예수님의 죽으심을 기념하는 예식인데, 이건 구약의 유월절과 관련이 있어. 유월절에는 어린 양의 피를 통해서 사람의 죄를 대속했는데, 예수님께서 친히 어린 양이 되셔서 우리를 대신해 피를 흘리신 거야. 이처럼 구약성경에서 이미 이야기한 세례와 성찬은 예수님의 피로 세워진 귀한 예식이야. 이제 세례와 성찬이 소중한 예식임을 알았으니, 이 성례에 믿음으로 참여해 잘 지켜 행하도록 하자.

○ **제68문: 그리스도께서 신약에서 제정하신 성례는 몇 가지인가요?**
○ **답:** 거룩한 세례와 성찬, 두 가지뿐이에요.

● **기도하기**

하나님 아버지, 예수님께서 지켜 행하라고 말씀하신 세례와 성찬, 이 두 가지 성례를 소중히 여기며, 잘 지켜 행하게 해주세요. 예수님의 이름으로 기도드립니다. 아멘.

069

세례가 무엇인가요?

○ 찬송   270장(변찮는 주님의 사랑과)
○ 암송 구절   사도행전 22장 16절
이제는 왜 주저하느뇨 일어나 주의 이름을 불러 세례를 받고 너의 죄를 씻으라 하더라

물은 사람에게 꼭 필요해. 살기 위해 물을 마셔야 하고, 더러워진 몸을 깨끗하게 씻기 위해서도 물이 필요해. 성경에서 물은 생명을 의미하기도 하지만, 가장 중요한 의미는 깨끗하게 한다는 의미야. 그건 물이 세례와 연관이 있기 때문이야.

세례는 물로 행하는 성례야. 세례는 물로 더러움을 씻어 내는 것처럼 우리의 죄가 깨끗하게 용서받았다는 뜻이야. 몸이 더러워졌을 때 물로 씻으면 몸이 깨끗해지지만, 시간이 지나면 다시 더러워져. 그래서 물로 반복해서 씻어야 해. 이와 달리 세례는 한 번만 받으면 돼. 단 한 번의 세례로 우리의 모든 죄가 깨끗하게 씻기는 거야. 신약성경 베드로전서 3장 18절 말씀을 함께 읽어 보자.

"그리스도께서도 한 번 죄를 위하여 죽으사 의인으로서 불의한 자를 대신하셨으니 이는 우리를 하나님 앞으로 인도하려 하심이라 육체로는 죽임을 당하시고 영으로는 살리심을 받으셨으니."

예수님께서는 우리의 죄를 대신해서 한 번 죽으셨어. 그 한 번의 죽으심으로 우리는 모든 죄를 용서받고 하나님 앞에서 의롭다는 칭함을 받은 거야. 예수님께서는 우리가 이것을 잊지 않고 분명히 기억하도록 눈에 보이는 의식인 세례를 제정하셨어.

세례를 받으면서 자신의 모든 죄가 씻겼다는 것을 확신하는 것은 우리가 꼭 누려야 할 하나님의 은혜야. 우리는 예수님의 피와 성령으로 모든 죄를 용서받았어. 더러운 것들이 물로 깨끗하게 씻기듯이 예수님의 피와 성령으로 우리의 더러운 죄가 깨끗하게 씻긴 거야. 예수님께서는 우리가 이것을 확신할 수 있도록 세례를 제정하셨어. 하나님께서는 우리가 세례를 통해 영적 유익을 얻을 수 있도록 구약 시대에 이미 할례를 명하셨어. 우리의 구원을 계획하신 하나님께서 세례도 계획하신 거야. 그 구원 계획을 실행하신 예수님께서는 세례를 제정하셨고, 우리는 세례를 받으면서 우리에게 구원을 적용해주시는 성령님의 도우심으로 우리의 구원을 확신할 수 있어. 이 모든 것이 다 우리의 영적 유익을 위한 삼위 하나님의 은혜라는 것을 꼭 기억하도록 하자. 또한 앞으로 교회에서 세례식이 있을 때, 세례를 받는 사람들이 이것을 기억하고 확신하게 해달라고 기도하면서 세례식에 참여하도록 하자.

○ 제69문: 그리스도께서 십자가 위에서 이루신 단번의 제사가 당신에게 유익이 된다는 것을 거룩한 세례에서 어떻게 깨닫고 확신하나요?

○ 답: 그리스도께서는 물로 씻는 이 외적인 예식을 제정하시면서 그분의 피와 성령님으로 나의 영혼의 더러운 것, 곧 나의 모든 죄가 씻긴다고 약속하셨어요. 이것은 물로 씻어 몸의 더러운 것을 없애는 것처럼 확실해요.

● 기도하기

하나님 아버지, 우리의 더러운 죄가 깨끗하게 씻겼다는 것을 확신할 수 있도록 세례를 제정해주셔서 감사드려요. 예수님의 이름으로 기도드립니다. 아멘.

chapter 070

그리스도의 피와 성령님으로 씻긴다는 건 무슨 뜻이에요?

○ 찬송   259장(예수 십자가에 흘린 피로써)

○ 암송 구절   사도행전 2장 38절

베드로가 가로되 너희가 회개하여 각각 예수 그리스도의 이름으로 세례를 받고 죄 사함을 얻으라

그리하면 성령을 선물로 받으리니

세례는 죄를 씻는 예식이라고 했잖아. 그럼 세례를 받으면 그다음부터는 죄를 전혀 짓지 않고 살게 될까? 아니면, 앞으로 마음껏 죄를 지으며 살아도 될까? 세례를 받아 죄가 씻긴 사람도 살면서 또 죄를 짓게 돼. 하지만 마음껏 죄를 지으며 살지 않아. 이 걸 이해하기 위해서는 물로 씻는 예식인 '세례'에 '예수님의 피와 성령님으로 씻는다' 는 의미가 있다는 걸 알아야 해. 그렇다면 예수님의 피와 성령님으로 죄가 씻긴다는 것은 무엇을 의미할까?

예수님의 피로 씻기는 것은 칭의를 의미하고, 성령님으로 씻기는 것은 성화를 의미해. 우리가 앞에서 배운 대로 칭의와 성화는 동전의 양면과 같아.[17] 그래서 칭의와 성화는 어느 하나만 떼어서 말할 수 없어. 예수님을 믿어 하나님께 의롭다 칭함을 받는 '칭의'와 예수님을 믿어 거룩하게 변화되어가는 '성화'는 항상 함께 가는 거야. 그러니 세례를 이해할 때 예수님의 피로 씻기는 '칭의'와 성령님으로 씻기는 '성화'를 동시에 생각하는 게 중요해.

먼저 예수님의 피로 씻긴다는 것은 예수님께서 피 흘려 죽으셨다는 것을 의미해. 예수님께서는 우리가 받아야 할 사형선고를 받으시고 우리를 대신해 죽으셨어. 그렇게

예수님께서 피 흘려 죽으심으로 우리의 더러운 죄가 깨끗하게 씻겼고, 우리는 하나님 앞에서 의롭다 칭함을 받을 수 있게 된 거야.

이어서 성령님으로 씻긴다는 것은 성령님께서 칭의의 은혜를 받은 우리를 성화의 은혜로 인도해주신다는 의미야. 우리가 져야 할 죄에 대한 책임은 예수님의 피로 씻 겨서 사라졌어. 하지만 우리는 죄의 오염 때문에 여전히 죄를 짓는 성향을 가지고 있 어. 성령님께서는 그런 우리를 불쌍히 여기시며 끝까지 도우시고 인도해주셔. 성령님 때문에 우리는 날마다 회개하며 죄와 싸우고, 시간이 지날수록 죄를 더 싫어하고, 하 나님의 말씀대로 살고자 노력하게 돼. 성령님으로 씻기는 것은 이와 같이 성령님의 은 혜로 날마다 새로워지고 점점 더 거룩하게 변화되는 가는 성화를 의미해.

앞으로 세례를 받거나 세례식에 참여할 때 오늘 배운 내용을 꼭 기억하도록 하자.

○ **제70문: 그리스도의 피와 성령님으로 씻긴다는 것은 무슨 뜻인가요?**
○ **답:** 그리스도의 피로 씻긴다는 것은 십자가의 제사에서 우리를 위해 흘린 그리스 도의 피로 말미암아 은혜로 우리가 하나님께 죄를 용서받았다는 것을 뜻해요. 또한 성령님으로 씻긴다는 것은 우리가 성령님으로 새롭게 되고 그리스도의 지체로 거룩 하게 되어, 점점 더 죄에 대하여 죽고 거룩하고 흠이 없는 삶을 사는 것을 의미해요.

● **기도하기**

하나님 아버지, 예수님의 피로 씻기는 것은 칭의와 연결되고, 성령님으로 씻기는 것은 성화로 연결된다는 것을 잘 기억하게 해주세요. 예수님의 이름으로 기도드립니다. 아멘.

---

17) 64과 "칭의와 성화를 어떻게 이해해야 하나요?"에서 다룬 내용입니다.

chapter **071** ～～～～～～～～～～

세례로 우리의 죄가 씻기는 것을
어떻게 알 수 있나요?

○ 찬송   250장(구주의 십자가 보혈로)

○ 암송 구절   마가복음 16장 16절

믿고 세례를 받는 사람은 구원을 얻을 것이요 믿지 않는 사람은 정죄를 받으리라

～～～～～～～～～～～～～～～～～～～～～

세례를 받으면 정말로 우리의 죄가 씻기는 걸까? 더러운 몸을 물로 씻으면 몸이 깨끗해진 게 눈에 보여. 그런데 세례를 받아 더러운 죄가 씻기는 것은 눈에 보이지 않아. 세례로 죄가 씻기는 것은 눈에 보이지 않기 때문에 '믿어야' 하는 거야. 신약성경 사도행전 22장 16절 말씀을 함께 읽어 보자.

> "이제는 왜 주저하느뇨 일어나 주의 이름을 불러 세례를 받고 너의 죄를 씻으라 하더라."

이 말씀을 통해 우리는 세례로 우리의 죄가 씻긴다는 것을 믿을 수 있어. 우리가 믿음으로 세례를 받았다면, 우리의 더러운 죄가 깨끗하게 씻겼다는 것을 확실히 믿어야 해.

세례로 우리의 죄가 씻겼다는 것은 하나님께서 우리가 받아야 할 사형선고에 대해서 무죄를 선언하셨다는 걸 의미해. 예수님께서 십자가에 달려 피 흘려 죽으심으로 우리가 받아야 할 사형선고를 대신 받으셨기 때문에 하나님께서는 우리에게 무죄를 선언하셨어. 우리가 이 무죄 선언을 분명히 알고 확신할 수 있도록 하나님께서 우리

에게 세례를 주신 거야.

우리는 세례를 받았다는 것을 기억하면서 우리의 죄가 씻겼다는 것을 기억해야 해. 우리가 죄가 씻겼다는 것은 우리가 앞으로 어떤 죄도 짓지 않게 된다는 의미가 아니야. 하나님께 무죄선고를 받았다는 것은 하나님 앞에서 의롭다 칭함을 받았다는, 칭의의 은혜야. 칭의의 은혜는 반드시 성화의 은혜로 이어진다는 것 기억하지? 세례로 자신의 죄 씻음을 확신하는 사람은 성령님께서 주시는 힘과 의지로 앞으로 죄를 짓지 않으려고 노력하고, 하나님의 말씀대로 거룩하게 살려고 최선을 다하게 돼. 우리가 이러한 유익을 누리도록 하나님께서는 성경을 통해 세례로 우리의 죄가 씻긴다는 것을 우리에게 분명하게 알려주셨어.

○ 제71문: 세례의 물로 씻는 것처럼 확실히, 그리스도께서 자신의 피와 성령님으로 우리를 씻기신다는 약속을 어디에서 하셨나요?

○ 답: 세례를 제정하실 때, 가서 모든 족속으로 제자를 삼아 아버지와 아들과 성령의 이름으로 세례를 주라고 말씀하셨어요. 또한 믿고 세례를 받는 사람은 구원을 얻지만 믿지 않는 사람은 정죄를 받을 거라고 말씀하셨어요. 이 약속은 성경이 세례를 '중생의 씻음', 또는 '죄의 씻음'이라고 부른 데서도 반복해서 나타나요.

● 기도하기

하나님 아버지, 세례로 우리의 죄가 씻긴다는 것을 믿어요. 우리가 이것을 확신할 수 있도록 세례를 주시고, 성경을 통해 이 사실을 우리에게 알려주셔서 감사드려요. 예수님의 이름으로 기도드립니다. 아멘.

chapter 072

세례를 받으면 무조건 죄 씻음을 받는 건가요?

○ **찬송** 261장(이 세상의 모든 죄를)

○ **암송 구절** 고린도전서 6장 11절

너희 중에 이와 같은 자들이 있더니 주 예수 그리스도의 이름과 우리 하나님의 성령 안에서 씻음과 거룩함과 의롭다 하심을 얻었느니라

세례를 받으면 무조건 구원받는 걸까? 남자들은 어른이 되면 나라를 지키기 위해서 군대에 가. 군대에 가서 첫 훈련을 받는 동안 군대 교회에서는 예수님을 믿는다는 군인 아저씨들에게 세례를 줘. 그런데 안타깝게도 군대에서 세례를 받은 군인 아저씨들이 다 예수님을 잘 믿고 교회에 계속 다니는 게 아니야. 어떤 군인 아저씨들은 초코파이를 몇 개 더 먹기 위해서 세례를 받기도 해. 그리고 세례를 받고 난 다음 주일에 불교나 천주교에서 초코파이를 더 많이 준다고 하면 불교나 천주교 종교행사에 참석하는 군인 아저씨들도 있어. 이것만 봐도 세례를 받으면 무조건 구원받는 게 아니라는 것을 알 수 있겠지?

　세례를 받는다고 자동적으로 구원받는 게 아니야. 구원받기 위해서 중요한 건 세례의 물이 아니라 예수님의 피야. 우리를 죄로부터 깨끗하게 하는 것은 세례의 물이 아니라 예수님의 피라는 것을 꼭 기억하도록 하자. 신약성경 요한일서 1장 7절 말씀을 함께 읽어 보자.

> **"저가 빛 가운데 계신 것같이 우리도 빛 가운데 행하면 우리가 서로 사귐이 있고 그 아들 예수의 피가 우리를 모든 죄에서 깨끗하게 하실 것이요."**

우리의 모든 죄는 물로 씻을 수 없어. 심하게 얼룩진 우리의 죄를 흰 눈처럼 깨끗하게 할 수 있는 것은 오직 예수님의 피뿐이야. 우리의 죄를 대신해서 십자가에서 죽으신 예수님을 믿어 그분과 연합되는 것만이 죄 씻음을 받을 수 있는 유일한 길이야. 예수님을 믿어 죄 씻음을 받은 사람은 세례를 통해 자신이 물로 씻기는 것처럼 죄 씻음을 받았다는 확신을 갖게 돼. 이처럼 세례는 우리에게 신앙적인 유익을 주는 것이지, 그 예식 자체가 우리의 죄를 씻기는 것은 아니야.

우리가 참된 믿음으로 세례에 참여할 때, 우리 안에서 성령님께서 일하시며 우리에게 죄 씻음의 확신을 주시고 우리의 믿음을 더욱 굳세게 해주셔. 그러니 참된 믿음이 없이 물로 세례를 받는 것만으로는 아무런 유익을 얻을 수 없어. 참된 믿음 없이, 단지 형식적으로 세례를 받는 것만으로는 절대로 죄를 씻을 수 없어. 그렇기 때문에 세례를 받으면 무조건 구원받는다고 생각하는 건 잘못된 거야.

○ **제72문: 세례의 물로 씻음 자체가 죄 씻음이 되는 건가요?**

○ **답:** 아니에요. 오직 예수 그리스도의 피와 성령님만이 우리를 모든 죄에서 깨끗하게 하는 거예요.

● **기도하기**

하나님 아버지, 세례를 받으면 무조건 구원받는다고 오해하지 않게 해주세요. 또한 세례를 귀히 여기며, 참된 믿음으로 참여하게 해주세요. 예수님의 이름으로 기도드립니다. 아멘.

chapter 073

우리는 세례를 통해서 무엇을 얻나요?

○ 찬송　257장(마음에 가득한 의심을 깨치고)

○ 암송 구절　요한일서 3장 5절

그가 우리 죄를 없이 하려고 나타내신 바 된 것을 너희가 아나니 그에게는 죄가 없느니라

우리가 새끼손가락을 걸고 약속을 할 때 마지막에 엄지손가락으로 꾹 도장을 찍지? 세례는 하나님께서 우리에게 약속을 하시면서 찍어주신 도장과 같아. 세례는 우리의 죄가 씻겨서 하나님 앞에서 의롭다 칭함을 받았다는 확실한 약속의 표시야. 하나님께서는 우리의 모든 죄가 없어졌기 때문에, 우리가 다시 하나님 앞에서 죄 때문에 고발당하는 일이 없을 것이라고 세례를 통해 도장을 찍으며 약속해주셨어.

　우리는 하나님의 약속을 굳게 믿으며, 어떤 상황에도 우리가 받은 칭의의 은혜를 기억해야 돼. 우리는 죄로 오염되었기 때문에 세례를 받은 다음에도 죄를 짓고 스스로 실망할 때가 있어. 더욱이 세례를 받으면 이전에는 별로 죄라고 생각하지 않았던 작은 죄에도 마음이 아프고 속상할 수 있어. '구원을 못 받으면 어떡하지?', '이러다 지옥에 가면 어떡하지?'라는 생각이 들 때마다 세례받은 것을 기억하는 게 중요해. 하나님께서는 우리가 칭의의 은혜를 기억하며 구원의 확신을 갖도록 세례라는 약속의 표시를 주셨어.

　세례는 칭의에 대한 약속인 동시에 성화에 대한 약속이기도 해. 신약성경 사도행전 3장 19절 말씀을 우리말성경으로 함께 읽어 보자.

**　"그러므로 너희가 회개하고 돌이켜 너희 죄 없이 함을 받으라 이같이 하면 유쾌하게**

되는 날이 주 앞으로부터 이를 것이요."

우리가 이 땅에서 짓는 죄들에 대해 하나님께 회개하며 용서를 구할 때, 하나님께서는 즉시 용서해주셔. 세례는 하나님께서 꼭 그렇게 해주시겠다는 약속의 표시야. 그 약속을 믿으며 일평생 한 번 세례를 받은 사람은 일평생 회개하며 용서를 받는 은혜를 받은 거야.

○ **제73문: 그렇다면 왜 성령님께서는 세례를 '중생의 씻음'과 '죄를 씻음'이라고 하셨나요?**
○ **답:** 하나님께서 그렇게 말씀하신 데에는 중요한 이유가 있어요. 그것은 우리에게 몸의 더러움이 물로 씻기듯이 우리의 죄도 그리스도의 피와 성령님으로 인해 없어진다는 것을 가르쳐주시기 위해서예요. 또한 우리의 죄가 영적으로 씻기는 것이 우리의 몸이 물로 씻기는 것처럼 매우 실제적이라는 것을 이러한 신적 약속과 표시로써 우리에게 확신시켜주시기 위해서예요.

⏤⏤⏤⏤⏤⏤⏤⏤⏤⏤⏤⏤⏤⏤⏤⏤⏤⏤⏤⏤

● **기도하기**
하나님 아버지, 우리가 칭의와 성화를 확신할 수 있도록 약속의 표시인 세례를 주셔서 감사드려요. 일평생 세례받은 것을 기억하면서, 세례가 주는 유익을 풍성하게 누리며 살게 해주세요. 예수님의 이름으로 기도드립니다. 아멘.

chapter **074** 〰〰〰〰〰〰〰〰〰〰〰〰

어린아이들도 세례를 받아야 하나요?

○ **찬송** 565장(예수께로 가면)

○ **암송 구절** 마태복음 19장 14절

예수께서 가라사대 어린아이들을 용납하고 내게 오는 것을 금하지 말라 천국이 이런 자의 것이니라 하시고

〰〰〰〰〰〰〰〰〰〰〰〰〰〰〰〰〰〰〰〰〰〰

태어난 지 얼마 안 된 어린아이가 세례를 받을 수 있을까? 예수님을 믿는 사람이 세례를 받으려면 세례문답 공부도 미리 해야 하고, 세례받을 때 세례를 주는 목사님이 몇 가지 질문을 하면 "네"라고 대답도 하며 자신의 믿음을 말로 고백해야 해. 그런데 어린아이는 세례문답 공부는커녕 말도 잘 못하잖아. 그렇다면 어린아이가 세례를 받는 건 어렵지 않을까?

하지만 교회에서 주는 세례 중에는 어린아이가 받는 유아세례라는 게 있어. 유아세례는 아직 어려서 말도 잘 못하는 어린아이가 받는 세례야. 유아세례는 아이 자신의 신앙고백이 아니라 부모님의 신앙고백으로 받게 돼. 예수님을 믿는 부모는 아이를 낳으면 그 아기가 자라서 스스로 자신의 믿음을 고백할 때까지 믿음 안에서 잘 양육하겠다는 다짐과 고백을 하며 아이에게 유아세례를 받게 해. 유아세례를 받는 아이는 자신의 믿음을 말로 고백할 수 없지만, 교회는 아이의 부모가 하는 다짐과 고백을 곧 아이의 고백으로 받아 신앙고백의 표시로 인정하는 거야.

유아세례는 이 땅에 태어난 아이가 구원받은 하나님의 자녀라는 약속의 표시야. 구약성경 창세기 17장 10절 말씀을 함께 읽어 보자.

"너희 중 남자는 다 할례를 받으라 이것이 나와 너희와 너희 후손 사이에 지킬 내 언약이니라."

구약 시대에는 할례가 태어날 때부터 하나님의 백성이라는 약속의 표시였어. 그 약속의 표시가 신약 시대에 와서는 세례가 되었어. 부모는 자신의 아이가 유아세례를 받은 것을 기억할 때, 그 아이가 하나님의 자녀라는 것을 확신할 수 있어. 또한 그 아이가 성장할 때까지 말씀과 기도로 잘 양육하겠다고 다짐하고 진짜로 그렇게 하는 거야. 이렇게 유아세례를 받은 아이는 부모를 통해서 세례가 주는 유익을 얻게 되는 거야. 그러니 이 땅에 한 아이가 태어나 유아세례를 받는 것은 너무나 큰 복이라고 할 수 있어.

○ **제74문: 유아들도 세례를 받아야 하나요?**

○ **답:** 그래야 해요. 그것은 유아들도 어른들과 마찬가지로 하나님의 언약과 교회에 속하였고, 또한 어른 못지않게 유아들에게도 그리스도의 피에 의한 속죄와 믿음을 일으키시는 성령님이 약속되어 있기 때문이에요. 그러므로 유아들도 약속의 표시인 세례를 통하여 그리스도의 교회에 연합되고 불신자의 자녀와 구별되어야 해요. 이런 일이 구약에서는 할례를 통해 이루어졌으나 신약에서는 그 대신 세례가 제정되었어요.

● **기도하기**

하나님 아버지, 유아세례를 통해 하나님께서 베풀어주신 은혜를 기억하며, 유아세례를 소중히 여기게 해주세요. 예수님의 이름으로 기도드립니다. 아멘.

chapter **075**

성찬은 예수님의 죽으심과 어떤 상관이 있나요?

○ 찬송　229장(아무 흠도 없고)
○ 암송 구절　마태복음 26장 26절
저희가 먹을 때에 예수께서 떡을 가지사 축복하시고 떼어 제자들을 주시며 가라사대 받아 먹으라
이것이 내 몸이니라 하시고

OO가 아기였을 때 아빠(엄마)가 찍어준 사진이나 동영상이 있어. 그걸 보면 아빠(엄마)가 OO를 얼마나 많이 사랑했는지 알 수 있을 거야. 특히 나중에 어른이 되고 나서 그 사진이나 동영상을 보면 아빠(엄마)의 사랑을 생생하게 기억할 수 있을 거야. 그렇다면 예수님의 사랑은 어떻게 해야 잘 기억할 수 있을까?

예수님께서는 우리가 예수님의 사랑을 기억할 수 있도록 성찬식이라는 예식을 만드셨어. 성찬식을 할 때는 떡(빵)을 먹고 포도주를 마셔. 예수님께서는 십자가에 못 박혀 죽으시기 전날 밤에 제자들과 식사를 하셨어. 그때 제자들에게 떡(빵)을 나눠주시면서 그 떡(빵)이 예수님 자신의 몸이라고 말씀하셨어. 이어서 제자들에게 잔(포도주)을 나눠주셨고, 그 잔(포도주)이 예수님 자신의 피라고 말씀하셨어. 신약성경 마태복음 26장 27-28절 말씀을 함께 읽어 보자.

> **"또 잔을 가지사 사례하시고 저희에게 주시며 가라사대 너희가 다 이것을 마시라 이것은 죄 사함을 얻게 하려고 많은 사람을 위하여 흘리는 바 나의 피 곧 언약의 피니라."**

예수님께서는 우리가 죄 사함을 얻도록 우리 대신 피 흘려 죽으셨어. 성찬식은 우리에게 이 사실을 기억하게 해줘. 떡(빵)은 우리 대신에 찢기신 예수님의 몸을 의미하고, 잔(포도주)은 우리 대신에 흘리신 예수님의 피를 의미해. 우리는 성찬식을 통해 떡(빵)을 먹으면서 예수님의 몸을 기억할 수 있고, 잔(포도주)을 마시면서 예수님의 피를 기억할 수 있어. 이게 바로 하나님께서 성찬을 통해 우리에게 베풀어주시는 은혜야.

○ 제75문: 그리스도께서 십자가에 위에서 이루신 단번의 제사와 그의 모든 좋은 것들에 당신이 참여한다는 것을 성찬을 통해서 어떻게 깨닫고 확신하나요?

○ 답: 그리스도께서는 나와 모든 성도에게 그를 기념하여 이 뗀 떡을 먹고 이 잔을 마시라고 명령하시고 또한 이렇게 약속하셨어요. 첫째, 주님의 떡이 나를 위해 떼어지고 잔이 나에게 분배되는 것을 내 눈으로 보는 것처럼 확실히, 그의 몸은 나를 위해 십자가에서 드려지고 찢기셨으며 그의 피도 나를 위해 쏟으셨어요. 둘째, 떡과 잔은 그리스도의 몸과 피를 나타내는 분명한 표시로서 나에게 주어지는 거예요. 내가 성찬을 거행하는 목사님의 손에서 그 떡과 잔을 받아 내 입으로 맛보는 것처럼 확실히, 주님께서는 십자가에 달리신 그의 몸과 흘리신 피로써 나의 영혼을 영생에 이르도록 친히 먹이시고 마시우실 것입니다.

● 기도하기

하나님 아버지, 우리가 예수님의 죽으심을 확실히 기억하도록 성찬을 주셔서 감사드려요. 성찬을 통해 일평생 예수님의 큰 사랑을 잊지 않게 해주세요. 예수님의 이름으로 기도드립니다. 아멘.

chapter 076

그리스도의 몸을 먹고 피를 마신다는 건 무슨 뜻이에요?

○ 찬송 324장(예수 나를 오라 하네)
○ 암송 구절 요한복음 6장 56절

내 살을 먹고 내 피를 마시는 자는 내 안에 거하고 나도 그 안에 거하나니

장난감 로봇 중에 변신 합체 로봇이 있어. 서로 다르게 생긴 로봇들이 한 몸의 일부분으로 변신해. 어떤 로봇은 팔로, 어떤 로봇은 다리로, 또 어떤 로봇은 몸통으로 변신해서 합체하면 하나의 큰 로봇이 돼. 그렇다면 변신 합체 로봇은 하나의 로봇일까, 아니면 여러 개의 로봇들일까? 변신 합체 로봇은 합체하면 하나의 로봇이 되지만 다시 분리해서 변신하면 여러 개의 로봇들이 되기 때문에 완전한 하나의 로봇이라고 할 수 없어.

우리가 예수님과 연합되었다는 것은 변신 합체 로봇과 비슷하지만 많이 달라. 예수님과 연합되었다는 것은 예수님과 완전히 하나가 되었다는 것을 의미해. 우리는 변신 합체 로봇처럼 예수님과 하나가 되었다가 다시 분리될 수 없어. 예수님을 믿는 사람은 예수님과 완전히, 그리고 영원히 하나가 되는 거야. 신약성경 요한일서 4장 13절 말씀을 함께 읽어 보자.

"그의 성령을 우리에게 주시므로 우리가 그 안에 거하고 그가 우리 안에 거하시는 줄을 아느니라."

우리가 예수님 안에 거하고 예수님께서 우리 안에 거하신다는 것은 우리와 예수님이 완전히 한 몸이 되었다는 것을 의미해. 예수님께서는 우리가 이것을 확실하게 기억하도록 성찬을 제정해주셨어. 우리가 성찬에 참여해 예수님의 몸인 떡(빵)을 먹고 예수님의 피인 잔(포도주)을 마시는 것은 우리의 몸이 예수님과 연합하여 하나가 되었다는 것을 의미해. 그러니 성찬에 참여할 때 우리는 예수님과 한 몸이 되었다는 것을 믿음으로 참여해야 해. 그때 우리의 믿음은 성찬을 통해 더욱 확실해질 거야.

○ **제76문: 십자가에 못 박히신 그리스도의 몸을 먹고, 또한 그리스도가 흘리신 피를 마신다는 것은 무엇을 뜻하나요?**

○ **답:** 그것은 믿는 마음으로 그리스도의 고난과 죽음을 받아들여서 죄 사함과 영원한 생명을 얻는 것을 뜻해요. 그뿐만 아니라, 그리스도와 우리 안에 거하시는 성령님을 통해 우리가 그리스도의 영광스러운 몸에 더욱더 연합되는 것을 의미해요. 비록 그리스도께서는 하늘에 계시고 우리는 땅 위에 있지만, 우리는 그리스도의 살 중의 살이요, 뼈 중의 뼈예요. 그래서 마치 한 영혼에 의해 우리 몸의 모든 지체가 살고 다스림을 받듯이, 또한 한 성령님에 의해 우리가 영원히 살고 다스림을 받아요.

● **기도하기**

하나님 아버지, 우리가 예수님과 연합해 예수님과 한 몸이 되었다는 것을 확실히 기억할 수 있도록 성찬을 주셔서 감사드려요. 예수님의 이름으로 기도드립니다. 아멘.

077

예수님께서는 언제 성찬을 제정하셨나요?

○ 찬송   154장(생명의 주여 면류관)
○ 암송 구절   고린도전서 11장 25절
식후에 또한 이와 같이 잔을 가지시고 가라사대 이 잔은 내 피로 세운 새 언약이니 이것을 행하여
마실 때마다 나를 기념하라 하셨으니

예수님께서는 제자들과 3년을 함께 계셨어. 그리고 십자가에서 죽으시기 전날 밤에
성찬을 제정하셨어. 예수님께서는 제자들과 자주 식사를 하셨는데, 왜 성찬을 미리 제
정하지 않으시고 제자들과 마지막 식사를 하시면서 제정하셨을까? 그건 예수님께서
성찬을 제정하시면서 하신 말씀을 보면 알 수 있어. 신약성경 고린도전서 11장 23-24
절 말씀을 함께 읽어 보자.

> "내가 너희에게 전한 것은 주께 받은 것이니 곧 주 예수께서 잡히시던 밤에 떡을 가
> 지사 축사하시고 떼어 가라사대 이것은 너희를 위하는 내 몸이니 이것을 행하여 나
> 를 기념하라 하시고."

예수님께서 제자들에게 떡과 잔을 주시면서 "나를 기념하라" 말씀하신 것은 예수님
의 죽으심을 기억하라는 말씀이야. 예수님께서 성찬을 제정하신 그날 밤에 예수님은
로마 군인들에게 잡히셨고, 다음 날 십자가에 못 박혀 죽으셨어. 그러니 성찬은 예수
님의 죽으심과 곧바로 이어져. 예수님께서는 우리가 성찬에 참여해 떡(빵)과 잔(포도
주)을 받을 때, 예수님의 죽으심을 생생하게 기억할 수 있도록 죽으시기 전날 밤 성찬

을 제정하신 거야.

이제 우리가 할 일은 성찬에 참여할 때마다 예수님의 죽으심을 깊이 생각하는 거야. 성찬을 통해 우리를 위해 죽으신 예수님을 항상 기억하고 기념하도록 하자. 그렇게 성찬에 참여할 때 우리는 예수님의 구원에 더욱 감사하며 살게 될 거야.

○ **제77문: 신자들이 이 뗀 떡을 먹고 이 잔을 마시는 것처럼 확실히, 그리스도께서 그들을 그의 몸과 피로 먹이시고 마시우시겠다는 약속을 어디에서 하셨나요?**

○ **답:** 성찬을 제정하실 때 이렇게 말씀하셨어요. "내가 너희에게 전한 것은 주께 받은 것이니 곧 주 예수께서 잡히시던 밤에 떡을 가지사 축사하시고 떼어 가라사대 이것은 너희를 위하는 내 몸이니 이것을 행하여 나를 기념하라 하시고 식후에 또한 이와 같이 잔을 가지시고 가라사대 이 잔은 내 피로 세운 새 언약이니 이것을 행하여 마실 때마다 나를 기념하라 하셨으니 너희가 이 떡을 먹으며 이 잔을 마실 때마다 주의 죽으심을 오실 때까지 전하는 것이니라"(고전 11:23-26). "우리가 축복하는 바 축복의 잔은 그리스도의 피에 참예함이 아니며 우리가 떼는 떡은 그리스도의 몸에 참예함이 아니냐 떡이 하나요 많은 우리가 한 몸이니 이는 우리가 다 한 떡에 참예함이라"(고전 10:16-17).

● **기도하기**

하나님 아버지, 성찬에 참여할 때마다 예수님의 죽으심을 생생하게 기억하게 해주세요. 또한 예수님의 죽으심으로 우리가 받은 구원의 은혜를 깊이 생각하며 감사가 넘쳐나게 해주세요. 예수님의 이름으로 기도드립니다. 아멘.

078

떡과 포도주가 예수님의 몸과 피로 변하는 건가요?

○ 찬송   228장(오 나의 주님 친히 뵈오니)

○ 암송 구절   고린도전서 11장 26절

너희가 이 떡을 먹으며 이 잔을 마실 때마다 주의 죽으심을 오실 때까지 전하는 것이니라

성찬식에서 먹고 마시는 떡과 잔은 눈으로 보면 분명히 떡과 포도주인데, 왜 예수님의 몸과 피라고 하는 걸까? 성찬식을 할 때의 떡과 잔은 겉으로 보기에만 떡과 포도주일 뿐이고 실제로는 예수님의 몸과 피로 변하는 걸까? 아니면 먹고 마시는 떡과 포도주가 우리 뱃속에 들어갈 때 예수님의 몸과 피로 변하는 걸까?

성찬의 떡과 잔은 실제로 예수님의 몸과 피로 변하는 게 아니야. 하지만 예수님께서는 성찬을 제정하시면서 떡과 잔이 자신의 몸과 피라고 말씀하셨어. 사도 바울도 떡을 먹고 포도주를 마시는 것이 곧 예수님의 몸과 피에 참여하는 것이라고 했어. 신약 성경 고린도전서 10장 16절 말씀을 함께 읽어 보자.

> **"우리가 축복하는 바 축복의 잔은 그리스도의 피에 참여함이 아니며 우리가 떼는 떡은 그리스도의 몸에 참여함이 아니냐."**

성경은 성찬식의 떡과 잔이 예수님의 몸과 피라고 분명히 말하는데, 이것은 눈에 보이지 않는 영적인 것으로 이해해야 해. 떡(빵)과 포도주는 분명히 떡(빵)과 포도주일 뿐이지만 믿음으로 성찬식에 참여하는 거야. 그렇게 믿음을 가지고 떡(빵)과 포도주

를 먹고 마실 때, 실제로 예수님과 연합하여 한 몸이 되는 은혜를 경험하게 돼. 이것은 눈에 보이지 않지만 성찬식 가운데 실제로 일어나는 영적인 일이야.

옛날에 성찬에서 떡과 잔을 오해하는 일이 있었어. 떡과 잔을 예수님의 진짜 몸과 피로 생각하는 사람들이 있었거든. 그러면 떡과 잔을 우상처럼 여기게 돼. 어떤 경우에는 떡과 잔이 단지 예수님의 죽으심을 생각나게 하는 도구일 뿐이라고 생각하기도 했어. 그렇게 생각하면 성찬식을 너무 가볍게 여기게 돼. 이런 경우들은 모두 성찬의 떡과 잔을 잘못 생각한 거야. 성찬식은 믿음으로 참여하는 것이 중요해. 믿음으로 떡과 잔을 받을 때, 예수님의 몸과 피에 연합되어 한 몸이 되는 은혜를 누리게 된다는 것을 꼭 기억하자.

○ 제78문: 그렇다면 떡과 포도주는 그리스도의 실질적인 몸과 피로 변하나요?

○ 답: 아니에요. 세례의 물이 그리스도의 피로 변하는 것도 아니고 세례의 물 자체가 죄를 씻어주는 것도 아니며, 단지 죄 씻음에 대한 하나님이 주신 표시와 확증인 것처럼, 성찬의 거룩한 떡도 그리스도의 실제 몸으로 변하는 것이 아니에요. 거룩한 떡을 그리스도의 몸이라고 하는 것은 성례의 본질을 나타내는 성례적인 용어예요.

● **기도하기**

하나님 아버지, 우리가 성찬의 떡과 잔에 대한 바른 이해를 가져서 성찬을 우상처럼 여기거나 가볍게 여기지 않게 해주세요. 또한 성찬에 참여할 때마다 예수님의 몸과 피에 연합되어 한 몸이 되는 은혜를 누리게 해주세요. 예수님의 이름으로 기도드립니다. 아멘.

chapter 079

예수님의 몸과 피에 참여하면 무엇을 얻나요?

○ 찬송   90장(주 예수 내가 알기 전)

○ 암송 구절   요한복음 6장 53절

예수께서 이르시되 내가 진실로 진실로 너희에게 이르노니 인자의 살을 먹지 아니하고 인자의 피를 마시지 아니하면 너희 속에 생명이 없느니라

성찬식에 참여하는 것은 예수님의 고난에 함께 참여하는 거야. 떡과 잔을 먹고 마시는 것은 예수님의 몸과 피를 먹고 마시면서 예수님과 한 몸이 되었다는 것을 의미해. 우리가 예수님과 한 몸이 되었다면, 예수님께서 받으신 고난도 우리가 받은 고난이 되는 거야. 우리는 믿음으로 예수님과 연합해 한 몸이 되었어. 그렇기 때문에 예수님의 고난과 죽음을 바라보며, 그 고난이 나의 고난이고 그 죽음이 나의 죽음이라는 것을 꼭 기억해야 해.

 떡과 잔을 먹고 마시며 예수님과 한 몸이 되었다는 것은 너무나 큰 은혜야. 하나님께서는 우리가 성경을 통해 알게 된 그 은혜를 생생하게 누리도록 성찬식을 주셨어. 우리가 떡과 잔을 눈으로 보고, 손으로 만지고, 입으로 먹으면서 정말로 예수님과 한 몸이 되었다는 사실을 분명히 믿고 기억하게 해주시는 거야. 신약성경 고린도전서 10장 17절 말씀을 함께 읽어 보자.

"떡이 하나요 많은 우리가 한 몸이니 이는 우리가 다 한 떡에 참여함이라."

 앞으로 성찬식에 참여할 때마다 떡과 잔을 먹고 마심으로 예수님의 몸과 피에 참여

한다는 것이 얼마나 큰 은혜인지 깊이 생각하도록 하자. 그리고 일평생 그 은혜에 늘 감사하며 살아가도록 하자.

○ **제79문: 그렇다면 왜 그리스도는 떡을 자신의 몸이라고 말씀하셨나요? 또한 그 잔을 자신의 피, 또는 자신의 피로 세우는 새 언약이라고 말씀하셨나요? 그리고 왜 사도 바울은 떡을 먹고 잔을 마시는 것을 예수 그리스도의 몸과 피에 참여하는 것이라고 말하나요?**

○ **답:** 그리스도께서 그렇게 말씀하신 데에는 중요한 이유가 있어요. 마치 떡과 포도주가 육신의 생명을 유지시키듯이, 십자가에 달리신 그분의 몸과 흘리신 피가 우리 영혼을 영생으로 이끄는 참된 양식과 음료라는 사실을 가르치려 하셨어요. 더 나아가 그리스도께서는 눈으로 볼 수 있는 이러한 표시와 보증으로써 우리에게 다음의 내용을 확신시키려 하셨어요. 첫째, 우리가 그리스도를 기념하면서 이 거룩한 표시들을 육신의 입으로 받아먹는 것처럼 실제로, 성령님의 역사에 의해 우리가 그의 참된 몸과 피에 참여하는 거예요. 둘째, 그리스도의 모든 고난과 순종이 확실하게 우리의 것이 되어, 마치 우리 자신이 직접 모든 고난을 당하고 우리의 죗값을 하나님께 치른 것과 같이 되는 거예요.

● **기도하기**

하나님 아버지, 성찬식에 참여하는 것이 예수님의 고난에 참여하는 것이라는 것을 알게 되었어요. 앞으로 성찬식에 참여할 때마다 이 사실을 더 깊이 생각하게 해주세요. 예수님의 이름으로 기도드립니다. 아멘.

chapter 080

성찬과 미사는 어떻게 다른가요?

○ 찬송 146장(저 멀리 푸른 언덕에)
○ 암송 구절 히브리서 7장 27절
저가 저 대제사장들이 먼저 자기 죄를 위하고 다음에 백성의 죄를 위하여 날마다 제사드리는 것과
같이 할 필요가 없으니 이는 저가 단번에 자기를 드려 이루셨음이라

'미사'라는 단어는 라틴어인데, '이테 미사 에스트'라는 말에서 왔어. 이 말은 해석하면 '끝났습니다. 돌아가십시오.'라는 뜻인데 원래 법정에서 재판이 끝났으니 돌아가라고 할 때 쓰던 말이야. 이 말이 시간이 지나면서 교회에서도 사용됐어. 교회에서 예배가 끝나고 성찬을 행할 때, 성찬에 참여하지 못하는 사람들에게 뒤로 가거나 예배당 밖으로 나가라고 하면서 이 말을 한 거야. 그러다가 이 말에 포함된 '미사'라는 단어가 성찬식을 의미하는 단어가 되었고, 천주교는 지금까지 예배를 성찬식(성체성사) 중심의 미사로 드리고 있어.

천주교의 미사는 성찬식(성체성사)을 희생제사로 여기면서 예배를 제사의 방식으로 드려. 그래서 지금 드리는 미사를 희생제사로 여기며, 그것을 약 2,000년 전의 예수님의 십자가 사건보다 더 중요하게 여겨. 게다가 희생제사에 드려지는 떡과 잔을 예수님의 진짜 몸과 피라고 하면서 나에게 구원을 가져다준다고 할 뿐만 아니라 떡과 잔을 경배하기까지 하니 천주교의 미사는 교회의 성찬식과는 완전히 달라.

교회의 성찬식은 천주교의 미사와 달리 약 2,000년 전에 예수님께서 드리신 단 한 번의 제사로 구원받는다는 것을 강조해. 신약성경 히브리서 9장 26절 말씀을 함께 읽어 보자.

"그리하면 그가 세상을 창조할 때부터 자주 고난을 받았어야 할 것이로되 이제 자기를 단번에 제사로 드려 죄를 없게 하시려고 세상 끝에 나타나셨느니라."

예수님께서 자기를 단번에 제사로 드리셨다는 것은 우리를 구원하시기 위해 십자가에서 단 한 번 죽으셨다는 거야. 성찬식은 이것을 기억하게 하고, 미사는 이것을 잊게 해.

○ 제80문: 기독교의 성찬과 천주교의 미사는 어떻게 다른가요?
○ 답: 성찬은 첫째로, 예수 그리스도께서 친히 십자가 위에서 드리신 단 한 번의 제사로 말미암아 우리의 모든 죄가 완전히 용서받았음을 확증해요. 둘째로, 성령님으로 말미암아 우리는 그리스도에게 연합되었으며, 그분의 참된 몸은 하늘에 있고 하나님 우편에서 우리의 경배를 받으심을 확증해요. 그러나 미사는 첫째로, 그리스도께서 산 자들이나 죽은 자들을 위해서 사제들에 의해 날마다 희생제물로 드려지지 않으면, 그리스도의 고난을 통해서는 죄를 용서받지 못한다고 가르쳐요. 둘째로, 그리스도께서는 떡과 포도주의 형체 속에서 몸으로 존재하시기 때문에 떡과 포도주 속에서 경배를 받아야 한다고 가르쳐요. 그러므로 미사라는 것은 근본적으로 예수 그리스도께서 단번에 드리신 제사와 고난을 부인하는 것이며, 저주받을 우상숭배예요.

● 기도하기
하나님 아버지, 성찬식을 바르게 이해하게 해주세요. 그래서 천주교의 미사처럼 성찬식을 오해하거나 잘못 사용하지 않게 해주세요. 예수님의 이름으로 기도드립니다. 아멘.

chapter 081

누가 성찬에 참여할 수 있나요?

○ 찬송　224장(정한 물로 우리 죄를)
○ 암송 구절　고린도전서 11장 28절
사람이 자기를 살피고 그 후에야 이 떡을 먹고 이 잔을 마실지니

성찬식에는 어떤 사람이 참여할 수 있을까? 신데렐라 이야기에 보면, 왕궁 무도회가 나와. 여기에는 아무나 참석을 못 해. 멋지게 옷을 입고, 예의를 갖추어야 해. 성찬에 참여하는 것도 마찬가지야. 성찬에 참여하기 위해서는 그리스도로 옷 입은 사람이어야 해. 그리스도로 옷 입지 않은 사람은 성찬에 참여할 수 없어. 그렇다면 그리스도로 옷 입었다는 것은 어떤 의미일까?

　첫째로, 예수님과 연합했다는 의미야. 신약성경 갈라디아서 3장 27절 말씀을 함께 읽어 보자.

　"누구든지 그리스도와 합하여 세례를 받은 자는 그리스도로 옷 입었느니라."

　참된 믿음으로 예수님과 연합한 사람만이 성찬에 참여할 수 있어. 그래서 성찬식에는 세례를 받은 세례교인만 참여할 수 있어. 자신이 죄인임을 고백하며, 오직 예수님만이 나를 죄에서 구원하셨다는 사실을 믿어 예수님과 연합된 사람만이 성찬에 참여할 수 있어.

　둘째로, 거룩하게 살아가려고 한다는 의미야. 로마서 13장 14절 말씀을 함께 읽어 보자.

"오직 주 예수 그리스도로 옷 입고 정욕을 위하여 육신의 일을 도모하지 말라."

예수님과 연합한 사람은 날마다 회개하며, 하나님의 뜻대로 거룩하게 살아가려고 애쓰고 노력해. 그리스도로 옷 입은 사람은 예수님과 연합하고 예수님의 말씀대로 살려고 노력하는 사람이야. 그런 사람만이 성찬에 참여할 수 있어. 그러니 앞으로 성찬에 참여할 때마다 내가 그리스도로 옷 입고 있는지 꼭 살펴보고 성찬에 참여하도록 하자.

○ **제81문: 누가 성찬에 참여할 수 있나요?**
○ **답:** 자신의 죄 때문에 자신에 대해 참으로 슬퍼하지만 그리스도의 고난과 죽음으로 말미암아 하나님께서 자신의 모든 죄를 용서해주셨고, 또한 자신에게 남아 있는 연약함까지도 다 덮어주셨다는 것을 믿는 사람들이에요. 그리고 자신의 믿음이 더욱 굳세어져 보다 더 거룩한 삶을 살기를 간절히 원하는 사람들이 참여할 거예요. 그러나 회개하지 않는 사람과 외식하는 사람이 성찬에 참여하는 것은 자신이 받을 하나님의 심판을 스스로 먹고 마시는 것이에요.

● **기도하기**
하나님 아버지, 항상 그리스도로 옷 입고 있는 사람이 되어서 언제나 성찬에 참여할 수 있는, 그런 참 신자가 되게 해주세요. 예수님의 이름으로 기도드립니다. 아멘.

082

어떤 사람이 성찬에서 제외되나요?

○ 찬송   227장(주 앞에 성찬 받기 위하여)

○ 암송 구절   고린도전서 11장 27절

그러므로 누구든지 주의 떡이나 잔을 합당치 않게 먹고 마시는 자는 주의 몸과 피를 범하는 죄가 있느니라

축구 경기에서 어떤 선수가 반칙을 하면 심판이 빨간색 카드를 꺼내 들 때가 있어. 그걸 레드카드라고 부르는데, 레드카드를 받은 선수는 즉각 퇴장을 당할 뿐만 아니라 다음에 열리는 경기에도 출전하지 못해. 그렇게 하는 건 반칙을 한 선수가 잘못을 뉘우치고 다음에는 잘못을 하지 말라는 뜻이야.

성찬식도 축구의 레드카드와 비슷한 게 있어. 세례를 받은 사람도 성찬에 참여하지 못하게 하는 경우가 있어. 죄를 반복해서 지으면서 회개하지 않고 말씀에 순종하기를 거부하는 사람에게 교회는 성찬식에 참여하지 말라고 해. 그런 상태로 성찬식에 참여하는 건 매우 위험한 일이기 때문이야. 신약성경 고린도전서 11장 29절 말씀을 함께 읽어 보자.

"주의 몸을 분변치 못하고 먹고 마시는 자는 자기의 죄를 먹고 마시는 것이니라."

성찬식에 참여할 자격이 안 되는 사람이 떡과 잔을 먹고 마시면, 하나님의 심판을 먹고 마시는 셈이 돼. 만일 그런 사람들이 성찬에 참여하게 되면 그들에게는 하나님의 진노가 임하게 돼. 그러므로 교회가 어떤 사람을 성찬에서 제외시키는 건 그 사람을

보호하는 동시에, 그 사람에게 회개하고 다시 회복할 기회를 주는 거야.

앞으로 성찬에 참여할 때마다 스스로를 살펴보며 철저히 점검하도록 하자. 마음에 회개하지 않은 죄가 있으면 미리 회개하고, 꼭 준비된 마음으로 성찬에 참여해서 성찬을 통해 베풀어주시는 하나님의 은혜를 풍성히 누리도록 하자.

○ **제82문: 자신의 고백과 생활에서 믿지 않음과 경건치 않음을 드러내는 자에게도 이 성찬이 허용되나요?**

○ **답:** 아니에요. 그렇게 되면 하나님의 언약이 더럽혀져서 하나님의 진노가 모든 회중에게 내릴 거예요. 그러므로 그리스도와 그의 사도들의 명령에 따라, 그리스도의 교회는 천국의 열쇠를 사용하여 그러한 자들이 생활을 돌이킬 때까지 성찬에서 제외시킬 의무가 있어요.

● 기도하기

하나님 아버지, 제가 성찬에서 제외되는 안타까운 일이 일어나지 않게 해주세요. 또한 성찬식에 참여할 때마다 미리 기도하고 자신을 살피는 것을 잊지 않게 해주세요. 예수님의 이름으로 기도드립니다. 아멘.

chapter **083**

천국의 열쇠는 무엇인가요?

○ 찬송   22장(만유의 주 앞에)
○ 암송 구절   마태복음 16장 19절
내가 천국 열쇠를 네게 주리니 네가 땅에서 무엇이든지 매면 하늘에서도 매일 것이요 네가 땅에서
무엇이든지 풀면 하늘에서도 풀리리라 하시고

잠긴 문을 열 때 무엇이 필요할까? 열쇠가 필요해. 성경에는 천국의 문이 있다고 이야기해. 천국 문을 열고 닫으실 수 있는 분은 누구실까? 신약성경 요한계시록 3장 7절 말씀을 함께 읽어 보자.

> **"빌라델비아 교회의 사자에게 편지하기를 거룩하고 진실하사 다윗의 열쇠를 가지신**
> **이 곧 열면 닫을 사람이 없고 닫으면 열 사람이 없는 그이가 가라사대."**

천국의 열쇠를 가지고 계신 분은 바로 예수님이셔. 예수님께서는 천국의 왕이기 때문에 자신이 원하는 자들에게는 천국 문을 열어주시고, 자신이 원하지 않는 자들은 천국에 못 들어오게 천국 문을 닫으셔.

그런데 예수님께서는 그 천국 열쇠를 교회에 주셨어. 예수님께서는 예수님의 제자인 베드로에게 천국 열쇠를 주셨는데 그건 베드로 한 명에게만 열쇠를 주셨다는 뜻이 아니야. 베드로는 열두 사도와 모든 교회를 대표하는 사람이기 때문에 베드로에게 천국 열쇠를 주셨어. 이것은 모든 교회에 천국 열쇠를 주셨다는 뜻이야. 예수님께서는 교회의 머리이고 교회는 예수님의 몸이기 때문에, 교회는 예수님의 뜻을 받들어 천국

열쇠로 천국 문의 자물쇠를 매기도 하고 풀기도 하는 거야.

교회가 예수님께 받은 천국 열쇠는 두 개야. 첫 번째 열쇠는 거룩한 복음의 설교이고, 두 번째 열쇠는 회개로 이끄는 권징이야. 교회는 설교와 권징으로 천국 문을 열기도 하고 닫기도 해. 앞으로 설교와 권징, 이 두 가지 천국 열쇠를 하나씩 살펴보도록 할 거야. 잘 배워서 교회의 설교와 권징이 얼마나 중요한지 꼭 기억하도록 하자.

○ **제83문: 천국의 열쇠는 무엇인가요?**
○ **답:** 거룩한 복음의 설교와 교회의 권징인데, 이 두 가지를 통하여 믿는 자에게는 천국이 열리고, 믿지 않는 자에게는 닫혀요.

● 기도하기

하나님 아버지, 예수님께서 설교와 권징, 이렇게 두 개의 천국 열쇠를 교회에 주셨다는 것을 알게 되었어요. 설교와 권징에 대해 잘 배워서 교회의 설교와 권징을 귀히 여기게 해주세요. 예수님의 이름으로 기도드립니다. 아멘.

084

설교로 천국이 열리고 닫힌다는 건 무슨 뜻이에요?

○ 찬송　205장(주 예수 크신 사랑)

○ 암송 구절　요한복음 3장 36절

아들을 믿는 자는 영생이 있고 아들을 순종치 아니하는 자는 영생을 보지 못하고 도리어 하나님의 진노가 그 위에 머물러 있느니라

교회에 새로운 친구가 오면 환영하는 시간이 있지? 왜 환영할까? 그건 교회에 오면 복음을 듣고 예수님을 믿어 구원받을 수 있기 때문이야. 신약성경 디모데전서 2장 4절 말씀을 함께 읽어 보자.

"하나님은 모든 사람이 구원을 받으며 진리를 아는 데 이르기를 원하시느니라."

천국은 모든 사람을 향해 열려 있어. 하지만 모든 사람이 천국에 들어가는 건 아니야. 오직 예수님을 믿어 구원받은 사람만이 천국에 들어갈 수 있어. 예수님을 믿어 구원받기 위해서는 복음을 들어야 해. 그러면 누가 이 복음을 들려줄 수 있을까?

예수님께서는 이 일을 교회에 맡기셨어. 교회에서 복음을 선포하는 설교를 듣고 예수님을 믿는 사람에게 천국이 열려. 그러나 설교를 듣고도 예수님을 믿지 않는 사람에게는 천국이 닫혀. 그래서 교회의 설교를 천국의 열쇠라고 하는 거야.

이처럼 교회에서 선포되는 설교는 너무나 중요해. 그러니 앞으로 교회에서 설교를 들을 때 집중해서 잘 듣도록 하자. 설교 시간에 듣는 말씀은 우리의 믿음을 더욱 굳세

게 해줘. 또한 죄를 지적하고 책망하기도 하면서 우리를 회개로 이끌어 끝까지 믿음을 잃지 않게 해줘. 일평생 교회에서 설교를 듣는 OO 앞에, 그리고 OO가 교회에 초대해서 설교를 듣는 많은 사람 앞에도 천국이 활짝 열리기를 간절히 소망해.

○ **제84문: 거룩한 복음의 설교를 통하여 어떻게 천국이 열리고 닫히나요?**

○ **답:** 그리스도의 명령에 따라, 교회가 복음의 약속을 참된 믿음으로 받아들이는 모든 자에게 "하나님께서 그리스도의 공로로 말미암아 당신들의 모든 죄를 참으로 용서하신다"라고 공적으로 선포하고 증언할 때 천국이 그들에게 열려요. 그러나 그와 반대로 교회가 모든 불신자와 위선자에게 "당신들이 회개하지 않는 한 하나님의 진노와 영원한 정죄가 당신들에게 머물러 있을 것이다"라고 공적으로 선포하고 증언할 때 천국이 그들에게 닫혀요. 이러한 복음의 증언에 따라서 하나님께서는 이 세상에서와 장차 올 세상에서 심판하실 거예요.

● **기도하기**

하나님 아버지, 교회의 설교가 천국 문을 여는 첫 번째 열쇠라는 것을 알게 되었어요. 앞으로 교회에서 설교를 들을 때 더 집중해서 잘 듣게 해주시고, 저를 통해 많은 친구들이 교회에 와서 설교를 듣고 믿음으로 구원받게 해주세요. 예수님의 이름으로 기도드립니다. 아멘.

chapter 085

권징으로 천국이 닫히고 열린다는 건 무슨 뜻이에요?

○ 찬송 527장(어서 돌아오오)

○ 암송 구절 고린도전서 5장 5절

이런 자를 사단에게 내어주었으니 이는 육신은 멸하고 영은 주 예수의 날에 구원 얻게 하려 함이라

OO가 잘못하면 아빠(엄마)가 OO를 혼내지? 그건 OO를 사랑하기 때문에 잘못된 행동을 반성하고 고치라고 혼내는 거야. 교회도 성도들에게 비슷한 일을 해. 예수님을 믿는다고 하는 사람이 잘못된 가르침을 따르거나 나쁜 짓을 계속하고 회개하지 않을 때, 반성하고 말씀대로 살라고 '권징'을 해. 권징의 뜻은 '착한 행실은 권장하고 악한 일은 징계한다'는 뜻인 '권선징악'의 줄임말이야. 이 권징이 바로 두 번째 천국 열쇠야.

교회가 권징이라는 천국 열쇠로 천국을 닫는 것은 사랑하기 때문이야. 권징을 하는 건 나쁜 행동을 계속하는 사람이 죄를 진심으로 깨닫고 뉘우치고 회개하고 말씀대로 살라고 하는 거야. 권징을 받은 사람은 성찬에 참여하지 못하는데, 그건 그리스도와의 한 몸 된 연합은 물론이요, 그리스도의 몸으로 하나 된 교회 성도들과의 연합에서도 제외된다는 것을 의미해. 이것은 너무나 슬프고 힘든 일이야. 권징을 받은 사람은 자신이 무엇을 잘못했는지 분명히 깨닫고 회개해야 해. 그래서 교회는 그 사람이 다시 말씀에 순종할 수 있도록 권징이라는 천국 열쇠로 천국을 닫는 거야. 신약성경 데살로니가후서 3장 15절 말씀을 함께 읽어 보자.

"그러나 원수와 같이 생각지 말고 형제같이 권하라."

교회의 권징은 사랑으로 해야 해. 미움으로 하는 권징은 예수님의 명령을 따른 권징이 아니야. 앞으로 교회에서 권징이 있거든 이것을 꼭 기억하도록 하자.

○ **제85문: 교회의 권징을 통하여 어떻게 천국이 닫히고 열리나요?**

○ **답:** 그리스도의 명령에 따라, 그리스도인의 이름을 가진 자가 교리나 생활에서 그리스도인답지 않을 경우, 먼저 형제로서 거듭 권고할 거예요. 그렇지만 자신의 오류나 악행에서 돌이키기를 거부한다면, 그 사실을 교회, 곧 치리회에 보고해야 해요. 그들이 교회의 권고를 듣고도 돌이키지 않으면, 성례에 참여함을 금하여 성도의 사귐 밖에 두어야 하며, 하나님께서도 친히 그들을 그리스도의 나라에서 제외시킬 거예요. 그러나 그들이 참으로 돌이키기를 약속하고 증명한다면, 그들을 그리스도의 지체와 교회의 회원으로 다시 받아들여요.

● **기도하기**

하나님 아버지, 교회의 권징이 두 번째 천국 열쇠라는 것을 알게 되었어요. 교회에서 권징이 있을 때마다 사랑으로 하게 해주시고, 권징을 받는 사람은 자신의 잘못을 깨닫고 꼭 회개하게 해주세요. 예수님의 이름으로 기도드립니다. 아멘.

086

왜 착한 일을 해야 하나요?

○ 찬송　313장(내 임금 예수 내 주여)
○ 암송 구절　마태복음 7장 20절
이러므로 그의 열매로 그들을 알리라

만약에 치킨 가게 주인이 우리에게 평생토록 돈을 내지 말고 원하는 메뉴를 마음껏 먹으라고 하면 어떨 것 같아? 아마도 너무나 고맙고 감사해서 치킨 가게 주인에게 무엇이든 보답하고 싶어질 거야.

　우리가 하나님께 받은 구원도 이와 같아. 구원은 하나님께서 우리에게 공짜로 베풀어주신 은혜야. 구원이 공짜인 이유는 우리가 아무리 얻으려고 노력해도 우리 힘으로 절대 얻을 수 없기 때문이야. 그런데 그 구원의 은혜를 받은 사람에게는 한 가지 특징이 있어. 그건 구원받기 전보다 더 많이 착한 일을 하고 싶어 한다는 거야. 그 이유는 하나님께서 베풀어주신 구원의 은혜가 너무나 크고 감사하기 때문이야. 이처럼 우리는 착한 일을 해서 구원받은 것이 아니라, 구원받았기 때문에 착한 일을 할 수 있어. 다시 말해서 우리는 구원받기 위해서 착한 일을 하는 게 아니라, 구원받았기 때문에 착한 일을 하게 돼.

　예수님을 믿어 구원받은 사람이 착한 일을 하는 것은 너무나 자연스러운 일이야. 신약성경 마태복음 7장 17절 말씀을 함께 읽어 보자.

"이와 같이 좋은 나무마다 아름다운 열매를 맺고 못된 나무가 나쁜 열매를 맺나니."

예수님을 믿는 사람을 의로운 사람이라고 해. 의로운 사람은 예수님께서 기뻐하시는 선하고 착한 일을 더 많이 하게 돼. 이것을 성경에서는 아름다운 열매라고 해. 의로운 사람은 아름다운 열매를 맺으며 살아가. 그러니 이제 항상 구원받은 은혜에 감사하며 착한 일에 힘써서, 아름다운 감사의 열매를 주렁주렁 많이 맺는 좋은 나무가 꼭 되도록 하자.

○ 제86문: 우리의 공로가 전혀 없이, 그리스도로 말미암아, 오직 은혜로 우리가 우리의 불행에서 구원을 받았는데, 우리는 왜 착한 일을 꼭 해야만 하나요?

○ 답: 그것은 그리스도께서 그분의 보혈로 우리를 구속하셨을 뿐 아니라, 그분의 성령으로 우리를 새롭게 하여 그분의 형상을 닮게 하시기 때문이에요. 그래서 우리는 하나님께서 우리에게 베푸신 은혜에 대해 우리의 삶 전체로 감사하고, 하나님께서 우리를 통하여 찬양을 받으시도록 착한 일을 하는 거예요. 또한 우리는 그 열매를 통해 자신의 믿음에 확신을 얻고, 경건한 삶으로써 다른 사람을 그리스도에게 인도하기 위해 착한 일을 하는 거예요.

● 기도하기

하나님 아버지, 하나님의 은혜로 받은 구원에 감사드려요. 우리의 감사가 말로만 끝나지 않고 아름다운 감사의 열매로, 착한 일에 힘쓰는 삶으로 이어지게 해주세요. 예수님의 이름으로 기도드립니다. 아멘.

chapter **087**

나쁜 일을 계속하는 사람들도
구원받을 수 있나요?

○ 찬송 535장(주 예수 대문 밖에)

○ 암송 구절 에베소서 5장 5절

너희도 이것을 정녕히 알거니와 음행하는 자나 더러운 자나 탐하는 자 곧 우상 숭배자는 다 그리스
도와 하나님 나라에서 기업을 얻지 못하리니

사과나무에서 사과가 열리지 않고 배가 열리면 사과나무라고 할 수 있을까? 사과가 열
려야 사과나무야. 어떤 사람이 예수님을 믿어 구원받았다고 하면서 감사함이 없고 항
상 불평불만으로 가득 차 있다면, 진짜 예수님을 믿는다고 할 수 있을까?

　예수님을 믿어 구원받은 사람은 작은 죄에도 마음 아파하고 회개하면서 다시는 그
죄를 반복하지 않으려고 노력해. 그러니 나쁜 일을 반복하면서 회개하지 않는 사람
을 구원받았다고 하기는 힘들어. 신약성경 고린도전서 6장 9-10절 말씀을 쉬운성경
으로 함께 읽어 보자.

> **"여러분은 불의한 자들이 하나님 나라를 기업으로 상속받지 못한다는 사실을 알지 못
> 하십니까? 속지 마십시오. 음행하는 사람이나, 우상숭배 하는 사람이나, 간음하는 사
> 람이나, 남자로서 몸을 파는 사람이나, 동성연애를 하는 사람이나, 도적질하는 사람
> 이나, 탐욕이 가득한 사람이나, 술에 젖어 사는 사람이나, 모함하는 사람이나 약탈하
> 는 자들은 하나님의 나라를 기업으로 상속받지 못할 것입니다."**

예수님을 믿어 의롭게 된 사람은 의롭게 살아가려고 노력하고 변화돼. 불의하게 살면서 회개하지 않고 거룩한 변화가 없으면 믿음으로 의롭게 된 사람이라고 할 수 없어.

○ **제87문: 그렇다면 감사하지 않고 회개하지 않는 삶을 계속해서 살면서 하나님께 돌이키지 않는 사람들도 구원받을 수 있나요?**

○ **답:** 결코 구원을 받을 수 없어요. 성경은 음란한 자, 우상숭배 하는 자, 간음하는 자, 도둑질하는 자, 탐욕을 부리는 자, 술 취하는 자, 욕하는 자, 강도질하는 자나 그와 같은 죄인들은 하나님 나라를 유업으로 받지 못한다고 말씀해요.

● **기도하기**

하나님 아버지, 나쁜 일을 계속해서 하면서도 천국에 갈 수 있다는 착각에 빠지지 않게 해주세요. 늘 감사하고 날마다 회개하면서 점점 더 불의하게 사는 게 아니라, 점점 더 의롭게 살게 해주세요. 예수님의 이름으로 기도드립니다. 아멘.

088

진짜 회개는 무엇인가요?

○ 찬송   277장(양 떼를 떠나서)

○ 암송 구절   골로새서 3장 10절

새 사람을 입었으니 이는 자기를 창조하신 자의 형상을 좋아 지식에까지 새롭게 하심을 받는 자니라

아직 말을 못 하는 아기들은 아프거나 불편하면 울음을 터뜨려. 이 울음에는 가짜 울음이 있고 진짜 울음이 있어. 가짜 울음은 아프지도 않은데 가짜로 울면서 원하는 것을 얻으려고 하는 걸 말해. 슬픈 표정을 지으면서 억지로 울다가 중간에 울음을 멈춰. 잠시 아빠(엄마)의 눈치를 살피다가 또 가짜로 울면서 관심을 받으려고 해. 아기들에게 진짜 울음이 있고 가짜 울음이 있듯이, 회개에도 진짜 회개가 있고 가짜 회개가 있어.

가짜 회개는 아기들의 가짜 울음처럼 진실하지 않게 회개하는 거야. 죄지은 것을 후회하지만 바로 그 죄로 다시 돌아가. 자신이 지은 죄에 대해 안타까워하고 심지어 울기까지 한다 해도, 나쁜 말과 행동을 버리고 착한 말과 행동으로 돌이키지 않으면 가짜 회개야.

진짜 회개는 똑같은 죄를 반복하지 않고 하나님의 뜻대로 살려고 노력하는 거야. 신약성경 로마서 8장 13절 말씀을 함께 읽어 보자.

"너희가 육신대로 살면 반드시 죽을 것이로되 영으로써 몸의 행실을 죽이면 살리니."

회개하기 전에 하던 잘못을 계속 반복하면 육신으로 사는 옛 사람이라고 할 수 있어. 이와 반대로 회개하고 잘못을 돌이키면 영으로 사는 새 사람이야. 그러니 이제 옛 사람으로 살지 말고, 새 사람으로 살아가기로 다짐해 보자.

○ **제88문: 사람의 진짜 회개는 무엇인가요?**
○ **답:** 옛 사람이 죽고 새 사람으로 사는 거예요.

● **기도하기**

하나님 아버지, 진짜 회개는 날마다 옛 사람을 죽이고 새 사람으로 사는 것임을 알게 되었어요. 우리가 일평생 가짜 회개가 아닌, 진짜 회개를 하며 살게 해주세요. 예수님의 이름으로 기도드립니다. 아멘.

chapter 089

옛 사람이 죽는다는 건 무슨 뜻이에요?

○ 찬송   284장(오랫동안 모든 죄 가운데 빠져)
○ 암송 구절   에베소서 4장 22절
너희는 유혹의 욕심을 따라 썩어져 가는 구습을 좇는 옛 사람을 벗어 버리고

팽이 장난감을 너무 좋아해서 모으는 친구가 있어. 그 친구는 아끼는 팽이를 하나 잃어버리면 엄청 슬퍼하겠지? 그런데 팽이에 관심이 없는 사람은 팽이를 잃어버려서 슬퍼하는 그 친구의 마음을 이해하기 힘들 거야. 이렇게 어떤 사람에겐 슬픈 일이 다른 사람에게는 슬프지 않을 수도 있어. 그런데 예수님을 믿는 모든 사람을 슬프게 하는 게 하나 있어. 그건 바로 죄야.

진짜 회개를 한 사람은 더 이상 죄짓는 것을 좋아하지 않아. 성경은 죄짓는 것을 슬퍼하고 미워하는 것을 옛 사람이 죽는다고 표현해. 그래서 진짜 회개를 옛 사람이 죽는 것이라고 하는 거야. 죄짓는 것을 기뻐하고 좋아하는 사람이 회개하는 것은 불가능해. 진짜 회개는 죄를 진심으로 슬퍼하고 미워하는 사람만 할 수 있어. 이제 우리는 날마다 옛 사람을 죽이며 살아야 해. 다시 말해 날마다 회개하며 끝까지 죄를 슬퍼하고 하나님 말씀대로 살아야 해.

구약성경 창세기에 롯이라는 사람이 나와. 이 사람이 죄로 가득한 세상에서 어떻게 살았는지 살펴보자. 신약성경 베드로후서 2장 7-8절 말씀을 쉬운성경으로 함께 읽어 보자.

"그러나 하나님께서는 그 가운데서 롯을 구원하셨습니다. 의로운 롯은 그 성의 사람

들이 방탕하게 살아가는 것을 보며 괴로워하였습니다. 롯은 선한 사람이었기에 이웃들이 날마다 행하는 악한 일들을 보고 들으면서 몹시 괴로워하였습니다."

롯은 소돔과 고모라에 살면서 괴로워했어. 자신이 살던 소돔과 고모라가 죄가 많은 도시였기 때문이야. 우리도 죄를 미워해야 하고, 진짜 회개를 해야 해. 진짜 회개를 해야 진짜로 예수님을 믿는 사람이야. 그러니 진짜로 예수님을 믿는 사람이 꼭 되도록 하자.

○ 제89문: 옛 사람이 죽는다는 것은 무슨 뜻이에요?
○ 답: 하나님을 진노케 한 우리의 죄를 마음으로 슬퍼하는 거예요. 또한 그 죄를 더욱더 미워하고 피하는 거예요.

~~~~~~~~~~~~~~~~~~~~~~~~~~~~~~~~~~~~~~~

● 기도하기

하나님 아버지, 죄를 이전보다 더 슬퍼하고 미워하며 살게 해주세요. 그렇게 옛 사람을 죽이는 삶을 살면서 우리의 회개가 진짜 회개라는 것을 증명하게 해주세요. 예수님의 이름으로 기도드립니다. 아멘.

chapter # 090

새 사람으로 산다는 건 무슨 뜻이에요?

○ 찬송   482장(참 즐거운 노래를)
○ 암송 구절   에베소서 4장 24절
하나님을 따라 의와 진리의 거룩함으로 지으심을 받은 새 사람을 입으라

어떻게 사는 것이 예수님을 믿어 새 사람으로 사는 것일까? 예수님을 믿는 사람에게 는 많은 변화가 있어. 예전에는 죄가 아니라고 생각했던 행동이 죄로 느껴지고 슬픈 마음이 드는 거야. 하나님 말씀대로 선하고 착하게 살고 싶은 마음이 새롭게 생겨. 그 리고 하나님께 어려울 때나 힘들 때 기도하고 싶은 마음도 생겨. 또한 하나님께서 나 에게 영원한 생명을 주시고 나의 아버지가 되어주신 것에 너무나 감사한 마음이 들 어. 뿐만 아니라 하나님이 좋아서 예배를 드리며 찬양을 하게 되고, 불쌍한 친구를 보 면 돕고 싶고 나누고 싶어져. 예수님을 잘 믿으면 이런 변화가 일어나. 이것을 새 사 람으로 산다고 하는 거야.

　새 사람으로 산다는 것은 단지 죄를 슬퍼하고 미워하는 것뿐만 아니라 더 나아가 하 나님의 뜻대로 사는 것을 기뻐하고 즐거워하는 거야. 어떤 사람이 자신의 죄를 회개 한다고 하면서 자신이 지은 죄를 슬퍼하고 미워하기만 한다면 아무런 변화도 생기지 않아. 진짜 회개는 반드시 적극적인 순종으로 이어져야 해. 울며 겨자 먹기처럼 순 종하는 게 아니라, 웃으면서 꿀떡을 먹는 것처럼 하나님의 뜻대로 사는 것을 기뻐하 고 즐거워해야 해. 신약성경 로마서 6장 13절 말씀을 쉬운성경으로 함께 읽어 보자.

"또한 여러분의 몸을 불의를 행하는 도구로 죄에게 내어주지 말고, 죽은 자들 가운

데에서 살아난 자들답게 여러분의 몸을 의를 행하는 도구로 여러분 자신을 하나님께 드리십시오."

우리가 이 말씀에 기쁨과 즐거움으로 순종하는 것은 너무나 당연한 거야. 그건 하나님께서 우리에게 베풀어주신 은혜가 어마어마하게 크기 때문이야. 그 큰 은혜를 생각하면 하나님께 너무나 감사해서 어떻게든 그 은혜에 보답하며 살고 싶어져. 그래서 우리는 일평생 하나님의 뜻대로 살아가며 모든 착한 일들에 힘쓰는 거야. 그리고 그렇게 새 사람으로 살아가는 것을 세상의 그 무엇보다 기뻐하고 즐거워하는 거야.

○ 제90문: 새 사람으로 다시 산다는 것은 무슨 뜻이에요?
○ 답: 그리스도로 말미암아 하나님 안에서 온 마음으로 기뻐하는 거예요. 또한 하나님의 뜻에 따라 모든 착한 일들을 하면서 사는 것을 사랑하고 즐거워하는 거예요.

● 기도하기
하나님 아버지, 우리의 회개가 죄를 슬퍼하고 미워하는 데에만 머무르지 않고 하나님의 뜻대로 사는 것을 기뻐하고 즐거워하는 데까지 나아가게 해주세요. 예수님의 이름으로 기도드립니다. 아멘.

091

어떤 일이 착한 일인가요?

○ 찬송   216장(성자의 귀한 몸)

○ 암송 구절   신명기 12장 32절

내가 너희에게 명하는 이 모든 말을 너희는 지켜 행하고 그것에 가감하지 말지니라

OO가 친한 친구의 생일잔치에 초대를 받아서 생일선물을 준비한다면 어떤 선물을 고를 것 같아? OO가 좋아하는 선물을 고를까, 아니면 친구가 좋아하는 선물을 고를까? 당연히 친구가 좋아할 선물을 고르겠지? 선물은 선물을 받는 사람이 좋아하고 기뻐할 만한 것으로 준비하는 게 당연해. 그렇다면 우리는 우리를 구원해주신 하나님께 무엇으로 보답해야 할까? 하나님께서 기쁘게 받으시는 것은 무엇일까? 그건 바로 우리가 하나님의 뜻대로 살아가며 착한 일에 힘쓰는 거야.

　그렇다면 우리가 해야 할 착한 일은 어떤 일일까? 그냥 우리가 판단하기에 착하다고 생각되는 일을 하면 될까? 우리는 그 답을 성경에서 찾아야 해. 구약성경 레위기 18장 4절 말씀을 함께 읽어 보자.

　　"너희는 나의 법도를 좇으며 나의 규례를 지켜 그대로 행하라 나는 너희의 하나님 여호와니라."

　이 말씀은 모세가 이스라엘 백성에게 한 말이야. 하나님께서는 모세를 통해 이스라엘 백성에게 율법을 주셨어. 우리는 율법이 죄를 깨닫게 하고 우리를 예수님께로 인도해주는 역할을 한다고 배웠어.[18] 그런데 율법의 역할은 거기에서 끝나지 않아. 율법은

구원받은 신자에게 하나님의 뜻이 무엇인지 알려주는 역할도 해. 그렇기 때문에 율법을 보면 하나님께서 어떤 일을 좋아하시고 기뻐하시는지 분명하게 알 수 있어. 우리가 율법의 내용을 배워야 할 이유가 여기에 있는 거야.

하나님께서는 율법의 많은 내용을 열 가지 계명으로 요약해주셨는데, 그게 바로 십계명이야. 십계명에는 율법의 내용이 잘 요약되어 있기 때문에 십계명을 잘 배우면 어떤 일이 하나님께서 원하시는지 충분히 알 수 있어. 그래서 우리는 앞으로 십계명의 내용을 하나씩 살펴보도록 할 거야. 십계명을 잘 배워서 하나님께서 좋아하시고 기뻐하시는, 착한 일에 힘쓰는 사람이 되도록 하자.

○ **제91문: 착한 일이란 무엇인가요?**
○ **답:** 참된 믿음으로 하나님의 영광을 위해 하나님의 율법을 따라 행한 것만이 착한 일이에요. 따라서 착한 일은 우리의 생각이나 사람이 만든 규율에 근거한 것이 아니에요.

● **기도하기**

하나님 아버지, 우리가 힘써야 할 착한 일이 율법에 나와 있다는 것을 알게 되었어요. 앞으로 십계명을 잘 배워서 하나님께서 원하시는 착한 일이 어떤 일인지 분명히 알게 해주세요. 예수님의 이름으로 기도드립니다. 아멘.

---

18) 3과 "왜 율법을 알아야 하나요?"에서 다룬 내용입니다.

092

하나님의 율법이 무엇인가요?

○ 찬송   217장(하나님이 말씀하시기를)

○ 암송 구절   신명기 5장 1절

모세가 온 이스라엘을 불러 그들에게 이르되 이스라엘아 오늘 내가 너희 귀에 말하는 규례와 법도를 듣고 그것을 배우며 지켜 행하라

오늘부터 십계명을 배울 거야. 먼저 십계명의 전체 내용을 함께 천천히 읽어 보도록 하자. 십계명을 반복해서 읽고 그 내용을 배우다 보면 십계명의 열 가지 말씀이 자연스럽게 외워질 거야.

○ **제92문: 하나님의 율법이 무엇인가요?**

○ **답:** 하나님께서는 다음과 같이 말씀하셨어요.

"나는 너를 애굽 땅, 종 되었던 집에서 인도하여 낸 너의 하나님 여호와로라."

제1계명: "너는 나 외에는 다른 신들을 네게 있게 말지니라."

제2계명: "너를 위하여 새긴 우상을 만들지 말라."

제3계명: "너는 너의 하나님 여호와의 이름을 망령되이 일컫지 말라."

제4계명: "안식일을 기억하여 거룩히 지키라."

제5계명: "네 부모를 공경하라."

제6계명: "살인하지 말지니라."

제7계명: "간음하지 말지니라."

제8계명: "도둑질하지 말지니라."

제9계명: "네 이웃에 대하여 거짓 증거 하지 말지니라."

제10계명: "네 이웃의 집을 탐내지 말지니라."

● 기도하기

하나님 아버지, 앞으로 십계명의 열 가지 말씀을 하나씩 잘 배워서 어떻게 살아가는 것이 하나님께서 원하시는 삶인지를 깨닫게 해주세요. 그리고 꼭 그렇게 살아가게 해주세요. 예수님의 이름으로 기도드립니다. 아멘.

093

십계명은 어떻게 나누어지나요?

○ 찬송   218장(네 맘과 정성을 다하여서)

○ 암송 구절   누가복음 10장 27절

대답하여 가로되 네 마음을 다하며 목숨을 다하며 힘을 다하며 뜻을 다하여 주 너의 하나님을 사랑

하고 또한 네 이웃을 네 몸과 같이 사랑하라 하였나이다

십계명의 열 가지 말씀은 크게 두 부분으로 나눌 수 있어. 첫 번째 부분은 하나님 사랑
이고, 두 번째 부분은 이웃 사랑이야. 우리가 십계명을 하나님 사랑과 이웃 사랑, 이렇
게 두 부분으로 나누어서 이해하는 이유는 예수님께서 그렇게 나누어주셨기 때문이
야. 신약성경 마태복음 22장 37-40절 말씀을 우리말성경으로 함께 읽어 보자.

> **"예수께서 대답하셨습니다. '네 마음을 다하고 네 생명을 다하고 네 뜻을 다해 주 네
> 하나님을 사랑하여라.' 이것이 가장 중요하고 으뜸 되는 계명이다. 그리고 둘째 계명
> 도 이와 같다. '네 이웃을 네 몸처럼 사랑하여라.' 모든 율법과 예언자들의 말씀이 이
> 두 계명에서 나온 것이다."**

예수님께서는 십계명을 하나님 사랑과 이웃 사랑, 이렇게 두 계명으로 나누어서 요
약해주셨어. 십계명의 첫 번째 계명부터 네 번째 계명까지는 하나님 사랑에 대한 말
씀이고, 다섯 번째 계명부터 열 번째 계명까지는 이웃 사랑에 대한 말씀이야. 하나님
께서는 십계명을 통해서 우리에게 하나님을 사랑하고 이웃을 사랑해야 한다는 것을
알려주셨어.

하나님께서 우리에게 원하시는 삶은 하나님을 사랑하고 이웃을 사랑하는 삶이야. 앞으로 십계명의 열 가지 말씀을 하나씩 배워 나가기 전에 이것을 꼭 기억하도록 하자. 더 나아가 십계명을 잘 배워서 하나님 사랑과 이웃 사랑을 멋지게, 아름답게 실천해 나가는 OO가 꼭 되도록 하자.

○ **제93문: 십계명은 어떻게 나누어지나요?**

○ **답:** 두 부분으로 나누어져요. 첫째 부분은 하나님에 대한 우리의 태도를 가르치며, 둘째 부분은 이웃에 대한 우리의 의무를 가르쳐요.

● 기도하기

하나님 아버지, 십계명이 하나님 사랑과 이웃 사랑, 이렇게 두 부분으로 나누어진다는 것을 알게 되었어요. 십계명을 잘 배워서 하나님 사랑과 이웃 사랑을 실천하며 살아가게 해주세요. 예수님의 이름으로 기도드립니다. 아멘.

chapter 094

첫 번째 계명에서 하나님이 원하시는 건 무엇인가요?

○ 찬송   314장(내 구주 예수를 더욱 사랑)

○ 암송 구절   여호수아 23장 11절

그러므로 스스로 조심하여 너희 하나님 여호와를 사랑하라

십계명의 첫 번째 계명을 함께 읽어 보자.

> "너는 나 외에는 다른 신들을 네게 있게 말지니라."

OO에게 힘들고 어려운 일이 생겼는데, OO가 아빠(엄마)한테 도와달라고 하지 않고 강아지나 인형에게 도와달라고 하면 아빠(엄마)의 마음이 어떨 것 같아? OO가 말도 못 하고 도와줄 힘도 없는 강아지나 인형을 아빠(엄마)보다 더 의지한다면 아빠(엄마)는 정말 속상할 거야. 하나님께서도 마찬가지로 우리가 하나님이 아닌 다른 신들을 더 의지한다면 많이 속상해하실 거야.

하나님께서는 우리가 오직 하나님만 의지하고 사랑하길 원하셔. 세상에는 많은 신들이 있어. 하지만 그 신들은 전부 다 사람들이 상상으로 만들어 낸 거야. 세상에 진짜 신은 오직 한 분 하나님뿐이셔. 그러니 다른 신은 없는 거야. 구약성경 신명기 4장 39절 말씀을 쉬운성경으로 함께 읽어 보자.

> "이제 여호와께서 하나님이심을 알고 믿으시오. 주님께서는 저 위의 하늘에서도, 그

리고 저 아래 땅에서도 하나님이시오. 다른 신은 없소."

우상숭배를 하거나, 다른 종교를 찾거나, 무당이나 역술가에게 가서 점을 보거나, 미신을 믿는 것은 다른 신들을 찾는 일이고, 그건 우리를 구원해주신 하나님을 배신하는 거야. 그러니 십계명의 첫 번째 계명을 기억하며, 어떤 상황에서도 오직 하나님 한 분만을 변함없이 의지하고 사랑하도록 하자.

○ **제94문: 주님께서는 첫 번째 계명에서 무엇을 요구하시나요?**

○ **답:** 나의 영혼의 구원과 복을 잃어버릴 위험성이 있기 때문에 온갖 우상숭배와 마술과 미신적인 의식, 성자들이나 다른 피조물들에게 기도하는 것을 피하고 버리도록 내게 요구하세요. 그리고 유일하신 참 하나님만을 올바르게 알고 그분만을 신뢰하며, 모든 겸손과 인내로 그분에게만 복종하고, 모든 좋은 것을 그분에게서만 기대하며, 온 마음으로 하나님을 사랑하고 두려워하며 존경하도록 요구하세요. 말하자면 가장 작은 일에서조차도 그분의 뜻을 거슬러 행하기보다는 차라리 모든 피조물을 포기하기를 요구하세요.

● **기도하기**

하나님 아버지, 십계명의 첫 번째 계명을 어기지 않게 해주세요. 일평생 오직 하나님 한 분만 변함없이 의지하고 사랑하며 살아가게 해주세요. 예수님의 이름으로 기도드립니다. 아멘.

chapter 095

우상숭배는 무엇인가요?

○ 찬송   315장(내 주 되신 주를 참 사랑하고)

○ 암송 구절   마태복음 6장 24절

한 사람이 두 주인을 섬기지 못할 것이니 혹 이를 미워하며 저를 사랑하거나 혹 이를 중히 여기며 저를 경히 여김이라 너희가 하나님과 재물을 겸하여 섬기지 못하느니라

누가 OO에게 아빠와 엄마 중에서 누가 더 좋으냐고 묻는다면 OO는 뭐라고 대답할 거야? 이 질문에 가장 좋은 대답은 "둘 다 좋아요"일 거야. 오렌지 주스와 포도 주스 중에서 어떤 걸 더 좋아하냐는 질문에도 "둘 다 좋아요"라고 대답할 수 있겠지. 하지만 하나님과 무언가를 또는 누군가를 비교해서 이런 질문을 받는다면, 그때는 "둘 다 좋아요"라고 대답해선 안 돼.

 하나님은 우리가 사랑하는 그 무엇과도, 그 누구와도 비교할 수 없어. 하나님께서 우리를 얼마나 사랑하시는지, 어떻게 구원해주셨는지 생각해 봐. 아빠(엄마)의 사랑을 받고 자란 OO가 다른 아저씨나 아줌마를 아빠(엄마)보다 더 사랑한다고 할 수 있을까? 그건 말도 안 되는 일이야. 하나님을 향한 우리의 사랑도 마찬가지야. 우리를 향한 하나님의 그 큰 사랑을 생각할 때, 우리는 그 무엇도, 그 누구도 하나님보다 더 사랑한다고 할 수 없어.

 무언가를 하나님만큼, 또는 하나님보다 더 사랑하는 것을 우상이라고 해. 내가 가장 아끼는 물건, 내가 가장 사랑하는 사람, 더 나아가 돈이나 성공, 명예도 다 우상이 될 수 있어. 흔히 우상숭배라고 하면 어떤 신의 형상 앞에 엎드려 절하는 것을 생각하는데, 그렇게 하지 않아도 얼마든지 우상숭배가 될 수 있어. 이 세상의 무언가를 또

는 누군가를 하나님만큼, 또는 하나님보다 더 사랑한다면 그것 역시 우상숭배라는 것을 꼭 기억하자.

하나님께서는 우리가 우상숭배 하지 않고, 오직 하나님만을 최고로 사랑하길 원하셔. 구약성경 신명기 6장 5절 말씀을 함께 읽어 보자.

"너는 마음을 다하고 성품을 다하고 힘을 다하여 네 하나님 여호와를 사랑하라."

하나님께서 우리를 사랑하시는 것처럼 우리도 하나님을 사랑하는 것, 그것이 바로 하나님께서 십계명 중 첫 번째 계명으로 우리에게 요구하시는 거야. 이것을 꼭 기억하며, 우상숭배에 빠지지 않도록 조심 또 조심하도록 하자.

○ 제95문: 무엇이 우상숭배인가요?
○ 답: 우상숭배란 그분의 말씀으로 자신을 계시하신 유일하고 참되신 하나님 대신에, 혹은 하나님과 나란히, 사람들이 신뢰하는 다른 어떤 것들을 세우거나 가지는 것이에요.

● 기도하기

하나님 아버지, 하나님보다 더 사랑하는 우상이 생기지 않게 해주세요. 우상숭배에 빠져 하나님보다 무언가를, 누군가를 더 사랑하지 않게 해주세요. 예수님의 이름으로 기도드립니다. 아멘.

chapter 096

두 번째 계명에서 하나님이 원하시는 건 무엇인가요?

○ 찬송   9장(하늘에 가득 찬 영광의 하나님)

○ 암송 구절   신명기 16장 22절

자기를 위하여 주상을 세우지 말라 네 하나님 여호와께서 미워하시느니라

십계명의 두 번째 계명 앞부분을 함께 읽어 보자.

> "너를 위하여 새긴 우상을 만들지 말고, 또 위로 하늘에 있는 것이나 아래로 땅에 있는 것이나 땅 아래 물 속에 있는 것의 아무 형상이든지 만들지 말며, 그것들에게 절하지 말며, 그것들을 섬기지 말라."

우리는 '누구를' 예배해야 할까? 첫 번째 계명에서 배웠듯이 오직 하나님 한 분만을 예배해야 해. 그렇다면 우리는 오직 하나님 한 분만을 '어떻게' 예배해야 할까? 두 번째 계명에 답이 나와 있어.

하나님께서는 두 번째 계명에서 우리가 하나님만을 예배하고 섬길 때 하나님을 형상으로 만들어서 섬기지 말라고 하셨어. 두 번째 계명은 다른 계명보다 좀 긴데, 그건 하나님께서 하나님을 형상으로 만드는 것에 대해서 자세히 말씀해주셨기 때문이야. 구약성경 신명기 4장 15-18절 말씀을 함께 읽어 보자.

> "여호와께서 호렙 산 화염 중에서 너희에게 말씀하시던 날에 너희가 아무 형상도 보

지 못하였은즉 너희는 깊이 삼가라 두렵건대 스스로 부패하여 자기를 위하여 아무 형상대로든지 우상을 새겨 만들되 남자의 형상이라든지, 여자의 형상이라든지, 땅 위에 있는 아무 짐승의 형상이라든지, 하늘에 나는 아무 새의 형상이라든지, 땅 위에 기는 아무 곤충의 형상이라든지, 땅 아래 물 속에 있는 아무 어족의 형상이라든지 만들까 하노라."

눈에 보이지 않는 하나님을 눈에 보이는 어떤 모양으로 만들어 낼 수 있을까? 그럴 수 없어. 왜일까? 하나님은 영이시기 때문이야. 하나님을 눈에 보이는 모양으로 만드는 것은 하나님을 피조물로 만들어 버리는 일이야. 이것은 아주 심하게 하나님을 욕되게 하는 거야. 그래서 하나님을 예배할 때 하나님을 어떤 형상으로도 만들면 안 돼.

○ 제96문: 하나님께서는 두 번째 계명에서 무엇을 요구하시나요?
○ 답: 어떤 형태로든 하나님을 형상으로 표현하지 않는 것이고, 하나님께서 그분의 말씀에서 명령하지 아니한 다른 방식으로 예배하지 않는 것이에요.

● 기도하기

하나님 아버지, 눈에 보이지 않는 영이신 하나님을 눈에 보이는 형상으로 만들지 않게 해주세요. 두 번째 계명을 기억하며, 하나님께서 명령하신 방식으로만 하나님을 예배하게 해주세요. 예수님의 이름으로 기도드립니다. 아멘.

chapter **097** ~~~~~~~~~~~~~~~

어떤 형상도 만들면 안 되나요?

○ 찬송   42장(거룩한 주님께)
○ 암송 구절   이사야 40장 25절
거룩하신 자가 가라사대 그런즉 너희가 나를 누구에게 비기며 나로 그와 동등이 되게 하겠느냐 하
시느니라

~~~~~~~~~~~~~~~~~~~~~~~~~~~~~~~~~~~~~

왜 하나님의 형상을 만들면 안 될까? 그건 하나님이 영이시기 때문이야. 신약성경 요
한복음 4장 24절 말씀을 함께 읽어 보자.

"하나님은 영이시니 예배하는 자가 신령과 진정으로 예배할지니라."

영이신 하나님께서는 어떤 모양이나 형상을 가지고 있지 않으셔. 그렇기 때문에 하
나님은 어떤 모양과 형태로도 표현될 수 없어. 누가 동물이나 곤충의 형상을 만들어
놓고 그걸 가리켜 OO라고 한다면 OO의 기분이 어떨까? 몹시 속상할 거야. 사람을 파
리의 형상으로 표현하는 것은 사람을 낮추어 모욕감을 주는 일이야. 무한하시고 살아
계신 창조주 하나님을 유한하고 생명 없는 피조물의 형상으로 만드는 것은 하나님을
낮추는 일이고, 그건 하나님께 정말로 큰 모욕이야. 이 땅의 모든 피조물을 다 합쳐도
하나님을 표현할 수 없어. 그렇기 때문에 전능하신 하나님의 위대함을 나타낼 수 있
는 신상, 형상, 그림은 이 세상에 존재하지 않는 거야.
영이신 하나님의 속성을 잘못 이해해서 하나님의 형상을 만들고 예배하는 것은 굉장
히 위험한 일이야. 그렇게 하면 사람들은 그 형상을 마치 하나님인 것처럼 여기면서

하나님을 잘못 믿게 될 수 있어. 말로는 하나님을 믿는다고 하지만 실제로는 우상숭배를 하게 되는 거야. 그래서 영이신 하나님을 눈에 보이는 형상으로 만들고 예배하면 하나님께서 진노하셔. 아무리 좋은 의도로 형상을 만들어서 하나님을 예배한다 할지라도, 그것은 하나님께서 명령하신 예배가 아니야. 그러니 영이신 하나님을 어떤 형상으로도 표현할 수 없다는 것을 기억하며, 십계명의 두 번째 계명을 잘 지키도록 하자.

○ **제97문: 그렇다면 어떤 형상도 만들면 안 되나요?**
○ **답:** 하나님은 어떤 형태로든 형상으로 표현될 수 없고 표현해서도 안 돼요. 피조물은 형상으로 표현할 수 있으나, 그것에 경배하기 위해 또는 하나님께 예배하는 데 사용하기 위해 형상을 만들거나 소유하는 일은 금지하셨어요.

● **기도하기**

하나님 아버지, 영이신 하나님을 어떤 형상으로도 표현할 수 없다는 것을 알게 되었어요. 영이신 하나님을 하나님께서 명령하신 방식으로 바르게 예배하게 해주세요. 예수님의 이름으로 기도드립니다. 아멘.

chapter 098

형상을 좋은 목적으로 사용해도 안 되나요?

○ 찬송   202장(하나님 아버지 주신 책은)

○ 암송 구절   하박국 2장 18절

새긴 우상은 그 새겨 만든 자에게 무엇이 유익하겠느냐 부어 만든 우상은 거짓 스승이라 만든 자가

이 말하지 못하는 우상을 의지하니 무엇이 유익하겠느냐

믿음이 연약하거나 하나님을 아직 잘 모르는 사람들이 있어. 그 사람들에게 하나님을 잘 가르쳐주기 위해서 하나님을 모양이나 그림으로 표현해도 될까? 안 돼. 교회는 아무리 좋은 목적이라고 해도 형상이나 그림을 사용해선 안 돼. 왜냐하면 형상과 그림이 하나님을 더 오해하게 만들기 때문이야. 하나님을 형상화하면 하나님은 눈으로 볼 수 있는 존재가 되어 버리고, 사람들은 하나님을 눈으로 볼 수 있는 분으로 생각하게 돼. 형상과 그림은 하나님을 잘 이해하도록 도움을 주기는커녕 오히려 이해를 방해할 뿐이야.

그런데도 가톨릭은 형상과 그림이 예배하고 묵상하고 기도하는 데 도움이 된다면서 지금까지 사용해오고 있어. 실제로 성당에 가 보면 성화나 성상이 많이 있는 걸 볼 수 있어. 하나님을 그림으로 그려 놓기도 하고, 예수님 그림, 예수님의 십자가 형상, 심지어는 성모 마리아상도 있어. 그렇다면 과연 그것들은 사람들에게 도움을 주었을까? 안타깝게도 성당의 성화와 성상은 우상이 되어 버리고 말았어. 사람들은 하나님과 예수님의 그림과 형상 앞에 머리를 숙이며 경배를 드리고, 성모 마리아상까지 경배의 대상으로 삼고 말았어. 이처럼 가톨릭을 볼 때, 교회에서의 형상과 그림의 사용은 우상숭배로 이어진다는 것을 분명히 알 수 있어.

하나님께서 우리에게 명령하신 예배의 방식은 형상이나 그림을 통한 예배가 아니라 하나님의 말씀으로만 예배하는 거야. 눈에 보이는 말씀인 성경과 눈에 보이지 않는 말씀인 성례 외에 다른 것들로 하나님을 예배하는 것은 하나님께서 명령하신 방법이 아니야. 신약성경 로마서 10장 17절 말씀을 함께 읽어 보자.

"그러므로 믿음은 들음에서 나며 들음은 그리스도의 말씀으로 말미암았느니라."

우리가 하나님을 믿고 더 깊이 알아갈 수 있는 유일한 길은 하나님의 말씀을 듣는 거야. 우리가 성경을 열심히 배우고 날마다 읽어야 하는 이유가, 그리고 예배 시간에 선포되는 목사님의 설교를 잘 들어야 하는 이유가 여기에 있어. 영이신 하나님을 형상이 아니라 오직 하나님의 말씀만으로 예배해야 한다는 것을 잊지 말도록 하자.

○ 제98문: 그러나 평신도를 위한 책으로서 형상들이 교회에서 사용되는 것을 허용할 수 있지 않나요?
○ 답: 허용할 수 없어요. 우리는 하나님보다 더 지혜로운 체해서는 안 돼요. 하나님께서는 그분의 백성들이 말 못하는 우상을 통해서가 아니라 그분의 말씀에 대한 살아 있는 설교를 통해 가르침 받기를 원하서요.

● 기도하기
하나님 아버지, 하나님을 형상이나 그림으로 예배하지 않고, 오직 하나님의 말씀으로만 예배하게 해주세요. 예수님의 이름으로 기도드립니다. 아멘.

099

세 번째 계명에서 하나님이 원하시는 건 무엇인가요?

○ 찬송 212장(겸손히 주를 섬길 때)

○ 암송 구절 시편 29편 2절
여호와의 이름에 합당한 영광을 돌리며 거룩한 옷을 입고 여호와께 경배할지어다

십계명의 세 번째 계명을 함께 읽어 보자.

> "너는 너의 하나님 여호와의 이름을 망령되이 일컫지 말라 나 여호와는 나의 이름을
> 망령되이 일컫는 자를 죄 없다 하지 아니하리라."

십계명의 첫 번째 계명이 '예배의 대상'에 대한 말씀이었고, 두 번째 계명이 '예배의 방법'에 대한 말씀이었다면, 오늘부터 살펴보는 세 번째 계명은 '예배의 태도'에 대한 말씀이야.

세 번째 계명에서 하나님의 이름을 "망령되이 일컫지 말라"는 것은 하나님의 이름을 함부로 부르지 말라는 뜻이야. 이 계명은 우리가 말하는 것과 관련되어 있어. 우리의 말은 하나님의 이름을 높이며 예배하는 데 사용해야 해. 양치질하는 칫솔로 변기를 닦으면 안 되는 것처럼, 하나님의 이름을 예배하는 데 사용하는 말을 가지고 하나님의 이름을 욕되게 해서는 안 돼. 우리는 개인적인 이득을 얻기 위해, 또는 다른 사람을 저주하기 위해 하나님의 이름을 이용해서는 안 돼. 그건 세 번째 계명을 정면으로 어기는 큰 죄야.

더 나아가 세 번째 계명은 단지 하나님의 이름을 함부로 말하는 것만 금하는 것이 아니라, 이 세상에서 하나님의 이름을 영화롭게 하며 살 것을 요구해. 그건 우리의 말뿐만 아니라, 우리의 행동, 우리의 삶 전체를 통해서 하나님의 이름의 영광을 높여드려야 한다는 걸 뜻해. 신약성경 마태복음 5장 16절 말씀을 함께 읽어 보자.

> **"이같이 너희 빛을 사람 앞에 비취게 하여 저희로 너희 착한 행실을 보고 하늘에 계신 너희 아버지께 영광을 돌리게 하라."**

우리가 바른 태도를 가지고 똑바로 살지 않으면 하나님의 이름의 영광이 땅에 떨어지고 하나님의 이름을 욕되게 만들어. 그런 끔찍한 일이 일어나지 않도록 말과 행동을 조심하도록 하자. 그게 바로 세 번째 계명에서 말하는 '예배의 태도'라는 것을 꼭 기억하자.

○ **제99문: 세 번째 계명이 요구하는 것은 무엇인가요?**
○ **답:** 우리가 저주나 거짓 증거, 또는 불필요한 맹세로 하나님의 이름을 모독하거나 함부로 부르지 않는 것이에요. 또한 침묵하거나 방관함으로 우리가 그와 같은 무서운 죄에 참여하지 않는 것이에요. 오히려 하나님의 거룩한 이름을 두려워하고 존경하는 마음으로만 사용하여, 우리가 하나님을 바르게 고백하고 부르며 우리의 모든 말과 행동에서 그분이 영광을 얻도록 하는 것이에요.

● **기도하기**
하나님 아버지, 어디에 있든지, 무엇을 하든지, 말과 행동으로 하나님의 이름의 영광을 높이며 살아가게 해주세요. 예수님의 이름으로 기도드립니다. 아멘.

chapter 100

다른 사람이 하나님의 이름을 욕되게 하면 어떻게 해야 하나요?

○ 찬송   586장(어느 민족 누구게나)

○ 암송 구절   레위기 24장 16절

여호와의 이름을 훼방하면 그를 반드시 죽일지니 온 회중이 돌로 그를 칠 것이라 외국인이든지 본 토인이든지 여호와의 이름을 훼방하면 그를 죽일지니라

누가 자기 부모님을 욕하는데 그냥 가만히 듣고만 있는 사람이 있을까? 듣고도 가만히 있다면 자녀라고 할 수 없어. 자녀라면 다른 사람이 자기 부모님을 욕되게 하는 것을 참을 수 없을 거야.

우리는 하나님의 자녀이기 때문에, 누가 하나님의 이름을 욕되게 하는 것을 듣고 가만히 있을 수 없어. 다윗은 골리앗이 하나님을 모욕하는 말을 듣고 이렇게 말했어. 구약성경 사무엘상 17장 26절 말씀이야. 함께 읽어 보자.

"이 할례 없는 블레셋 사람이 누구관대 사시는 하나님의 군대를 모욕하겠느냐."

골리앗이 이스라엘 군대 앞에 나와서 입에 담을 수 없는 말들로 하나님을 모욕했는데, 이스라엘 군대는 아무 말도 못 하고 가만히 있었어. 하나님의 이름의 영광이 짓밟히는데 아무도 분노하지 않았던 거야. 오직 한 사람, 다윗만이 분노하며 골리앗에게 나아가 맞서 싸웠어.

우리가 하나님의 사랑을 입은, 하나님을 사랑하는 하나님의 자녀라면 골리앗 앞의

다윗과 같아야 해. 하나님의 이름의 영광을 생명보다 중요하게 여기며, 살든지 죽든지 그 이름만 존귀하게 여김받도록 최선을 다해야 해.

　우리는 모든 장소와 상황 속에서 하나님의 이름이 모욕을 받을 때, 어떻게 하면 하나님의 이름을 욕되게 하지 않을지, 어떻게 하면 하나님의 이름의 영광을 다시 높여드릴 수 있을지 고민하고 생각해야 해. 하나님의 이름을 욕되게 하는 것이 얼마나 큰 죄인지 안다면, 내가 하나님의 이름을 영화롭게 하는 것은 물론이고, 다른 사람들도 하나님의 이름을 영화롭게 하도록 최선을 다해야 해. 그것이 바로 세 번째 계명에 순종하는 삶이야.

○ 제100문: 맹세나 저주로 하나님의 이름을 욕되게 하는 것은 그 죄를 금하거나 막는 일에 최선을 다하지 않은 사람들에게까지도 하나님께서 진노하실 정도로 큰 죄인가요?
○ 답: 맞아요. 하나님의 이름을 욕되게 하는 것보다 하나님을 더 크게 진노케 하는 죄는 없어요. 따라서 하나님께서는 이 죄를 사형으로 벌하라 명하셨어요.

● 기도하기

하나님 아버지, 우리는 물론이고, 우리 주변에 있는 사람들도 하나님을 욕되게 하는 큰 죄를 짓지 않게 해주세요. 특히 우리에게 용기와 지혜를 주셔서 하나님을 모욕하는 사람들을 그 큰 죄에서 건져낼 수 있게 해주세요. 예수님의 이름으로 기도드립니다. 아멘.

chapter 101

하나님의 이름으로 할 수 있는
맹세는 없는 건가요?

○ 찬송　502장(빛의 사자들이여)

○ 암송 구절　신명기 6장 13절

네 하나님 여호와를 경외하며 섬기며 그 이름으로 맹세할 것이니라

세 번째 계명을 어길까 봐 하나님의 이름으로 하는 맹세는 아예 하지 말아야 하는 걸까? 개인적인 욕심을 위한 맹세가 아니라, 국가와 교회의 질서와 평안을 위한 맹세라면 얼마든지 할 수 있어. 진실하고 거룩한 마음으로 하나님의 영광을 드러내고 이웃을 사랑하는 목적으로 하는 맹세는 꼭 필요하고 아주 좋은 거야.

나라를 위해 일하는 공직자가 되어 취임식을 할 때, 재판장에 증인으로 나가서 증언할 때, 교회에서 세례를 받을 때, 교회의 직분자가 되어 임직식을 할 때, 그리고 결혼식을 할 때, 우리는 하나님의 이름으로 맹세할 수 있어야 해. 그건 우리의 왕이시고 재판관이신 하나님 앞에서 우리의 말과 다짐이 진실하다는 것을 엄숙하게 고백하는 거야. 또한 하나님께서는 우리가 그렇게 맹세할 때 친히 우리의 증인이 되어주셔서 우리의 말과 다짐이 거짓이 아니라 진실이라는 것을 다른 사람에게 분명히 알려주셔. 그렇기 때문에 하나님의 이름으로 맹세하는 것을 두려워하지 말고, 필요할 때에 잘 활용할 수 있어야 해.

그렇지만 하나님의 이름으로 맹세를 할 수 있다고 해서 아무 때나 불필요한 맹세를 남용해서는 안 돼. 하나님의 이름으로 하는 맹세는 정말로 꼭 필요할 때만 하는 게 좋아. 가장 좋은 방법은 "맹세한다" 또는 "다짐한다"라는 말 대신, 내가 말하고 약속한

대로 실천하는 거야. 신약성경 마태복음 5장 37절 말씀을 우리말성경으로 함께 읽어 보자.

> "너희는 그저 '예' 할 것은 '예' 하고, '아니오' 할 것은 '아니오'만 하라. 그 이상의 말
> 은 악한 것에서 비롯된 것이다."

우리는 맹세할 때만 진실을 말하고 그 맹세한 것을 지키는 게 아니라, 늘 하나님 앞에서 진실만을 말하고 정직하게 살아야 해. 그렇게 사는 것이 거짓으로 가득한 이 어두운 세상 속에서 빛으로 살아가는 거야.

○ 제101문: 그러나 하나님의 이름으로 경건하게 맹세할 수는 있지 않나요?
○ 답: 맞아요. 국가가 국민에게 요구하는 경우, 혹은 하나님의 영광과 이웃의 복을 위하여 신뢰와 진리를 보존하고 증진시키는 데 꼭 필요한 경우에는 맹세할 수 있어요. 그러한 맹세는 하나님의 말씀에 근거한 것이며, 그렇기에 구약과 신약의 성도들도 이것을 옳게 사용해 왔어요.

● 기도하기

하나님 아버지, 국가와 교회, 그리고 다른 사람의 유익을 위해서 필요할 때는 하나님의 이름으로 맹세하게 해주세요. 우리가 그러한 맹세를 통해, 그리고 진실한 삶을 통해, 어두운 이 땅을 빛으로 밝히며 살아가게 해주세요. 예수님의 이름으로 기도드립니다. 아멘.

chapter 102

다른 사람이나 피조물의 이름으로
맹세하면 안 되나요?

○ 찬송   20장(큰 영광 중에 계신 주)

○ 암송 구절   마태복음 5장 34절

나는 너희에게 이르노니 도무지 맹세하지 말지니 하늘로도 말라 이는 하나님의 보좌임이요

하나님의 이름으로 맹세하는 것이 가능하다면, 하나님의 이름 대신 다른 사람이나 피조물의 이름으로 맹세하는 것도 가능할까? 그렇지 않아. 맹세는 오직 하나님의 이름으로만 해야 해.

하나님의 이름으로 맹세하는 것은 하나님을 영화롭게 하지만, 다른 사람이나 피조물의 이름으로 맹세하는 것은 하나님을 욕되게 하는 거야. 오직 하나님만이 사람의 마음과 생각을 아시기 때문에, 우리가 하는 맹세의 증인이 되어주실 수 있어. 그래서 우리의 맹세가 거짓일 때는 재판관이 되어 벌을 주실 수 있는 거야. 이 증인과 재판관의 자리에는 오직 하나님 한 분만 앉으실 수 있어. 다른 사람이나 피조물의 이름으로 맹세를 하는 것은 하나님의 자리에 피조물을 앉게 하는 거야. 이건 하나님을 낮추며 모욕하는 일이야.

우리는 오직 하나님의 이름으로만 맹세를 해. 맹세할 때 하늘에 맹세하고 땅에 맹세하는 사람들도 있어. 아무 생각 없이 그렇게 말하는 것일 수도 있지만, 그것은 하나님께서 허락하지 않으신 맹세야. 신약성경 야고보서 5장 12절 말씀을 함께 읽어 보자.

"내 형제들아 무엇보다도 맹세하지 말지니 하늘로나 땅으로나 아무 다른 것으로도

맹세하지 말고 오직 너희의 그렇다 하는 것은 그렇다 하고 아니라 하는 것은 아니라 하여 죄 정함을 면하라."

불필요한 맹세를 하는 것보다 더 위험한 것은 잘못된 맹세를 하는 거야. 가톨릭은 하늘과 땅 정도가 아니라 천사나 마리아, 그리고 성인들의 이름으로도 맹세할 수 있다고 해. 그런 맹세는 하나님을 욕되게 하는 거야. 맹세는 꼭 필요할 때에만 하되, 오직 하나님의 이름으로만 해야 해. 그래야 하나님의 이름을 영화롭게 할 수 있어. 하나님께서 허락하신 정당한 맹세만이 하나님의 이름을 영화롭게 한다는 것을 꼭 기억하도록 하자.

○ 제102문: 성인이나 다른 피조물로도 맹세할 수 있나요?
○ 답: 아니요. 정당한 맹세는 오직 홀로 사람의 마음을 아시는 하나님을 불러, 진리에 대해 증인이 되어주시며 내가 거짓으로 맹세할 때 벌하시기를 구하는 것이에요. 이러한 영예는 어떤 피조물에게도 돌아갈 수 없어요.

● 기도하기
하나님 아버지, 오직 하나님의 이름으로만 맹세할 수 있다는 것을 알게 되었어요. 다른 사람이나 피조물로 맹세를 해서 하나님을 욕되게 하는 죄를 짓지 않게 해주세요. 예수님의 이름으로 기도드립니다. 아멘.

chapter **103**

네 번째 계명에서 하나님이 원하시는 건 무엇인가요?

○ 찬송   43장(즐겁게 안식할 날)

○ 암송 구절   레위기 23장 3절

엿새 동안은 일할 것이요 일곱째 날은 쉴 안식일이니 성회라 너희는 무슨 일이든지 하지 말라 이는 너희 거하는 각처에서 지킬 여호와의 안식일이니라

십계명의 네 번째 계명 앞부분을 함께 읽어 보자.

  "안식일을 기억하여 거룩히 지키라."

 하나님께서 지키라고 말씀하신 안식일은 원래 토요일인데, 왜 우리는 안식일을 주일에 지키는 걸까? 안식일을 지키는 것은 하나님의 창조와 구원을 기억하기 위해서야. 그래서 이스라엘 백성은 6일 동안 일하고 7일째 되는 날인 안식일에 일하지 않고 쉬면서, 하나님의 창조와 구원을 기억하며 감사드렸어.

 그런데 안식일에 담겨 있는 쉼과 구원의 의미는 예수님을 통해 이루어질 구원을 예고하는 것이었고, 예수님께서 이 땅에 오심으로 안식일의 의미가 완전히 성취됐어. 그래서 신약 시대부터는 예수님의 부활을 강조하기 위해 원래 토요일이던 안식일을 예수님께서 부활하신 날인, 안식일 다음 날로 바꿔서 지키기 시작한 거야. 그날이 예수님께서 부활하신 날이기 때문에 그날을 '주님의 날'이라고 부르기 시작했고, '주님의 날'이라는 말을 줄여서 '주일'이라고 부르게 되었어.

우리는 주일에 모이기를 힘써야 해. 신약성경 히브리서 10장 25절 말씀을 함께 읽어 보자.

"모이기를 폐하는 어떤 사람들의 습관과 같이 하지 말고 오직 권하여 그날이 가까움을 볼수록 더욱 그리하자."

하나님께서는 우리가 모여서 함께 예배를 드리고, 성경을 배우고, 믿음 안에서 교제할 수 있도록 주일이라는 시간을 정해주셨어. 그 주일이라는 시간을 잘 지키는 것이 바로 '예배의 시간'에 대해 말하는 십계명의 네 번째 계명을 잘 지키는 거야.

○ **제103문: 하나님께서는 네 번째 계명에서 무엇을 요구하시나요?**
○ **답:** 첫째로, 하나님께서는 복음 선포 사역과 교회학교가 계속 유지되기를 원하세요. 특히 안식의 날인 주일마다 내가 교회에 참석해서, 그곳에서 하나님의 말씀을 배우고 성례에 참여하며, 모든 성도와 함께 하나님의 이름을 공적으로 부르고, 가난한 사람을 구제하기 위해 그리스도인으로서 헌금할 것을 요구하세요. 둘째로, 나의 일생 동안 악한 일을 그만두고, 나 자신을 하나님께 항복하여, 성령님을 통해 하나님이 내 안에서 일하시게 할 것을 요구하세요. 그리하여 영원한 안식이 이 세상에서부터 시작되기를 원하세요.

● **기도하기**

하나님 아버지, 하나님께서 정해주신 주일이라는 시간을 더 소중히 여기고, 끝까지 잘 지키게 해주세요. 예수님의 이름으로 기도드립니다. 아멘.

chapter 104

다섯 번째 계명에서 하나님이 원하시는 건 무엇인가요?

○ 찬송   579장(어머니의 넓은 사랑)

○ 암송 구절   에베소서 6장 1절

자녀들아 너희 부모를 주 안에서 순종하라 이것이 옳으니라

십계명의 다섯 번째 계명을 함께 읽어 보자.

> **"네 부모를 공경하라. 그리하면 너의 하나님 나 여호와가 네게 준 땅에서 네 생명이 길리라."**

하나님께서는 다섯 번째 계명에서 부모를 공경하라고 말씀하셨어. 그렇다면 아빠(엄마)는 할아버지, 할머니를 잘 공경하기만 하면 되고, OO는 아빠(엄마)를 잘 공경하기만 하면 되는 걸까?

다섯 번째 계명은 단순히 육체의 부모만 공경하라고 말하는 게 아니라, 하나님께서 정하신 모든 권위를, 그리고 모든 윗사람을 공경하라고 말하고 있어. 세상의 모든 권위는 하나님에게서 나왔어. 신약성경 로마서 13장 1절 말씀을 함께 읽어 보자.

> **"각 사람은 위에 있는 권세들에게 굴복하라 권세는 하나님께로 나지 않음이 없나니 모든 권세는 다 하나님의 정하신 바라."**

우리가 세상의 권위를 인정하고 잘 따르는 이유는 하나님의 권위를 인정하기 때문이야. 반대로 세상의 권위를 거스르는 것은 하나님의 권위를 거스르는 것과 마찬가지야.

그렇다면 부모를 포함한 윗사람의 약점이나 부족한 점이 많이 보여서 공경하고 싶지 않을 때는 어떻게 해야 할까? 또 세상의 권위가 우리 마음에 들지 않을 때에도 그 권위를 인정하고 잘 따라야 하는 걸까? 자녀가 부모님께 큰소리치며 함부로 대하고, 제자가 선생님께 대들고, 국민이 대통령을 욕하는 건 하나님께서 기뻐하시는 일이 아니야. 실제로 선생님이나 대통령의 이름을 반말하듯이 부르면서 무시하고 욕하는 사람들이 있는데, 그것은 십계명의 다섯 번째 계명을 어기는 거야. 그러니 우리는 부모님의 단점이 보여도, 선생님의 부족함이 보여도, 대통령님이 마음에 들지 않아도, 그 모든 권위를 하나님께서 세우신 권위로 인정하고 순종하는 마음으로 잘 따라야 해.

○ 제104문: 하나님께서는 다섯 번째 계명에서 무엇을 요구하시나요?
○ 답: 나의 부모님, 그리고 내 위에 있는 모든 권위에 모든 공경과 사랑과 신실함을 나타내고, 그들의 모든 좋은 가르침과 징계에 대해 합당한 순종을 하며, 또한 그들의 약점과 부족에 대해서는 인내해야 해요. 왜냐하면 그들의 손을 통해 우리를 다스리시는 것이 하나님의 뜻이기 때문이에요.

● 기도하기
하나님 아버지, 나이가 들어 제가 어른이 되고 부모님이 노인이 되어도 변함없이 부모님을 잘 공경하게 해주세요. 더 나아가 모든 윗사람과 세상의 모든 권위를 존중하며 살아가게 해주세요. 예수님의 이름으로 기도드립니다. 아멘.

chapter 105

여섯 번째 계명에서 하나님이 원하시는 건 무엇인가요?

○ 찬송   503장(세상 모두 사랑 없어)

○ 암송 구절   창세기 9장 6절

무릇 사람의 피를 흘리면 사람이 그 피를 흘릴 것이니 이는 하나님이 자기 형상대로 사람을 지었음이니라

십계명의 여섯 번째 계명을 함께 읽어 보자.

"살인하지 말지니라."

모기나 파리를 잡을 때, 치익 소리를 내면서 뿌리는 살충제가 있어. '살충'은 곤충을 죽인다는 뜻이야. 하나님께서는 여섯 번째 계명에서 살인하지 말라고 명령하셨는데, 여기 나오는 '살인'은 사람을 죽인다는 뜻이야. 그렇다면 왜 하나님께서는 곤충이나 동물을 포함한 살아 있는 것은 그 무엇도 죽이지 말라고 명령하지 않으시고, 사람을 죽이지 말라고만 명령하셨을까?

하나님께서 살인하지 말라고 하신 것은 이 세상의 모든 생명 중에서 사람의 생명이 소중하다는 것을 알려주시기 위해서야. 사람은 다른 피조물과는 달리 하나님의 형상과 모양을 따라 창조되었어. 구약성경 창세기 1장 26절 말씀을 함께 읽어 보자.

"하나님이 가라사대 우리의 형상을 따라 우리의 모양대로 우리가 사람을 만들고 그

로 바다의 고기와 공중의 새와 육축과 온 땅과 땅에 기는 모든 것을 다스리게 하자 하시고."

이처럼 사람은 하나님께서 아주 특별하게 창조하신 최고의 작품이야. 만약에 ○○가 레고블록으로 멋진 집을 만들었는데 누가 그 집을 부숴 버렸다고 생각해 봐. 사람의 생명을 빼앗는 것은 하나님께서 만드신 최고의 작품을 빼앗아서 부숴 버리는 것과 같아. 그건 하나님을 향한 심각한 도전이자 아주 큰 범죄야.

모든 사람의 생명은 하나님의 것이니 소중하게 여겨야 해. 살인은 말할 것도 없고, 다른 사람을 생각으로 미워하거나 말로 욕해서도 안 되는 거야. 뿐만 아니라 자신의 생명을 스스로 해치는 자살도 여섯 번째 계명을 어기는 큰 범죄라는 것을 꼭 기억하도록 하자.

○ 제105문: 하나님께서는 여섯 번째 계명에서 무엇을 요구하시나요?

○ 답: 내가 이웃의 명예를 훼손하거나 그들을 미워하거나 해치거나 죽이지 않기를 요구하세요. 나는 생각이나 말이나 몸짓으로, 무엇보다도 행동으로 그리해서는 안 되고, 다른 사람을 시켜서 해도 안 되며, 오히려 모든 복수심을 버려야 해요. 더 나아가 자기 자신을 해쳐서도 안 되고 부주의하게 위험에 빠뜨려서도 안 돼요. 그러므로 살인을 막기 위해서 국가는 또한 칼을 가지고 있어요.

● 기도하기

하나님 아버지, 모든 사람의 생명이 하나님의 것이라는 기억하며, 모든 사람의 생명을 소중히 여기며 살아가게 해주세요. 예수님의 이름으로 기도드립니다. 아멘.

chapter 106

왜 미움과 복수심을 살인이라고 하나요?

○ 찬송　322장(세상의 헛된 신을 버리고)
○ 암송 구절　요한일서 3장 15절
그 형제를 미워하는 자마다 살인하는 자니 살인하는 자마다 영생이 그 속에 거하지 아니하는 것을 너희가 아는 바라

농사를 지을 때 잡초가 자라나면 어떻게 해야 할까? 잡초는 눈에 보이는 부분만 잘라 내면 안 되고 뿌리까지 뽑아서 없애야 해. 그렇지 않으면 계속해서 다시 자라나기 때문이야.

　미움과 복수심은 살인의 뿌리야. 그래서 미움과 복수심 같은, 누군가를 향한 나쁜 마음을 계속해서 가지고 있으면 그 마음이 점점 자라나서 말과 행동으로 나타나게 돼. 신약성경 마태복음 5장 21-22절 말씀을 함께 읽어 보자.

> "옛 사람에게 말한 바 살인치 말라 누구든지 살인하면 심판을 받게 되리라 하였다는 것을 너희가 들었으나 나는 너희에게 이르노니 형제에게 노하는 자마다 심판을 받게 되고 형제를 대하여 라가[19]라 하는 자는 공회에 잡히게 되고 미련한 놈이라 하는 자는 지옥 불에 들어가게 되리라."

　예수님께서는 화를 내거나 욕하는 것이 살인이라고 말씀하셨어. 상대방이 내 마음에 들지 않는다고 화를 내거나 상처가 되는 말을 하며 비난하는 것은 여섯 번째 계명을 어기는 거야. 또한 상대방이 나에게 먼저 화를 내거나 욕을 한다고 해서, 나도 그 사람

에게 똑같이 화를 내거나 욕을 해선 안 돼. 그렇게 복수하려는 마음은 살인의 뿌리이므로 기도하며 꼭 뿌리까지 다 뽑아내야 한다는 것을 기억하도록 하자.

혹시나 지금 미움이나 복수심 같은 나쁜 마음을 갖고 있다면, 그리고 앞으로 그런 마음이 생긴다면 하나님께 곧바로 회개해야 해. 그리고 그 사람을 용서하고 사랑할 수 있게 해달라고 기도해야 해. 그렇게 살인의 뿌리를 우리 안에서 없애나가는 것이 여섯 번째 계명에 순종하는 거야.

○ 제106문: 여섯 번째 계명은 단지 살인에 대해서만 이야기하나요?
○ 답: 아니요. 하나님께서는 살인을 금함으로써 살인의 뿌리가 되는 시기, 증오, 분노, 복수심 등을 미워하시며, 이 모든 것이 하나님 앞에서 살인이라는 것을 가르쳐주세요.

● 기도하기

하나님 아버지, 다른 사람에게 미움이나 복수심 같은, 나쁜 마음을 갖는 것도 살인이라는 것을 알게 되었어요. 우리가 살인죄에 빠지지 않도록, 다시 말해 미움, 다툼, 시기, 질투를 갖지 않도록 인도해주세요. 예수님의 이름으로 기도드립니다. 아멘.

---

19) "라가"라는 말은 히브리인의 욕설로서 우리말로 하면 '멍청한 놈' 정도의 뜻의 갖고 있습니다.

107

여섯 번째 계명을 지키기 위해서는 살인만 안 하면 되는 건가요?

○ 찬송   336장(환난과 핍박 중에도)

○ 암송 구절   로마서 12장 10절

형제를 사랑하여 서로 우애하고 존경하기를 서로 먼저 하며

살인은 물론이고, 살인의 뿌리가 되는 미움과 복수심 같은 나쁜 마음을 갖지 않기만 하면 여섯 번째 계명을 다 지키는 걸까? 주변 사람 중에 내가 미워하는 사람이 한 사람도 없다 해도 여섯 번째 계명을 어길 수 있어. 왜냐하면 여섯 번째 계명은 단지 다른 사람을 살인하지 않는 것을 넘어, 사랑하는 데까지 나아가라고 명령하기 때문이야.
 사랑의 반대는 뭘까? 많은 사람이 미움이라고 대답할 거야. 맞아. 사랑의 반대는 미움이야. 그런데 좀 더 깊이 생각해 보면 사랑의 반대는 미움이 아니라 무관심이라고도 할 수 있어. 주변 사람들을 미워하지는 않지만 그들에게 관심이 없다면, 그래서 그들을 적극적으로 사랑하지 않는다면, 우리는 여섯 번째 계명을 다 지키지 못하는 거야.
 하나님께서 우리에게 여섯 번째 계명을 주신 목적은 단지 살인을 금하시려는 게 아니라, 우리가 서로를 뜨겁게 사랑하며 살게 하시려는 거야. 시험 문제에 정답을 써야 하는데 연필로 잘못된 답을 적으면 어떻게 해야 할까? 지우개로 지우고 정답을 다시 써야 해. 그런데 지우개로 잘못된 답을 지우기만 하고 정답을 쓰지 않은 채 시험지를 제출하면 그 문제는 틀린 게 되어 버려. 이처럼 우리는 우리의 삶 가운데 미움과 복수심 같은 나쁜 마음들을, 나쁜 말들을, 나쁜 행동들을 회개하며 지워 나가야 해. 그리고 거기서 멈추지 말고 우리의 삶을 이웃 사랑으로 채워 나가야 해. 신약성경 마태복

음 5장 44절 말씀을 함께 읽어 보자.

"나는 너희에게 이르노니 너희 원수를 사랑하며 너희를 핍박하는 자를 위하여 기도하라."

예수님께서는 우리의 이웃 사랑이 원수 사랑에까지 이르러야 한다고 말씀하셨어. 그러므로 우리는 이웃을 내 몸과 같이 뜨겁게 사랑하고, 더 나아가 원수까지도 사랑하려고 애써야 해. 그렇게 살아가는 게 하나님께 받은 여섯 번째 계명에 순종하는 길이라는 것을 꼭 기억하도록 하자.

○ **제107문: 앞에서 말한 방식으로 우리 이웃을 죽이지 않으면, 그것으로 여섯 번째 계명을 다 지킨 건가요?**

○ **답:** 아니요. 하나님께서는 시기와 증오와 분노를 정죄하심으로써 우리가 우리 이웃을 자기 자신처럼 사랑하여, 인내와 화평과 온유와 자비와 친절을 보이고, 우리가 할 수 있는 한 그들을 해치는 나쁜 일들로부터 그들을 보호하며, 심지어 원수에게도 선을 행하라고 하셨어요.

● **기도하기**

하나님 아버지, 이웃을 내 몸과 같이 사랑하고 원수까지도 사랑함으로써 여섯 번째 계명을 온전히 다 지키게 해주세요. 예수님의 이름으로 기도드립니다. 아멘.

chapter 108

일곱 번째 계명에서 하나님이 원하시는 건 무엇인가요?

○ 찬송   593장(아름다운 하늘과)
○ 암송 구절   히브리서 13장 4절
모든 사람은 혼인을 귀히 여기고 침소를 더럽히지 않게 하라 음행하는 자들과 간음하는 자들을 하나님이 심판하시리라

십계명의 일곱 번째 계명을 함께 읽어 보자.

 "간음하지 말지니라."

아빠와 엄마가 결혼해서 가정을 이루었기 때문에 ○○가 태어날 수 있었고, 이렇게 잘 자랄 수 있었어. 한 생명이 태어나서 잘 자라기 위해서는 가정이 꼭 필요해. 그래서 하나님께서는 사람을 남자와 여자로 만드셨고, 서로 사랑해서 결혼해 가정을 이루게 하셨어. 구약성경 창세기 2장 24절 말씀을 함께 읽어 보자.

 "이러므로 남자가 부모를 떠나 그 아내와 연합하여 둘이 한 몸을 이룰지로다."

한 명의 남자와 한 명의 여자가 만나 둘이 사랑해서 결혼해 한 몸을 이루는 것은 하나님께서 정하신 거야. 그래서 결혼할 때 하나님과 여러 사람 앞에서 결혼서약을 해. 지금 나와 결혼하는 이 한 사람만을 변함없이 사랑하겠다고 엄숙하게 약속하는 거지.

그렇게 결혼한 두 사람은 하나님께서 한 몸이 되게 하신 것을 귀하게 여기며 아름다운 가정을 세워 나가야 해.

하나님께서는 아름답게 세워진 가정이 파괴되지 않도록 일곱 번째 계명을 주셨어. 간음이란 결혼한 사람이 또 다른 남자나 여자를 사랑하는 것을 말해. 만일 누군가 하나님께서 허락해주신 배우자가 아닌 다른 사람을 사랑한다면, 어떤 일이 일어날까? 그 사실을 알게 된 배우자는 큰 배신감을 느끼고, 더 이상 예전처럼 자신의 배우자를 믿고 사랑할 수 없게 돼. 그렇게 되면 생명을 낳고 키우는 가정이 깨지게 되고 말아. 이처럼 간음은 하나님께서 세워주신 가정을 깨뜨리기 때문에 너무나 큰 범죄인 거야.

OO는 아직 어리지만, 결혼하기 전은 물론이고 결혼한 후에도 거룩하고 순결하게 살아야 한다는 것을 꼭 기억하도록 하자. OO가 그렇게 살아갈 때, 또 하나의 아름다운 가정이 든든히 세워지고, 그 가정을 통해 또 다른 생명이 태어나 잘 자라나게 될 거야.

○ 제108문: 일곱 번째 계명이 요구하는 것은 무엇인가요?
○ 답: 모든 부정은 하나님의 저주 아래 있어요. 따라서 거룩한 결혼의 관계에 있든지 독신으로 있든지, 우리는 어떤 부정이라도 마음으로부터 미워하고, 순결하고 단정한 생활을 해야 해요.

● 기도하기

하나님 아버지, 어른이 되어 결혼을 할 때까지, 그리고 결혼한 후에도 성적 타락에 빠지지 않고 순결하게 살도록 인도해주세요. 하나님께서 허락해주신 가정을 깨뜨리지 않고 아름답게 세워 나가게 해주세요. 예수님의 이름으로 기도드립니다. 아멘.

chapter 109

일곱 번째 계명을 지키기 위해서는
간음만 안 하면 되는 건가요?

○ 찬송   463장(신자 되기 원합니다)

○ 암송 구절   에베소서 5장 3절

음행과 온갖 더러운 것과 탐욕은 너희 중에서 그 이름이라도 부르지 말라 이는 성도의 마땅한 바
니라

결혼한 다음에 배우자를 배신하고 간음을 저지르지만 않으면 일곱 번째 계명을 다 지
키는 걸까? 사람을 죽이지 않아도 마음의 죄로 살인할 수 있는 것처럼, 실제로 간음을
저지르지 않아도 마음의 죄로 간음을 할 수 있어. 신약성경 마태복음 5장 27-28절 말
씀을 함께 읽어 보자.

  **"또 간음치 말라 하였다는 것을 너희가 들었으나 나는 너희에게 이르노니 여자를 보
  고 음욕을 품는 자마다 마음에 이미 간음하였느니라."**

  예수님께서는 마음으로 음란한 생각을 하는 것도 간음이라고 말씀하셨어. 그러니
우리는 일곱 번째 계명을 지키기 위해 우리의 몸뿐만이 아니라 말과 생각까지도 거룩
하고 순결하도록 힘써야 해.
  이 세상은 성적으로 타락해서 음란한 문화로 가득해. 그래서 조금만 방심해도 음란
한 문화에 물들어 성적인 타락에 빠질 수 있어. OO가 나이가 들면 들수록 OO를 성
적인 타락으로 이끌려는 많은 유혹들이 있을 거야. 대중문화를 통해, 인터넷을 통해,

또는 나쁜 친구들을 통해 음란한 영상, 사진, 그림, 그리고 말이나 글을 접할 수 있어. 그래서 음란한 문화는 처음부터 철저하게 피하고 멀리해야 해. 행여나 그런 유혹들이 OO에게 다가오면 너무 놀라지 말고, 또는 호기심을 가지고 혼자서 몰래 보거나 고민하지 말고, 아빠나 엄마에게 꼭 이야기해줘야 해. 아빠와 엄마에게는 OO를 건강한 가정의 울타리 속에서 거룩하고 순결하게 키울 의무와 책임이 있어. OO가 잘 자라나서 거룩하고 순결한 학생이 되고, 청년이 되고, 어른이 되어 결혼할 때까지 아빠와 엄마는 OO를 잘 지켜주고 인도해줄 거야. 그러니 우리 함께 기도하면서 성적인 타락으로 가득한 이 세상을 거룩하고 순결하게 살아가도록 하자.

○ **제109문: 하나님께서는 일곱 번째 계명에서 간음, 또는 그와 같은 부끄러운 죄만을 금지하셨나요?**

○ **답:** 우리의 몸과 영혼이 모두 성령님께서 거하시는 성전이기 때문에 우리가 몸과 영혼을 순결하고 거룩하게 지키기를 원하세요. 그렇기에 하나님께서는 모든 부정한 행동이나 몸짓, 말이나 생각이나 욕망, 또는 그리로 유혹하는 모든 것을 금지하세요.

● **기도하기**

하나님 아버지, 우리를 성적인 타락으로 이끌려는 모든 유혹으로부터 우리를 지켜주세요. 말과 행동은 물론이고, 우리의 생각까지도 늘 거룩하고 순결하게 해주세요. 예수님의 이름으로 기도드립니다. 아멘.

chapter 110

여덟 번째 계명에서 하나님은
무엇을 금지하시나요?

○ 찬송   368장(주 예수여 은혜를)

○ 암송 구절   레위기 19장 13절

너는 네 이웃을 압제하지 말며 늑탈하지 말며 품꾼의 삯을 아침까지 밤새도록 네게 두지 말며

십계명의 여덟 번째 계명을 함께 읽어 보자.

"도둑질하지 말지니라."

아빠(엄마)가 OO에게 선물을 하나 주었는데 어떤 사람이 그 선물을 훔쳐 갔어. 그렇다면 그 사람은 누구에게 잘못한 걸까? 그 사람은 OO에게만 잘못한 게 아니라 아빠(엄마)에게도 잘못한 거야. 왜냐하면 그 사람이 훔친 선물은 아빠(엄마)가 준 것이기 때문이야. 그 선물은 원래 아빠(엄마)의 것이었기에 그 선물을 훔친 것은 아빠(엄마)의 것을 훔친 것과 마찬가지인 거야.

다른 사람의 것을 도둑질하는 것도 이와 같아. 다른 사람이 가지고 있는 것은 하나님께서 그 사람에게 주신 선물이야. 그래서 다른 사람의 것을 훔치거나 빼앗는 것은 단지 그 사람의 것을 도둑질하는 게 아니라 하나님의 것을 도둑질하는 셈이야. 따라서 도둑질은 하나님께 대한 큰 범죄인 거야.

다른 사람의 것을 도둑질하지 않기 위해서는 자신의 것에 만족하는 마음이 있어야 해. 신약성경 히브리서 13장 5절 말씀의 앞부분을 함께 읽어 보자.

"돈을 사랑치 말고 있는 바를 족한 줄로 알라."

  하나님께서 나에게 주신 것에 만족하지 않으면 다른 사람의 것을 갖고 싶은 마음이 생겨나고, 그 마음이 자라나 도둑질로 이어지게 돼. 그러므로 우리는 우리가 가지고 있는 물건, 돈, 건강, 시간, 인간관계 등의 모든 것들에 늘 자족하고 감사하며 살아가야 해. 여덟 번째 계명에 순종하기 위해서는 자족이 꼭 필요하다는 것을 잊지 말도록 하자.

○ **제110문: 하나님께서는 여덟 번째 계명에서 무엇을 금지하시나요?**
○ **답:** 하나님께서는 국가가 법으로 처벌하는 도둑질과 강도질만을 금하신 것이 아니고, 이웃의 소유를 자기의 것으로 삼으려고 시도하는 모든 속임수와 간계를 도둑질이라고 말씀하세요. 이런 것들은 폭력으로 혹은 합법성을 가장하고서 일어날 수 있는데 곧 거짓 저울이나 자나 되, 불량품, 위조 화폐나 고리대금과 같은 일 등은 하나님께서 금하신 일들이에요. 하나님께서는 또한 모든 탐욕을 금하시고, 그의 선물들이 조금이라도 잘못 사용되거나 낭비되는 것을 금지하세요.

● **기도하기**
하나님 아버지, 우리가 날마다 자족하며 살게 해주세요. 그래서 다른 사람의 것을 도둑질하면서 하나님의 것을 도둑질하는 큰 죄를 짓지 않게 해주세요. 예수님의 이름으로 기도드립니다. 아멘.

chapter 111

여덟 번째 계명에서 하나님이 원하시는 건 무엇인가요?

○ 찬송   465장(주 믿는 나 남 위해)

○ 암송 구절   에베소서 4장 28절

도적질하는 자는 다시 도적질하지 말고 돌이켜 빈궁한 자에게 구제할 것이 있기 위하여 제 손으로 수고하여 선한 일을 하라

내가 열심히 일해서 번 돈을 내 마음대로 쓰며 사는 것도 문제가 될까? 여덟 번째 계명에서 도둑질하지 말라고 했으니, 남의 것은 생각하지 말고 그냥 내 것만 생각하며 정직하게 열심히 일하면서 돈을 버는 건 괜찮지 않을까?

  여덟 번째 계명은 다른 사람의 소유를 빼앗지 말라고만 명령하는 게 아니라, 오히려 다른 사람의 소유를 늘려줄 것까지 명령하고 있어. 신약성경 디모데전서 6장 18절 말씀을 함께 읽어 보자.

  "선한 일을 행하고 선한 사업에 부하고 나눠 주기를 좋아하며 동정하는 자가 되게 하라."

  우리는 열심히 일해서 돈을 벌어야 해. 그리고 그 돈을 오직 나를 위해 사용하는 것뿐만 아니라, 다른 사람을 위해서도 사용해야 해. OO도 나중에 어른이 되면 일을 해서 돈을 벌게 될 거야. 그때, OO가 번 돈이 OO의 것이라고 생각하면 아무런 고민 없이 오직 OO 자신만을 위해 그 돈을 쓰게 될 거야. 하지만 그 돈이 원래 하나님의 것이

고 하나님께서 나에게 맡기신 것이라고 생각한다면, 그 돈을 하나님께서 원하시는 곳에 쓰기 위해 많은 고민을 하게 될 거야. 우리 주변에는 가난하고 힘들고 어려운 사람들이 많아. 그러니 우리는 하나님께서 우리에게 맡겨주신 것들로 그들을 도와야 해. 다른 사람의 것을 빼앗으려고 도둑질을 하지 않는 것을 넘어서, 열심히 일해 번 돈으로 다른 사람을 도울 때 비로소 여덟 번째 계명을 다 지켰다고 할 수 있어.

   학생들에게 열심히 공부하고자 하는 마음을 심어줄 때 "공부해서 남 주냐?"라는 말을 하기도 해. 예수님을 믿지 않는 사람들은 남을 위해서가 아니라 자신을 위해서 공부해야 하고 일해야 하지만 예수님을 믿는 우리는 달라야 해. 우리는 남 주기 위해서 공부하고, 남 주기 위해서 일해야 해. 그러니 열심히 공부하고 열심히 일해서, 남을 도우며 이웃 사랑을 실천하는 데 힘쓰도록 하자.

○ 제111문: 그렇다면 하나님께서는 여덟 번째 계명으로 무엇을 명령하시나요?
○ 답: 내가 이웃의 유익을 위해 할 수 있는 것은 무엇이든지 행하는 거예요. 또한 남에게 대접을 받고자 하는 대로 내가 남을 대접하는 거예요. 그리고 성실하게 일해서 어려운 형편에 놓여 있는 사람들을 도와주는 거예요.

● 기도하기

하나님 아버지, 다른 사람에게 있는 것을 빼앗으며 살지 않고, 다른 사람에게 없는 것을 채워주며 살게 해주세요. 그렇게 십계명의 여덟 번째 계명에 온전히 순종하게 해주세요. 예수님의 이름으로 기도드립니다. 아멘.

chapter 112

아홉 번째 계명에서 하나님이 원하시는 건 무엇인가요?

○ 찬송   452장(내 모든 소원 기도의 제목)

○ 암송 구절   잠언 19장 9절

거짓 증인은 벌을 면치 못할 것이요 거짓말을 내는 자는 망할 것이니라

십계명의 아홉 번째 계명을 함께 읽어 보자.

"네 이웃에 대하여 거짓 증거 하지 말지니라."

아홉 번째 계명은 원래 법정에서 거짓 증언을 해서 다른 사람에게 누명을 씌워 그 사람의 명예나 재산이나 생명을 해치는 것을 금지하는 계명이야. 그러나 법정이 아니더라도 악한 의도를 가지고 다른 사람에 대해 나쁜 말을 하거나 소문을 내서 그 사람에게 피해를 준다면, 그게 바로 아홉 번째 계명을 어기는 거야. 말은 다른 사람을 죽일 수도 있어. 따라서 우리는 언제 어디서나 말조심을 해야 해. 구약성경 시편 34편 13절 말씀을 함께 읽어 보자.

"네 혀를 악에서 금하며 네 입술을 궤사한 말에서 금할지어다."

험담은 누군가에 대해서 나쁘게 말하는 거야. 이런 험담은 누군가에게 큰 상처와 아픔을 주게 돼. 실제로 많은 연예인들이 아무 생각 없이 재미 삼아 올린, 사람들의 악

성 댓글 때문에 힘들어 하잖아. 그러니 말 한 마디가 다른 사람을 죽일 수도 있다는 것을 꼭 기억하도록 하자.

　반대로 말은 다른 사람을 살릴 수도 있어. 우리가 아홉 번째 계명을 다 지키려면 다른 사람을 죽이는 말만 안 하는 게 아니라, 다른 사람을 살리는 말을 해야 해. 다른 사람을 위로하고 격려해주기 위해서, 칭찬하고 응원해주기 위해서, 보호하고 지켜주기 위해서 말을 하는 게 바로 아홉 번째 계명에 온전히 순종하는 거야.

○ **제112문: 아홉 번째 계명이 요구하는 것은 무엇인가요?**

○ **답:** 내가 어느 누구에게도 거짓 증언하지 않고, 다른 사람의 말을 왜곡하지 않고, 뒤에서 헐뜯지 않으며, 어떤 사람의 말을 들어보지 않고 성급히 정죄하지 않으며, 다른 사람이 성급히 정죄하는 데에도 참여하지 않기를 원하세요. 오히려 하나님의 무서운 진노를 당하지 않기 위해 본질적으로 마귀의 일인 모든 거짓과 속이는 일을 피해야 해요. 법정에서나 기타 다른 경우에도 나는 진리를 사랑하고 정직하게 진실을 말하고 고백해야 하며 할 수 있는 대로 이웃의 명예와 평판을 보호하고 높여야 해요.

● **기도하기**

하나님 아버지, 우리가 다른 사람을 죽이는 말을 하지 않도록 우리의 입술을 지켜주세요. 또한 우리가 다른 사람을 살리는 말을 하도록 우리의 입술을 인도해주세요. 예수님의 이름으로 기도드립니다. 아멘.

chapter 113

열 번째 계명에서 하나님이 원하시는 건 무엇인가요?

○ 찬송   455장(주님의 마음을 본받는 자)

○ 암송 구절   골로새서 3장 5절

그러므로 땅에 있는 지체를 죽이라 곧 음란과 부정과 사욕과 악한 정욕과 탐심이니 탐심은 우상 숭배니라

십계명의 열 번째 계명을 함께 읽어 보자.

> "네 이웃의 집을 탐내지 말지니라. 네 이웃의 아내나 그의 남종이나 그의 여종이나 그의 소나 그의 나귀나 무릇 네 이웃의 소유를 탐내지 말지니라."

십계명의 마지막 계명은 탐심을 갖지 말라는 마음의 죄에 대해서 이야기하고 있어. 탐심은 우리 자신과 이웃에 관한 잘못에 있어서 가장 뿌리가 되는 죄야. 그렇기 때문에 탐심이 있으면 지금까지 살펴본 이웃 사랑에 대한 계명들을 지키는 게 불가능해.

우리가 내 이웃을 내 몸처럼 사랑하기 위해서는 탐심을 물리쳐야 해. 구약성경 잠언 4장 23절 말씀을 함께 읽어 보자.

> "무릇 지킬 만한 것보다 더욱 네 마음을 지키라 생명의 근원이 이에서 남이니라."

우리가 구원받았어도 우리에게는 아직 죄의 성향이 남아 있어. 그래서 가끔 욕심이

생기기도 해. 그러니 그런 마음이 들 때마다 회개하고 성령님께 마음을 지켜달라고 기도해야 해.

하나님께서는 열 번째 계명을 통해 탐심이 죄의 뿌리라는 것을 알려주셨어. 그러니 탐심이 우리의 마음에 뿌리를 내리지 못하도록 늘 깨어 마음을 잘 지키도록 하자. 그렇게 열 번째 계명에 순종하면 부모를 공경하고, 살인하지 않고, 간음하지 않고, 도둑질하지 않고, 거짓 증언 하지 않으며 이웃 사랑을 실천하는 자신을 발견하게 될 거야.

○ **제113문: 열 번째 계명이 요구하는 것은 무엇인가요?**

○ **답:** 하나님의 계명 어느 하나에라도 어긋나는 지극히 작은 욕망이나 생각을 조금도 마음에 품지 않는 것이고, 언제든지 우리 마음을 다하여 모든 죄를 미워하고 모든 의를 좋아하는 것이에요.

● **기도하기**

하나님 아버지, 우리의 마음에 탐심이 자리 잡지 않게 도와주세요. 날마다 회개하며 탐심을 물리쳐서 선한 마음을 갖게 해주시고, 그 선한 마음이 선한 말과 행동으로 이어져 이웃 사랑을 실천하며 살아가게 해주세요. 예수님의 이름으로 기도드립니다. 아멘.

chapter 114

십계명을 완전히 다 지킬 수 있나요?

○ 찬송   430장(주와 같이 길 가는 것)
○ 암송 구절   요한일서 2장 3절
우리가 그의 계명을 지키면 이로써 우리가 저를 아는 줄로 알 것이요

이 세상에 십계명을 완전히 다 지킬 수 있는 사람이 있을까? 구약성경 전도서 7장 20절 말씀을 함께 읽어 보자.

"선을 행하고 죄를 범치 아니하는 의인은 세상에 아주 없느니라."

십계명을 완전히 다 지키는 사람은 과거에도 없었고, 현재에도 없고, 미래에도 없을 거야. 그렇지만 십계명을 지키려고 노력하는 사람들은 있어. 누가 십계명을 지키려고 할까? 하나님께 받은 구원의 은혜가 너무나 감사해서 그 은혜에 보답하고 싶은 사람이야. 말로만 감사하는 것이 아니라, 하나님의 뜻대로 살아가면서 삶 전체로 하나님께 감사를 표현하고 싶어 하는 사람, 하나님께서는 그런 사람들을 위해서 십계명을 주셨어.

OO가 처음 두 발로 일어나 걷기 시작했을 때, 아빠(엄마)의 마음이 어땠을 것 같아? OO가 뛰지 못한다고 속상해했을까? 아니야. OO가 드디어 일어나 걷는구나 하면서 얼마나 기뻐했는지 몰라. 하나님의 마음도 그와 같아. 우리가 십계명을 지키면서 하나님의 뜻대로 한 걸음씩 걸어가다가 엉덩방아를 찧으며 넘어질지라도, 하나님께서는 우리를 미워하거나 버리시지 않아. 오히려 응원하고 격려하며 우리를 다시 일으켜

주시고, 계속해서 걸어갈 수 있도록 도와주셔.

하나님께서는 우리에게 십계명만 주신 게 아니라, 우리를 돕기 위해 성령님을 보내 주셨어. 성령님께서는 늘 우리와 함께하시면서 우리가 십계명을 지키며 살아갈 수 있도록 끝까지 도와주신다는 것을 꼭 기억하도록 하자. 그리고 그렇게 성령님의 도우심을 받아 살아가다 보면 점점 더 잘 걷게 되고, 나중에는 두 발로 점프도 하고 빨리 뛸 수도 있게 될 거야. 그것이 바로 점점 더 거룩하게 변해 가는 성화의 은혜야.

○ **제114문: 그런데 하나님께 돌아온 사람들이 이 계명들을 완전히 지킬 수 있나요?**

○ **답:** 아니요. 가장 거룩한 사람들도 이 세상에 사는 동안 이 계명을 지키는 것을 거우 시작했을 뿐이에요. 그렇지만 그들은 굳은 결심으로 하나님의 계명 가운데 단지 몇 가지가 아니라, 하나님의 모든 계명에 따라 살기 시작해요.

● **기도하기**

하나님 아버지, 십계명을 다 지키지 못한다고 낙심하거나 포기하지 않게 해주세요. 동시에 십계명을 지키기 위해 끝까지 최선을 다하게 해주세요. 예수님의 이름으로 기도드립니다. 아멘.

chapter **115**

교회는 왜 그토록 십계명을 강조하나요?

○ 찬송   214장(나 주의 도움 받고자)

○ 암송 구절   신명기 27장 26절

이 율법의 모든 말씀을 실행치 아니하는 자는 저주를 받을 것이라 할 것이요 모든 백성은 아멘 할

지니라

십계명은 사도신경, 주기도문과 함께 성경 앞뒤에 수록되어 있어. 그만큼 십계명은 우리 신앙에서 중요한 삶의 원리야. 실제로 교회에서는 십계명을 많이 강조해. 십계명을 반복해서 설교하기도 하고, 설교 내용 가운데 십계명이 자주 나오기도 해. OO가 이렇게 아빠(엄마)와 함께 십계명을 열심히 공부한 이유도 십계명이 중요하기 때문이야. 그렇다면 십계명이 그토록 중요한 이유는 무엇일까?

첫째, 우리가 철저한 죄인이라는 것을 깨닫게 해주기 때문이야. 십계명을 배우고 지키기 위해서 노력하다 보면 자신이 전적으로 타락한 죄인이라는 것을 깊이 깨닫게 돼. 구약성경 욥기 15장 14절 말씀을 함께 읽어 보자.

"사람이 무엇이관대 깨끗하겠느냐 여인에게서 난 자가 무엇이관대 의롭겠느냐."

날마다 십계명을 지키기 위해 몸부림치지 않으면 자신이 깨끗하고 의로운 사람이라고 생각하게 돼. 자신이 철저한 죄인이라는 것을 잊어버리게 되는 거야. 율법이 죄를 깨닫게 한다고 배웠던 것 기억하지? 율법의 요약인 십계명을 생각할 때도 그 사실을 꼭 기억해야 해. 십계명이 없으면, 자신이 전적으로 타락한 죄인이라는 것을 깨달을

수 없어. 그래서 교회가 그토록 십계명을 강조하는 거야.

둘째, 오직 성령님의 은혜를 구하며 기도하게 해주기 때문이야. 십계명 앞에서 자신이 정말로 연약하고 아무것도 할 수 없는 자라는 것을 깨닫게 되면, 누가 시키지 않아도 자연스럽게 기도하게 돼. 하나님의 은혜가 너무나 감사해서 하나님의 뜻대로 살고 싶은데, 그것이 자신의 힘으로는 안 되니까 기도할 수밖에 없는 거야. 그래서 교회가 십계명을 강조하면 할수록 교인들은 성령님께 도움을 구하며 더 기도하게 되는 거야.

○ 제115문: 이 세상에서는 아무도 십계명을 완전히 지킬 수 없는데 왜 하나님께서는 십계명을 그렇게 엄격하게 설교하게 하시나요?

○ 답: 첫째, 평생 동안 우리가 지니고 있는 죄악 된 본성을 더욱더 깨닫게 하려는 거예요. 그래서 우리가 그리스도 안에서 죄 사함과 의로움을 더욱더 간절히 구하게 하세요. 둘째, 이 세상의 삶을 마치고 목적지인 완전에 이를 때까지, 하나님의 형상으로 더욱더 변화되기를 끊임없이 노력하고 하나님께 성령의 은혜를 구하게 하기 위함이에요.

● 기도하기

하나님 아버지, 십계명을 통해 우리가 연약한 죄인이라는 것을 잊지 않게 해주세요. 또한 성령님의 도움을 구하며 기도의 자리로 나아가게 해주세요. 예수님의 이름으로 기도드립니다. 아멘.

chapter 116

왜 기도해야 하나요?

○ 찬송   364장(내 기도하는 그 시간)
○ 암송 구절   골로새서 4장 2절
기도를 항상 힘쓰고 기도에 감사함으로 깨어 있으라

사도신경은 '우리가 무엇을 믿는가?'에 대한 내용이었고, 십계명은 '우리가 어떻게 살아야 하는가?'에 대한 내용이었어. 그리고 오늘부터 마지막 129과까지 배우게 될 주기도문은 '우리가 어떻게 기도해야 하는가?'에 대한 내용이야.

주기도문을 배우기 전에 먼저 기억해야 할 것은 기도가 감사의 표현이라는 거야. 기도할 때, "~해주셔서 감사합니다"라고 고백하는 것만 감사가 아니라, 기도하는 것 자체가 감사야. 우리가 하나님께 이미 받은 은혜를 생각해 봐. 예수님을 믿어 구원받아 하나님의 자녀가 되어 하나님께 기도할 수 있게 되었다는 것은 엄청난 일이야. OO가 왕이 있었던 조선 시대에 살고 있다고 생각해 봐. 그 당시에는 백성들이 왕의 얼굴도 제대로 쳐다보지 못했어. 아무 때나 왕을 찾아가서 대화를 나누고 필요한 것을 구한다는 것은 상상할 수 없는 일이었어. 조선이라는 작은 나라의 왕도 그렇게 대단한데, 온 우주 만물을 창조하신 하나님은 어떨지 생각해 봐. 우리는 모든 왕들의 왕이신 하나님께 아무 때나 기도하며 필요한 것들을 얼마든지 구할 수 있어. 이건 정말로 어마어마한 일이야. 그러니 우리는 하나님께 기도할 때마다 기도할 수 있다는 것이 얼마나 감사한 일인지 꼭 기억해야 해. 신약성경 빌립보서 4장 6절 말씀을 함께 읽어 보자.

"아무것도 염려하지 말고 오직 모든 일에 기도와 간구로 너희 구할 것을 감사함으로

하나님께 아뢰라."

우리가 감사함으로 기도할 때 하나님께서는 그 기도에 응답해주실 테니 염려하지 말라고 하셨어. 그러니 우리의 기도는 감사로 시작해서 감사로 끝나야 해. 감사를 잃지 않고 더욱 감사하며 살아가기 위해 쉬지 말고 기도해야 한다는 것을 꼭 기억하도록 하자.

○ **제116문: 그리스도인에게 왜 기도가 필요하나요?**
○ **답:** 기도는 하나님께서 우리에게 요구하시는 감사의 가장 중요한 부분이기 때문이에요. 또한 하나님께서는 그의 은혜와 성령님을 오직 탄식하는 마음으로 쉬지 않고 구하고 그것에 대해 감사하는 사람에게만 주시기 때문이에요.

〰〰〰〰〰〰〰〰〰〰〰〰〰〰〰〰〰〰〰〰〰〰〰〰〰〰

● **기도하기**

하나님 아버지, 기도가 감사의 표현이라는 것을 알게 되었어요. 하나님께 기도할 때마다 기도할 수 있다는 것이 얼마나 감사한 일인지 잊지 않게 해주세요. 예수님의 이름으로 기도드립니다. 아멘.

chapter 117

어떻게 기도해야 하나요?

○ 찬송　539장(너 예수께 조용히 나가)

○ 암송 구절　요한일서 5장 14절

그를 향하여 우리의 가진 바 담대한 것이 이것이니 그의 뜻대로 무엇을 구하면 들으심이라

먼저 신약성경 마태복음 7장 8절 말씀을 함께 읽어 보자.

"구하는 이마다 얻을 것이요 찾는 이가 찾을 것이요 두드리는 이에게 열릴 것이니라."

　하나님께서는 우리가 원하는 것이면 무엇이든 다 들어주실까? 우리가 원하는 것에는 우리의 욕심이 들어갈 수 있기 때문에 우리의 기도를 모두 들어주시지는 않아. 하나님께서는 우리가 다음의 세 가지를 기억하고 기도해야 들어주셔.

　첫째, 말씀을 붙들고 기도해야 해. OO가 아빠(엄마)에게 위험한 물건을 사달라고 하면 당연히 안 사주겠지? 하나님께서도 우리가 잘못된 것을 구하면 절대로 주지 않으셔. 그렇기 때문에 우리는 하나님의 뜻에 합당한 것을 구해야 해. 그게 무엇인지는 성경을 보면 알 수 있어. 우리가 성경을 읽고 열심히 배워야 하는 이유가 여기에 있는 거야.

　둘째, 겸손한 자세로 기도해야 해. 우리는 기도할 때마다 하나님 앞에서 우리가 얼마나 더러운 죄인인지를 잊지 말아야 해. 하나님께서는 죄인의 자리에 엎드려 아무것도 숨기지 않고 있는 모습 그대로 하나님께 나아가는 겸손한 사람의 기도에 응답하셔.

　셋째, 예수님의 공로를 의지하며 기도해야 해. 예수님께서 우리의 죄 문제를 해결

해주시지 않았더라면 우리는 하나님께 기도하기는커녕 감히 하나님의 이름조차 부를 수 없었을 거야. 우리가 기도할 때마다 마지막에 "예수님의 이름으로 기도드립니다"라고 하잖아. 그게 바로 예수님을 통해서만 하나님께 나아가 기도할 수 있다는 고백이야.

우리는 이 세 가지 내용을 가지고 감사함으로 간절히 기도해야 해. 그때 하나님께서 우리의 기도에 응답해주실 거야.

○ 제117문: 어떻게 기도해야 하나님께서 우리의 기도를 들어주시나요?

○ 답: 첫째, 말씀을 통하여 자신을 계시하신 유일하신 참 하나님께 그분의 뜻에 합당한 것들을 진심으로 구해야 해요. 둘째, 우리의 가난하고 비참한 상태를 인정하고 아무것도 숨기지 말며 존귀하신 하나님 앞에서 겸손해야 해요. 셋째, 비록 우리는 무가치한 존재일지라도 하나님께서는 우리 주 그리스도의 공로로 말미암아 우리의 기도를 들어주신다는 확고한 신앙을 지녀야 해요. 이것이 바로 말씀을 통해서 우리에게 주신 하나님의 약속이에요.

● **기도하기**

하나님 아버지, 기도할 때마다 말씀을 붙들고, 겸손한 자세로, 그리고 예수님의 공로를 의지하며 기도하게 해주세요. 우리가 그렇게 기도할 때, 우리의 기도를 들으시고 꼭 응답해주세요. 예수님의 이름으로 기도드립니다. 아멘.

chapter 118

무엇을 기도해야 하나요?

○ 찬송   361장(기도하는 이 시간)

○ 암송 구절   마태복음 6장 6절

너는 기도할 때에 네 골방에 들어가 문을 닫고 은밀한 중에 계신 네 아버지께 기도하라 은밀한 중에 보시는 네 아버지께서 갚으시리라

기도는 우리의 특권이야. 예수님께서는 우리가 그 특권으로 하나님을 기쁘게 해드리고, 행복한 삶을 살아가도록 주기도문을 알려주셨어.

　주기도문에는 우리의 영혼과 몸에 필요한 모든 간구가 포함되어 있어. 그렇기 때문에 주기도문의 내용을 잘 이해해서 주기도문의 내용으로 기도해야 해.

　기도는 얼마나 오랜 시간 기도하느냐보다 무엇을 기도하느냐가 더 중요해. 신약성경 마태복음 6장 7절 말씀을 함께 읽어 보자.

　　"또 기도할 때에 이방인과 같이 중언부언하지 말라 저희는 말을 많이 하여야 들으실 줄 생각하느니라."

　중언부언한다는 것은 주문을 외우는 것처럼 쓸데없이 말을 길게 하거나, 아무 의미 없는 말을 계속해서 반복하는 거야. 우리의 기도가 중언부언하는 기도가 되지 않게 하려면 주기도문을 잘 배워서 그 내용이 무엇인지를 분명히 알고 진실하게 기도해야 해. 다른 생각을 하면서 기도하면 안 되고, 한마디 한마디에 진심을 담아서 진실하게 기도해야 해.

이제 주기도문의 내용을 하나씩 배우게 될 거야. 사도신경과 십계명을 공부했던 것처럼 주기도문도 잘 배워서, 기도라는 우리의 특권을 하나님께서 원하시는 곳에 잘 사용하도록 하자.

○ **제118문: 하나님께서는 우리에게 무엇을 구하라고 명령하셨나요?**
○ **답:** 우리의 영혼과 몸에 필요한 모든 것들이에요. 우리의 주님이신 그리스도께서는 우리에게 가르쳐주신 기도에서 그것을 요약하여 말씀하셨어요.

● 기도하기

하나님 아버지, 이제 주기도문을 배워요. 주기도문의 내용을 잘 이해해서 하나님께서 원하시는 기도를 하게 해주세요. 예수님의 이름으로 기도드립니다. 아멘.

chapter 119

주기도문이 무엇인가요?

○ 찬송   363장(내가 깊은 곳에서)

○ 암송 구절   누가복음 11장 1절

예수께서 한 곳에서 기도하시고 마치시매 제자 중 하나가 여짜오되 주여 요한이 자기 제자들에게 기도를 가르친 것과 같이 우리에게도 가르쳐 주옵소서

예수님께서 가르쳐주신 주기도문은 여섯 개의 간구로 이루어져 있어. 첫 번째부터 세 번째 간구는 하나님 나라와 관련되어 있고, 네 번째부터 여섯 번째 간구는 우리의 몸과 영혼에 필요한 것들과 관련되어 있어. 앞으로 이 여섯 개의 간구를 중심으로 주기도문을 배울 텐데, 그에 앞서서 오늘은 주기도문 전체를 함께 읽어 보도록 하자.[20]

〈개역개정 주기도문〉

하늘에 계신 우리 아버지여,

이름이 거룩히 여김을 받으시오며, (첫 번째 간구)

나라가 임하시오며, (두 번째 간구)

뜻이 하늘에서 이루어진 것같이 땅에서도 이루어지이다. (세 번째 간구)

오늘 우리에게 일용할 양식을 주시옵고, (네 번째 간구)

우리가 우리에게 죄지은 자를 사하여 준 것같이 우리 죄를 사하여 주시옵고, (다섯 번째 간구)

우리를 시험에 들게 하지 마시옵고, 다만 악에서 구하시옵소서. (여섯 번째 간구)

나라와 권세와 영광이 아버지께 영원히 있사옵나이다. 아멘.

○ 제119문: 예수님께서 가르쳐주신 기도는 무엇인가요?

○ 답:[21] 하늘에 계신 우리 아버지여, 이름이 거룩히 여김을 받으시오며, 나라이 임하옵시며, 뜻이 하늘에서 이룬 것같이 땅에서도 이루어지이다. 오늘날 우리에게 일용할 양식을 주옵시고, 우리가 우리에게 죄지은 자를 사하여 준 것같이 우리 죄를 사하여 주옵시고, 우리를 시험에 들게 하지 마옵시고 다만 악에서 구하옵소서. 대개 나라와 권세와 영광이 아버지께 영원히 있사옵나이다. 아멘.

● 기도하기

하나님 아버지, 이제 주기도문을 배워요. 주기도문의 내용을 잘 이해해서 하나님께서 원하시는 것들을 기도하게 해주세요. 예수님의 이름으로 기도드립니다. 아멘.

---

20) 119문의 답 부분에 개역한글 주기도문을 넣었기에, 본문에는 개역개정 주기도문을 기재했습니다.
21) 개역한글 주기도문입니다. 앞으로 이어질 각 과의 내용과 문답에서는 개역한글 주기도문의 내용을 사용했습니다.

chapter 120

'우리 아버지'라는 말이 무슨 뜻이에요?

○ 찬송   419장(주 날개 밑 내가 편안히 쉬네)
○ 암송 구절   갈라디아서 4장 6절
너희가 아들인 고로 하나님이 그 아들의 영을 우리 마음 가운데 보내사 아바 아버지라 부르게 하
셨느니라

주기도문은 "하늘에 계신 우리 아버지여"라는 말로 시작해. 한글로 번역하다 보니 한
글 주기도문에는 "하늘에 계신"이라는 말이 제일 먼저 나왔지만, 신약성경 원어(헬라
어) 성경의 주기도문을 보면 "아버지"라는 말이 제일 먼저 나와. 예수님께서는 주기
도문을 가르쳐주시면서 하나님을 "아버지"라고 부르며 기도해야 한다는 것을 가장 먼
저 알려주셨어.

  우리가 하나님을 아버지라고 부를 수 있는 것은 예수님 때문이야. 원래 하나님을 아
버지라고 부를 수 있는 분은 오직 예수님뿐이셔. 죄인으로 태어난 우리가 거룩하신 하
나님을 아버지라고 부른다는 것은 너무나 놀라운 일이야. 그런데 그 놀라운 일이 우
리 앞에 펼쳐졌어. 우리가 믿음으로 예수님과 연합해서 예수님처럼 하나님을 아버지
라고 부를 수 있는, 하나님의 자녀가 되는 길이 열린 거야. 신약성경 고린도후서 6장
18절 말씀을 함께 읽어 보자.

  **"너희에게 아버지가 되고 너희는 내게 자녀가 되리라 전능하신 주의 말씀이니라 하
  셨느니라."**

하나님은 우리의 아버지이시고, 우리는 그분의 자녀야. 우리는 주기도문으로 기도할 때마다 이것을 확실하게 믿고, 우리를 자녀 삼아주신 하나님 아버지께 감사드려야 해.

OO가 놀이터에서 놀다가 큰 소리로 "아빠(엄마)" 하고 부르면, 그 소리를 들은 아빠(엄마)는 어떻게 할까? OO의 목소리를 들은 즉시 OO에게 달려갈 거야. 이처럼 하나님께서는 우리가 아버지라고 부르며 기도할 때마다 우리의 기도에 귀 기울이시고 응답해주셔. 그러니 우리는 하나님을 아버지라고 부르면서 주기도문으로 여섯 가지의 간구를 할 때마다, 하나님께서 우리의 기도를 들으시고 반드시 응답해주신다는 확신을 가질 수 있는 거야.

○ 제120문: 그리스도께서는 왜 하나님을 "우리 아버지"라고 부르라고 명하셨습니까?
○ 답: 그리스도께서는 기도를 시작할 때부터 우리 마음에 하나님께 대하여 어린아이와 같은 공경심과 신뢰를 불러일으키기 원하셨는데, 이것이 우리 기도의 기초예요. 하나님께서는 그리스도로 말미암아 우리 아버지가 되셨으며, 우리가 믿음으로 구하는 것에 대해서는 우리 부모가 땅의 좋은 것들을 거절하지 않는 것보다 훨씬 더 거절하지 않으실 거예요.

● 기도하기

하나님 아버지, 하나님께서 우리의 아버지가 되어주셔서 너무나 기쁘고 감사해요. 주기도문으로 기도할 때마다 우리가 하나님의 자녀가 되었다는 은혜와 감격을 기억하게 해주세요. 예수님의 이름으로 기도드립니다. 아멘.

chapter 121

'하늘에 계신'이라는 말이 무슨 뜻이에요?

○ 찬송   377장(전능하신 주 하나님)

○ 암송 구절   로마서 8장 32절

자기 아들을 아끼지 아니하시고 우리 모든 사람을 위하여 내어주신 이가 어찌 그 아들과 함께 모든 것을 우리에게 은사로 주지 아니하시겠느뇨

아빠(엄마)는 OO를 너무나 많이 사랑해. 하지만 OO의 모든 필요를 다 채워줄 수는 없어. OO의 모든 필요를 다 채워줄 수 있는 분은 하나님 아버지 한 분뿐이셔. 예수님께서는 우리가 기도할 때마다 이것을 기억하도록 "하늘에 계신"이라는 말을 덧붙여주셨어.

하늘에 계신 하나님 아버지께서는 온 우주 만물을 창조하신 전능하신 하나님이셔. 전능하시다는 것은 모든 것을 할 수 있으시다는 거야. 이 땅에서의 아빠(엄마)는 OO의 소원을 몇 가지 들어줄 수 있을까? 램프의 요정 지니는 어떤 소원이든 세 가지 소원을 들어준다고 하잖아. 아쉽게도 아빠(엄마)는 램프의 요정 지니처럼 OO의 소원을 들어줄 수 없어. 지금은 아빠(엄마)가 힘이 센 슈퍼맨 같아 보일 수도 있지만, 아빠(엄마)도 하나님께서 만드신 피조물에 불과해. 그렇기 때문에 앞으로 OO가 나이가 들어 점점 자라날수록 아빠(엄마)의 부족함과 연약함을 많이 보게 될 거야.

하지만 하늘에 계신 하나님 아버지는 달라. 하나님 아버지는 램프의 요정 지니와 비교조차 할 수 없어. 지니가 어떤 소원이든 세 가지를 들어준다고 했지? 하나님께서는 몇백 개, 몇천 개, 몇만 개의 소원이라도 얼마든지 다 들어주실 수 있으셔. 우리의 기도를 들으시고 응답해주시는 하나님 아버지는 무엇이든 다 할 수 있으신 전능하신 분

이시기 때문이야.

우리는 주기도문으로 기도를 시작할 때마다 하나님께서 '하늘에 계신 우리 아버지'라는 것을 믿음으로 고백해야 해. 신약성경 마가복음 9장 23절 말씀을 함께 읽어 보자.

> **"예수께서 이르시되 할 수 있거든이 무슨 말이냐 믿는 자에게는 능치 못할 일이 없느니라 하시니."**

우리가 그 믿음을 가지고 기도할 때 하나님께서는 우리의 기도에 반드시 응답해주셔. 그렇기 때문에 주기도문으로 기도하는 우리에게는 능치 못할 일이 없어.

○ **제121문:** "하늘에 계신"이라는 말이 왜 덧붙여졌나요?
○ **답:** 하나님의 하늘 권세를 땅의 것으로 생각지 않고, 그분의 전능하신 능력으로부터 우리의 몸과 영혼에 필요한 모든 것을 기대하도록 하기 위함이에요.

* **기도하기**

하나님 아버지, 주기도문으로 기도하며 "하늘에 계신"이라는 고백을 할 때마다 하나님께서 전능하시다는 것을 기억하게 해주세요. 그리고 전능하신 하나님께서 우리의 기도에 반드시 응답해주신다는 확신을 갖고 기도하게 해주세요. 예수님의 이름으로 기도드립니다. 아멘.

chapter 122

첫 번째 간구는 무엇인가요?

○ 찬송   8장(거룩 거룩 거룩 전능하신 주님)

○ 암송 구절   이사야 6장 3절

서로 창화하여 가로되 거룩하다 거룩하다 거룩하다 만군의 여호와여 그 영광이 온 땅에 충만하도다

이스라엘 사람들은 오래전부터 거룩하신 하나님의 이름을 감히 사람의 입에 담을 수 없다고 생각했어. 심지어 하나님의 이름을 쓸 때 목욕을 하고 쓸 정도로 하나님의 이름을 존귀하게 생각했어. 이처럼 하나님의 이름은 우리가 함부로 입에 담을 수 없을 정도로 거룩한 이름이야.

주기도문의 첫 번째 간구는 하나님의 이름을 거룩히 여기며 살게 해달라는 기도야. 어떤 사람이 하나님의 이름을 입으로 말할 때마다 목욕을 하고, 하나님이라는 단어를 종이에 쓸 때마다 새 연필을 꺼내서 쓴다고 생각해 봐. 그렇게 하는 사람은 없겠지만, 우리는 그 정도로 하나님의 이름을 귀하게 여기며 높여야 해. 그 이름은 우리가 아무리 높이고 또 높여드려도 한없이 귀한 이름이기 때문이야.

더 나아가 우리는 주기도문의 첫 번째 간구로 기도할 때마다 단지 말로만이 아니라 삶으로 하나님의 이름을 거룩히 여기며 살기를 소망해야 해. 그건 하나님의 뜻을 따라 거룩하게 살아가야 한다는 뜻이야. 그래서 신자의 가장 큰 관심은 돈, 성공, 명예, 쾌락에 있지 않고 거룩에 있어. '거룩'이라는 단어는 '구별하다', 그리고 '완전히 깨끗하다'라는 뜻을 가지고 있어. 그러니 우리가 하나님의 이름을 거룩히 여기려면 구별되고 완전히 깨끗한 삶을 살아야 해. 신약성경 베드로전서 1장 16절 말씀을 함께 읽

어 보자.

"기록하였으되 내가 거룩하니 너희도 거룩할지어다 하셨느니라."

우리가 거룩하신 하나님을 본받아 거룩하게 살아갈 때, 하나님의 이름이 거룩히 여김을 받으신다는 것을 꼭 기억하도록 하자.

○ **제122문: 첫 번째 간구는 무엇인가요?**
○ **답:** "이름이 거룩히 여김을 받으시오며"라는 간구로서 그 의미는 다음과 같아요. "무엇보다도 먼저 우리로 하여금 주님을 바르게 알게 하여 주옵시며, 주께서 행하시는 모든 일에서 주님을 거룩히 여기고 경배하고 찬송하게 하옵소서. 주께서 행하시는 일에는 주님의 전능과 지혜와 선하심과 의와 자비와 진리가 환히 빛나옵나이다. 또한 우리의 모든 삶을 지도하시고 우리의 생각과 말과 행동을 주장하셔서, 주님의 이름이 우리 때문에 더럽혀지지 않고 오히려 영예롭게 되고 찬양을 받게 하옵소서."

● **기도하기**

하나님 아버지, 우리가 하나님의 이름을 거룩히 여기며 예배하고, 하나님의 이름을 거룩히 여기는 삶을 살아가게 해주세요. 예수님의 이름으로 기도드립니다. 아멘.

chapter **123**

두 번째 간구는 무엇인가요?

○ 찬송 208장(내 주의 나라와)
○ 암송 구절 마태복음 6장 33절
너희는 먼저 그의 나라와 그의 의를 구하라 그리하면 이 모든 것을 너희에게 더하시리라

한국과 미국이 축구 경기를 한다면 OO는 어느 나라를 응원할 거야? 한국 사람이니 한국을 응원하겠지? 우리는 한국 사람이기 때문에 한국을 향한 애국심을 가지고 있어. 그런데 우리가 가져야 할 더 중요한 애국심이 하나 더 있어. 그건 바로 하나님 나라를 향한 애국심이야.

　예수님을 믿어 구원받은 사람은 하나님 나라의 국민이야. 신약성경 빌립보서 3장 20절 말씀을 함께 읽어 보자.

　　"오직 우리의 시민권은 하늘에 있는지라 거기로서 구원하는 자 곧 주 예수 그리스도
　　를 기다리노니."

　하나님 나라는 눈에 보이지 않지만 분명히 존재해. 나라가 존재하려면 백성, 땅, 왕, 이 세 가지가 필요해. 하나님 나라의 백성과 땅은 아직 다 완성되지 않았어. 그 나라의 백성과 땅은 예수님께서 재림하시는 날에 완성될 거야. 예수님을 믿다가 죽은 사람들은 썩지 않을 몸으로 부활할 것이고, 예수님을 믿으며 살다가 예수님의 재림을 맞이하는 사람들도 홀연히 썩지 않을 몸으로 변화될 거야. 그리고 그들은 새롭게 펼쳐지는 새 하늘과 새 땅, 바로 천국에서 영원한 생명을 누리게 될 거야. 하지만 백성이나 땅과

달리, 하나님 나라의 왕께서는 지금도 분명히 존재하서. 하나님 나라의 왕이신 하나님께서는 그분의 말씀으로 지금도 그 나라의 백성을 다스리고 계서.

그렇기 때문에 우리는 하나님 나라의 왕이신 하나님께 주목해야 해. 그건 하나님 나라의 백성으로서 하나님의 말씀에 순종하며 살아가는 한다는 뜻이야. 우리는 그렇게 하나님의 말씀에 순종하면서 그 나라가 완성되기를 간절히 기다리며 그 나라의 완성을 위해 힘쓰며 살아야 해. 우리의 관심은 잠깐 살다 가는 이 땅의 나라가 아니라 영원토록 살게 될 하나님 나라에 있어야 해. 예수님께서는 우리의 관심이 하나님 나라에 고정되도록, 또한 하나님 나라를 위해 힘쓰며 살아가도록 주기도문의 두 번째 간구를 가르쳐주셨어.

○ **제123문: 두 번째 간구는 무엇인가요?**
○ **답:** "나라이 임하옵시며"라는 간구로서 그 의미는 다음과 같아요. "주님의 말씀과 성령님으로 우리를 통치하시사 우리가 점점 더 주님께 순종하게 하옵소서. 주님의 교회를 보존하시고 흥왕케 하옵시며, 마귀의 일들과 주님께 대항하여 스스로를 높이는 모든 세력들, 그리고 주님의 거룩한 말씀에 대항하는 모든 악한 의논들을 멸하여 주옵소서. 주님의 나라가 온전히 이루어져 주님께서 만유의 주가 되실 때까지 그리하옵소서."

● **기도하기**
하나님 아버지, 하나님 나라의 완성을 위해 기도하며 최선을 다하게 해주세요. 우리의 기도와 헌신 가운데 그 나라가 속히 완성되길 소망해요. 예수님의 이름으로 기도드립니다. 아멘.

chapter **124**

세 번째 간구는 무엇인가요?

○ 찬송　425장(주님의 뜻을 이루소서)
○ 암송 구절　마태복음 7장 21절
나더러 주여 주여 하는 자마다 천국에 다 들어갈 것이 아니요 다만 하늘에 계신 내 아버지의 뜻대
로 행하는 자라야 들어가리라

기차에는 여러 칸이 있어. 기차의 여러 칸이 기찻길을 따라 움직일 수 있는 건 기차의
맨 앞 칸이 뒤 칸들을 끌고 가기 때문이야. 우리가 이 땅을 사는 동안 우리 인생이라는
기차의 맨 앞 칸이 누가 되느냐는 아주 중요한 문제야. 예수님을 믿어 구원받은 우리
는 맨 앞 칸을 하나님께 내어드려야 해. 내가 맨 앞 칸이 되어서 내 인생을 내 마음대
로 끌고 가려고 해선 안 되는 거야. 예수님께서는 주기도문의 세 번째 간구를 통해 우
리 인생의 맨 앞 칸을 하나님께 내어드리는 기도를 가르쳐주셨어. 우리는 예수님께서
가르쳐주신 대로 기도하며, 나의 뜻을 버리고 하나님의 뜻을 따라야 해.
　예수님께서는 우리를 대신해서 죽으시기 전날 밤 이렇게 기도하셨어. 신약성경 누
가복음 22장 42절 말씀을 함께 읽어 보자.

　**"가라사대 아버지여 만일 아버지의 뜻이어든 이 잔을 내게서 옮기시옵소서 그러나 내
　원대로 마옵시고 아버지의 원대로 되기를 원하나이다 하시니."**

　우리가 예수님의 제자로서 이 땅에서 십자가의 길을 걷는다면, 우리도 나의 뜻을 버
리고 하나님의 뜻을 따르기 위해 예수님처럼 간절히 기도해야 해. 나의 뜻을 버린다

는 것은 결코 쉬운 일이 아니야. 내가 세운 계획이 하나님의 계획과 완전히 다를 수 있고, 하나님께서 원하시는 길이 정말로 가기 싫고 힘든 길일 수도 있어. 그래서 내가 기차의 맨 앞 칸이 되어 내가 원하는 대로, 내가 가고 싶은 길로 가고 싶을 때도 있을 거야. 하지만 그때 우리는 예수님께서 가르쳐주신 대로, 또한 예수님께서 기도하셨던 것처럼 기도해야 해. 그래야 계속해서 나의 뜻을 버리고 끝까지 하나님의 뜻을 따라갈 수 있어.

더 나아가 우리는 주기도문의 세 번째 간구로 기도할 때 다른 사람을 위해서도 기도해야 해. 우리가 그렇게 기도할 때 그들도 자신의 뜻을 버리고 하나님의 뜻에 순종하며 살아가게 될 거야. 그러니 더 많은 사람이 기차의 맨 앞 칸을 하나님께 내어드리고 자기 자신은 기꺼이 뒤 칸이 되도록 힘써 기도하자.

○ 제124문: 세 번째 간구는 무엇인가요?
○ 답: "뜻이 하늘에서 이룬 것같이 땅에서도 이루어지이다"라는 간구로서 그 의미는 다음과 같아요. "우리와 모든 사람이 자기 자신의 뜻을 버리고, 유일하게 선하신 주님의 뜻에 불평 없이 순종하게 하옵소서. 그리하여 각 사람이 자신의 직분과 소명을 하늘의 천사들처럼 즐거이 그리고 충성스럽게 수행하게 하옵소서."

● 기도하기
하나님 아버지, 예수님께서 가르쳐주신 기도대로, 또한 예수님께서 기도하신 대로, 나의 뜻을 버리고 하나님의 뜻을 따르게 해주세요. 예수님의 이름으로 기도드립니다. 아멘.

chapter **125**

네 번째 간구는 무엇인가요?

○ 찬송 393장(오 신실하신 주)
○ 암송 구절 마태복음 6장 26절
공중의 새를 보라 심지도 않고 거두지도 않고 창고에 모아들이지도 아니하되 너희 천부께서 기르시나니 너희는 이것들보다 귀하지 아니하냐

OO가 매일 먹는 밥은 농부 아저씨가 땀 흘려 농사지어 수확한 쌀을 아빠(엄마)가 열심히 일해서 번 돈으로 사서 만든 거야. 그렇다면 OO는 밥을 먹을 때마다 농부 아저씨한테 감사해야 할까, 아니면 아빠(엄마)한테 감사해야 할까? 농부 아저씨한테도 감사해야 하고, 아빠(엄마)한테도 감사해야겠지. 그런데 OO가 밥을 먹을 때마다 정말로 감사해야 할 분이 한 분 더 계셔. 그분은 바로 하나님이야.

하나님께서는 우리에게 필요한 모든 것을 다 공급해주셔. 하나님께서 비를 내려주지 않으시면 농부 아저씨는 농사는 지을 수 없어. 아빠(엄마)가 돈을 버는 것도 마찬가지야. 하나님께서 일할 수 있는 건강과 힘을 주지 않으시면 돈을 벌 수 없어. 더 나아가 농부 아저씨와 아빠(엄마)를 지으신 분은 하나님이시잖아. 그렇기 때문에 OO에게 날마다 밥을 주시는 분은 하나님이신 거야. 음식뿐만이 아니야. 그 외에도 우리가 이 땅에서 살기 위해 필요한 모든 것은 알고 보면 다 하나님께서 공급해주시는 거야.

그렇기 때문에 우리는 이 땅에서 날마다 꼭 필요한 것들을 하나님께 공급해달라고 기도해야 해. 예수님께서 주기도문의 네 번째 간구에서 알려주신 기도가 바로 그 기도야. 예수님께서 구하라고 하신 일용할 양식은 하루 먹을 음식을 의미해. 예수님께서는 10년치, 100년치가 아니라 하루 먹을 양식을 구하라고 하셨어. 그건 내 욕심대

로 구하지 않고 매일 필요한 만큼만 구하는 거야. 그리고 일용할 양식은 내가 내 힘으로 얻는 것이 아니라, 하나님께서 공급해주셔야만 얻을 수 있는 거야. 신약성경 마태복음 6장 31절 말씀을 함께 읽어 보자.

> **"그러므로 염려하여 이르기를 무엇을 먹을까 무엇을 마실까 무엇을 입을까 하지 말라."**

하나님께서 우리에게 꼭 필요한 것들을 날마다 공급해주신다는 것을 굳게 믿고, 날마다 주기도문의 네 번째 간구로 하나님께 기도하자. 그렇게 아무것도 염려하지 말고 오직 하나님만을 끝까지 신뢰하며 살아가도록 하자.

○ **제125문: 네 번째 간구는 무엇인가요?**
○ **답:** "오늘날 우리에게 일용할 양식을 주옵시고"라는 간구로서 그 의미는 다음과 같아요. "우리의 몸에 필요한 모든 것들을 내려주시며, 그리하여 오직 주님이 모든 좋은 것의 근원임을 깨닫게 하시고, 주님의 복 주심이 없이는 우리의 염려나 노력, 심지어 주님의 선물들조차도 우리에게 아무 유익이 되지 못함을 알게 하소서. 그러므로 우리로 하여금 어떤 피조물도 의지하지 않고 오직 주님만 신뢰하게 하옵소서."

● **기도하기**

하나님 아버지, 욕심부리지 않고 날마다 꼭 필요한 것들만 하나님께 구하게 해주세요. 그렇게 날마다 하나님만 의지하며 살아가게 해주세요. 예수님의 이름으로 기도드립니다. 아멘.

chapter 126

다섯 번째 간구는 무엇인가요?

○ 찬송   135장(어저께나 오늘이나)

○ 암송 구절   마태복음 6장 15절

너희가 사람의 과실을 용서하지 아니하면 너희 아버지께서도 너희 과실을 용서하지 아니하시리라

OO가 친구에게 잘못한 일이 있으면 그 친구에게 미안하다고 꼭 말해야 해. 반대로 친구가 OO에게 미안하다고 사과하면 용서해줘야 해. 그런데 만약에 친구가 OO에게 계속해서 미안하다고 하면서 똑같은 잘못을 반복한다면 몇 번까지 용서해줘야 할까? 예수님의 제자인 베드로도 예수님께 이와 비슷한 질문을 했고, 예수님께서는 그 질문에 분명한 대답을 해주셨어. 신약성경 마태복음 18장 21-22절 말씀을 함께 읽어 보자.

> "그때에 베드로가 나아와 가로되 주여 형제가 내게 죄를 범하면 몇 번이나 용서하여 주리이까 일곱 번까지 하오리이까 예수께서 가라사대 네게 이르노니 일곱 번뿐 아니라 일흔 번씩 일곱 번이라도 할지니라."

예수님께서는 일곱 번이 아니라 일흔 번씩 일곱 번이라도 용서해줘야 한다고 말씀하셨어. 일흔 번씩 일곱 번은 70 곱하기 7이니까 490번이야. 예수님께서 다른 사람을 490번까지 용서해주라고 하신 건 무한히 용서해주라는 의미야. 그러니 우리는 우리에게 잘못하고 용서를 구하는 사람을 몇 번이고 계속해서, 무한히 용서해줘야 해.

우리는 다른 사람을 무한히 용서해주면서 우리 역시 하나님께 무한히 용서받는다는 사실을 기억해야 해. 하나님께서는 어제 죄짓고 회개한 우리가 오늘 또 죄짓고 회개한

다고 해서 우리를 미워하거나 버리지 않으셔. 오히려 우리가 회개할 때마다 우리를 불쌍히 여기시고 몇 번이고 계속해서 용서해주셔. 예수님께서는 우리가 하나님의 무한한 용서를 확신하며 날마다 하나님께 용서를 구하도록, 동시에 하나님께 용서받은 것처럼 다른 사람을 용서하며 살아가도록 주기도문의 다섯 번째 간구를 가르쳐주셨어.

우리는 하나님께 날마다 일용할 양식을 달라고 기도하듯이 날마다 하나님께 우리의 죄 용서를 구하고 다른 사람을 용서하게 해달라고 간절히 기도해야 해. 주기도문의 네 번째 간구가 우리의 몸을 위해 꼭 필요한 기도라면, 다섯 번째 간구는 우리의 영혼을 위해 꼭 필요한 기도라는 것을 잊지 말도록 하자.

○ **제126문: 다섯 번째 간구는 무엇인가요?**

○ **답:** "우리가 우리에게 죄지은 자를 사하여 준 것같이 우리 죄를 사하여 주옵시고"라는 간구로서 그 의미는 다음과 같아요. "주의 은혜의 증거가 우리 안에 있어서 우리가 이웃을 용서하기로 굳게 결심하는 것처럼, 그리스도의 보혈을 보시사 우리의 모든 죄악과 아직도 우리 안에 있는 부패를 불쌍한 죄인인 우리에게 돌리지 마옵소서."

● **기도하기**

하나님 아버지, 매일 하나님께 죄 용서를 구하는 기도를 할 때마다 하나님의 용서를 확신하고 다른 사람을 용서하는 마음을 갖게 해주세요. 예수님의 이름으로 기도드립니다. 아멘.

chapter 127

여섯 번째 간구는 무엇인가요?

○ **찬송** 348장(마귀들과 싸울지라)

○ **암송 구절** 베드로전서 5장 8절

근신하라 깨어라 너희 대적 마귀가 우는 사자같이 두루 다니며 삼킬 자를 찾나니

아빠(엄마)는 OO가 좋은 것만 보고 듣고 말하고 생각했으면 좋겠어. 지금은 아빠(엄마)가 OO 옆에서 OO를 나쁜 것들로부터 지켜줄 수 있지만, 앞으로 계속해서 그렇게 해줄 수는 없어. OO가 어린이에서 청소년으로, 청소년에서 청년으로 자라면 나쁜 것들이 OO에게 유혹으로 다가올 거야. 그때 OO에게는 아빠(엄마)의 도움 없이 스스로를 나쁜 것들로부터 지킬 힘이 있어야 해.

나쁜 것들로부터 자신을 거룩하게 지키는 것은 엄청나게 치열한 싸움이야. 그래서 그걸 영적 전쟁이라고도 해. 우리는 예수님의 군사가 되어 우리를 유혹하는 사탄에 맞서서 일평생 힘써 싸워야 해. 그 싸움에서 이기기 위해 꼭 필요한 것이 바로 예수님께서 가르쳐주신 주기도문의 여섯 번째 간구야. 사탄의 유혹을 물리치며 영적 전쟁에서 승리하는 것은 우리의 의지와 결단만으로는 절대 불가능해. 그 전쟁은 하나님께서 도와주셔야만 승리할 수 있어. 그래서 우리는 주기도문의 여섯 번째 간구로 기도해야만 하는 거야.

시험에 들지 않기 위해서는, 다시 말해서 사탄의 유혹에 넘어가 악한 죄에 빠져서 허우적대지 않기 위해서는 늘 깨어 기도해야 해. 신약성경 누가복음 22장 46절 말씀을 함께 읽어 보자.

"이르시되 어찌하여 자느냐 시험에 들지 않게 일어나 기도하라 하시니라."

사탄은 우리를 공격하기 위해 우리가 기도를 멈추고 잠들 때를 노리고 있어. 그러니 우리는 우리의 영혼이 잠들지 않고 늘 깨어 있도록 힘써 기도해야 해. 예수님께서 재림하시는 날, 우리는 최후 승리를 얻고 승전가를 부르게 될 거야. 그날이 오기까지 주기도문의 여섯 번째 간구로 늘 깨어 기도하며 사탄과의 영적 전쟁에서 이기고 또 이기도록 하자.

○ **제127문: 여섯 번째 간구는 무엇인가요?**

○ **답:** "우리를 시험에 들게 하지 마옵시고 다만 악에서 구하옵소서"라는 간구로서 그 의미는 다음과 같아요. "우리 자신만으로는 너무나 연약하여 우리는 한순간도 스스로 설 수 없사오며, 우리의 지독한 원수인 마귀와 세상과 우리의 육신은 끊임없이 우리를 공격하나이다. 그러하므로 주의 성령의 힘으로 우리를 친히 붙드시고 강하게 하셔서, 우리가 이 영적 전쟁에서 패하여 거꾸러지지 않고, 마침내 완전한 승리를 얻을 때까지 우리의 원수에 대해 항상 굳세게 대항하게 하시옵소서."

● **기도하기**

하나님 아버지, 사탄과의 영적 전쟁에서 승리하기 위해 날마다 깨어 기도하게 해주세요. 우리의 삶이 패배가 아니라 승리로 이어지게 해주세요. 예수님의 이름으로 기도드립니다. 아멘.

chapter 128

주기도문의 맺음말은 무엇인가요?

○ 찬송　64장(기뻐하며 경배하세)
○ 암송 구절　다니엘 7장 14절
그에게 권세와 영광과 나라를 주고 모든 백성과 나라들과 각 방언하는 자로 그를 섬기게 하였으니
그 권세는 영원한 권세라 옮기지 아니할 것이요 그 나라는 폐하지 아니할 것이니라

주기도문은 하나님을 높이는 것으로 시작해서 하나님을 높이는 것으로 끝나. 첫 번째 간구에서 하나님의 이름을 높이는 것으로 시작한 주기도문은 맺음말에서도 나라와 권세와 영광을 하나님께 돌려드리면서 끝나. 이것은 우리가 기도할 때 하나님을 찬송해야 한다는 것을 가르쳐주는 거야.

우리는 기도할 때마다 우리의 기도가 찬송으로 끝나야 한다는 것을 꼭 기억해야 해. 한숨으로 시작해서 한숨으로 끝나거나, 눈물로 시작해서 눈물로 끝나는 것은 좋은 기도가 아니야. 좋은 기도는 주기도문과 같이 찬송으로 시작해서 찬송으로 끝나는 기도야. 힘들고 어려운 일이 많아서 한숨과 눈물로 기도를 시작할 수 있어. 하지만 그렇게 시작했을지라도 마지막에는 찬송으로 끝나야 해. 하나님께서 우리의 기도를 분명히 들으시고 응답해주신다는 것을 믿기 때문에, 우리의 입에서 나오던 한숨이 감사의 찬송으로 바뀌고, 우리의 눈에서 흐르던 눈물이 기쁨의 눈물로 바뀌는 거야.

사람의 제일 되는 목적은 하나님을 영화롭게 하고 그분을 영원토록 즐거워하는 거야. 우리는 예수님께서 가르쳐주신 대로 기도하면서, 우리의 제일 되는 목적을 이뤄가야 해. 구약성경 시편 115편 1절 말씀을 함께 읽어 보자.

"여호와여 영광을 우리에게 돌리지 마옵소서 우리에게 돌리지 마옵소서 오직 주의 인자하심과 진실하심을 인하여 주의 이름에 돌리소서."

　예수님께서 가르쳐주신 주기도문은 찬송으로 시작해서 찬송으로 끝나기 때문에, 주기도문으로 기도하면 하나님께 돌려야 할 영광을 자신이 가로채거나 다른 사람에게 돌리지 않게 될 거야. 그러니 일평생 주기도문으로 기도하며, 우리의 인생도 주기도문처럼 찬송으로 시작해서 찬송으로 끝나게 하자. 그렇게 하나님께만 영광을 돌리는 복된 인생을 살아가도록 하자.

○ **제128문: 당신은 이 기도를 어떻게 마무리하나요?**
○ **답:** "대개 나라와 권세와 영광이 아버지께 영원히 있사옵나이다"라는 말로 마무리하는데, 그 의미는 다음과 같아요. "주님은 우리의 왕이시고 만물에 대한 권세를 가진 분으로서 우리에게 모든 좋은 것을 주기 원하시며 또한 주실 수 있는 분이기 때문에, 우리는 이 모든 것을 주님께 구하옵니다. 이로써 우리가 아니라 주님의 거룩한 이름이 영원히 영광을 받으시옵소서."

● **기도하기**
하나님 아버지, 우리의 기도가 찬송으로 시작해서 찬송으로 끝나게 해주세요. 더 나아가 일평생 하나님만 높이고 하나님께만 영광을 돌리며 살아가게 해주세요. 예수님의 이름으로 기도드립니다. 아멘.

chapter 129

'아멘'이라는 말이 무슨 뜻이에요?

○ 찬송   29장(성도여 다 함께)

○ 암송 구절   역대상 16장 36절

여호와 이스라엘의 하나님을 영원부터 영원까지 송축할지로다 하매 모든 백성이 아멘 하고 여호와를 찬양하였더라

교회에서 많이 쓰이는 말 중에 '할렐루야'라는 말과 '아멘'이라는 말이 있어. 구약성경 시편 106편 48절 말씀을 함께 읽어 보자.

> **"여호와 이스라엘의 하나님을 영원부터 영원까지 찬양할지어다 모든 백성들아 아멘 할지어다 할렐루야."**

여기 나오는 '할렐루야'라는 말은 하나님을 찬양한다는 뜻이고, '아멘'이라는 말은 그렇게 될 것을 받아들인다는 뜻이야.

예수님께서 가르쳐주신 주기도문은 "아멘"이라는 말로 끝나고, 우리는 주기도문뿐만 아니라 모든 기도의 맨 마지막에 "아멘"이라고 말해. 그건 우리가 기도한 대로 하나님께서 반드시 그렇게 하시리라는 것을 확실히 믿는다는 표현이야. 기도를 하면 과연 하나님께서 우리의 기도에 응답하셔서 기도한 대로 해주실지 의심이 들 때도 있어. 하지만 우리가 그렇게 생각하는 것과 상관없이 하나님께서는 반드시 그렇게 하셔. 우리는 이것을 믿음으로 받아들여야 하고, 그것을 기도의 맨 마지막에 "아멘"이라는 말로 표현하는 거야. 그리고 다른 사람이 대표기도를 할 때나 설교를 들으면서 중간에

어른들이 "아멘"이라고 말하는 것도 같은 의미의 표현이야.

이제 기도할 때마다 맨 마지막에 하는 "아멘"이라는 말을 기도의 마침표 정도로 생각하며 습관처럼 할 것이 아니라, 그 뜻을 분명히 알고 사용하도록 하자. 그렇게 확신을 가지고서 하나님께서 기뻐하시는 기도를 하도록 하자.

어느덧 우리가 하이델베르크 요리문답으로 가정예배를 드리는 마지막 시간이 되었어. 시작할 때는 언제 끝날지 까마득하게 느껴졌는데 눈 깜짝할 사이에 다 지나가 버렸지? 우리의 인생도 그와 같을 거야. 우리의 인생도 길 것 같지만 눈 깜짝할 사이에 지나갈 거야. 그러니 하이델베르크 요리문답 가정예배를 통해 배운 내용을 잘 기억하며, 하나님께서 기뻐하시는 복된 인생을 살아가도록 하자. 그동안 함께 예배드리며 잘 배워줘서 너무나 고맙고 사랑해.

○ 제129문: "아멘"이라는 말은 무엇을 의미하나요?

○ 답: "아멘"이라는 말은 참되고 확실하다는 뜻인데, 그렇게 말하는 이유는 내가 이 모든 것에 대해 하나님께 마음속으로 바라는 것보다도 하나님께서 나의 기도를 더욱 확실히 들어주시기 때문이에요.

● 기도하기

하나님 아버지, 기도의 맨 마지막에 "아멘"이라고 할 때마다 하나님께서 기도에 응답해주실 것을 확신하게 해주세요. 그리고 지금까지 하이델베르크 요리문답 가정예배를 드릴 수 있게 해주셔서 정말로 감사드려요. 예수님의 이름으로 기도드립니다. 아멘.

memo